Maria Montessori

Il segreto dell'infanzia

pe
Primiceri
editore
PADOVA

2023 Tutti i diritti riservati.
Finito di stampare nel febbraio 2023
presso Rotomail Italia Spa – Vignate (MI)
per conto di Primiceri Editore
Via Savonarola 217, 35137 Padova
ISBN 978-88-3300-320-7
Prima Edizione PE
www.primicerieditore.com

Questa edizione di Il segreto dell'infanzia, segue all'ultima edizione in lingua italiana (Bellinzona, 1938), con l'aggiunta delle pagine nuove di cui Maria Montessori ha arricchito la più recente edizione portoghese dell'opera.

Copertina: illustrazione di Mudassar Iqbal da Pixabay

L'INFANZIA, QUESTIONE SOCIALE

Già da alcuni anni si è iniziato un movimento sociale a favore dell'infanzia, e non perché qualcuno in particolare ne abbia preso l'iniziativa. È accaduto come di una eruzione naturale su terreno vulcanico, dove spontaneamente si producono qua e là fuochi dispersi. Nascono così i grandi movimenti. Senza dubbio vi ha contribuito la scienza; essa è stata l'iniziatrice del movimento sodale per l'infanzia. L'igiene cominciò a combattere la mortalità infantile; poi dimostrò che l'infanzia era vittima della fatica scolastica, martire sconosciuta, condannata a pena perpetua, poiché l'infanzia stessa finiva col finire del periodo della scuola.

L'igiene scolastica descrisse un'infanzia disgraziata, animi contratti, intelligenze stanche, spalle ricurve e petti stretti, un'infanzia predisposta alla tubercolosi.

Finalmente, dopo trent'anni di studi, noi consideriamo il fanciullo come un essere umano sfalsato dalla società e, prima ancora, da coloro che gli hanno dato e gli conservano la vita. Che cos'è l'infanzia? Un disturbo costante per l'adulto preoccupato e stancato da occupazioni sempre più assorbenti. Non c'è posto per l'infanzia nelle più ristrette case della città moderna, dove si accumulano le famiglie. Non c'è posto per essa nelle vie, perché i veicoli si moltiplicano e i marciapiedi sono affollati di gente che ha fretta. Gli adulti non hanno tempo di occuparsene poiché i loro obblighi urgenti li opprimono. Padre e madre sono entrambi costretti a lavorare e, quando il lavoro manca, la miseria opprime e stronca i bambini come gli adulti. Anche nelle migliori condizioni, il bambino resta confinato nella sua stanza, affidato a estranei salariati, e non gli è permesso di entrare in quella parte della casa dove dimorano gli esseri a cui deve la vita. Non esiste alcun rifugio in cui il bambino senta che il suo animo sia compreso, dove possa esercitare l'attività che gli è propria. Deve starsene buono, in silenzio, senza toccar nulla, perché nulla gli appartiene. Tutto è inviolabile, proprietà esclusiva dell'adulto e vietato al bambino. Che cosa gli appartiene? Nulla. Pochi decenni addietro non esistevano neppure sedie per bambini. Di qui deriva la famosa espressione, che oggi ha solo senso metaforico: «Ti ho tenuto sulle ginocchia».

Quando il bambino si sedeva sui mobili dei grandi o sul pavimento, lo rimproveravano; era necessario che qualcuno lo pigliasse a sedere sulle sue ginocchia. Tale è la situazione del bambino che vive nell'ambiente dell'adulto: un importuno che cerca qualcosa per sé e non la trova, che entra e subito viene respinto. La sua situazione è simile a quella d'un uomo privo di diritti civili e d'un ambiente proprio; un essere relegato al margine della società, che tutti possono trattare senza rispetto, insultare e castigare, in forza d'un diritto conferito dalla Natura: il diritto dell'adulto.

Per un curioso fenomeno psichico, l'adulto non si è mai preoccupato di preparare un ambiente adatto a suo figlio; si direbbe che si vergogni di lui nell'organizzazione sociale. Nell'elaborare le sue leggi, l'uomo ha lasciato il proprio erede senza leggi, e quindi fuori delle leggi. Lo abbandona senza direzione all'istinto di tirannia che esiste in fondo a ogni cuore d'adulto. Ecco quello che dobbiamo dire dell'infanzia che viene al mondo portando nuove energie, energie che dovrebbero essere invero il soffio rigeneratore, atto a dissipare i gas asfissianti accumulati di generazione in generazione durante una vita umana piena di errori.

Ma bruscamente, nella società cieca e insensibile da secoli, probabilmente dall'origine della specie, al destino del bambino sorse una consapevolezza nuova. L'igiene accorse come si accorre a un disastro, a un cataclisma causa di numerosissime vittime; lottò contro la mortalità infantile nel primo anno di vita; le vittime ermo così numerose che i sopravvissuti potevano essere considerati come scampati a un diluvio universale. Quando, all'inizio del secolo XX, l'igiene cominciò a penetrare fra le classi popolari e a diffondersi, prese un aspetto nuovo la vita del bambino. Le scuole si trasformarono in tal maniera che quelle esistenti da più di dieci anni sembravano datare da un secolo. I principi educativi entrarono, per la via della dolcezza e della tolleranza, sia nelle famiglie che nelle scuole.

Oltre ai risultati ottenuti grazie ai progetti scientifici, vi sono anche, qua e là, molte iniziative dettate dal sentimento. Molti riformatori d'oggi prendono in considerazione l'infanzia; nei lavori urbanistici si riservano giardini per l'infanzia; costruendo piazze e parchi, si riservano ai bambini terreni da gioco; ai bambini si pensa costruendo teatri, per essi si pubblicano libri e giornali, si organizzano viaggi, si costruiscono mobili in proporzioni adatte. Sviluppando infine un'organizzazione cosciente delle classi, si è cercato di organizzare i bambini, d'incutere in essi la nozione della disciplina sociale e della dignità che da essa deriva all'individuo, come succede in organizzazioni tipo boy-scout e «repubbliche dei bambini». I riformatori politici rivoluzionari del nostro tempo cercano d'impossessarsi dell'infanzia per renderla un docile strumento dei loro progetti. Sia per il bene che per il male, sia per essere aiutata lealmente che per lo scopo interessato di usarne come di uno strumento, l'infanzia oggi è sempre presente. È nata come elemento sociale. È poderosa e penetra dovunque. Non è più solo un membro della famiglia, non è più il bambino che le domeniche, vestito del suo abito migliore, andava a spasso docilmente a mano del padre, attento a non insudiciare l'abitino domenicale. No, il bambino è una personalità che ha invaso il mondo sociale.

Ora tutto il movimento a suo favore ha un significato. Come si diceva dianzi, esso non è stato provocato né diretto da iniziatori, né coordinato da qualche organizzazione; dobbiamo dunque dire che l'ora dell'infanzia è giunta. Per conseguenza si presenta in tutta la sua pienezza un'importantissima questione sociale: la questione sociale dell'infanzia.

È d'uopo valutare l'efficacia di tale movimento: la sua importanza è immensa per la società, per la civiltà, per tutta l'umanità. Tutte le iniziative sporadiche, nate senza legami reciproci, sono indizio evidente che nessuna di esse ha importanza costruttiva: sono soltanto la prova del fatto che intorno a noi è nato un impulso reale e universale verso una grande riforma sociale. Tale riforma è tanto importante che annuncia nuovi tempi e una nuova èra civile; noi siamo gli ultimi sopravviventi di un'epoca già passata, quella in cui gli uomini si preoccupavano solo di creare per sé un ambiente facile e comodo: un ambiente per l'umanità adulta.

Ci troviamo ora sulla soglia di una nuova èra, nella quale sarà necessario lavorare per due diverse umanità: quella dell'adulto e quella del bambino. E ci incamminiamo verso una civiltà che dovrà preparare due ambienti sodali, due mondi distinti: il mondo dell'adulto e quello del bambino.

Il compito che ci attende non è l'organizzazione rigida ed esteriore dei movimenti sociali già iniziati. Non si tratta di facilitare un coordina-

mento delle diverse iniziative pubbliche e private a favore dell'infanzia. In tal caso si tratterebbe di un'organizzazione degli adulti per dare aiuto a un obbiettivo esterno: l'infanzia.

Invece la questione sociale dell'infanzia penetra con le sue radici nella vita interiore, giunge fino a noi, adulti, per scuotere la nostra coscienza e rinnovarci. Il bambino non è un estraneo che l'adulto possa considerare soltanto esteriormente, con criteri oggettivi. L'infanzia costituisce l'elemento più importante della vita dell'adulto: l'elemento costruttore.

Il bene o il male dell'uomo nell'età matura è strettamente legato alla vita infantile da cui ebbe origine. Sull'infanzia ricadranno tutti i nostri errori e su di essa si ripercuoteranno in modo indelebile. Noi morremo, ma i nostri figli soffriranno le conseguenze del male che avrà deformato il loro spirito per sempre. Il ciclo è continuo, né può essere interrotto. Toccare il bambino vuol dire toccare il punto più sensibile di un tutto, che ha le radici nel più remoto passato e si dirige verso l'infinito del futuro. Toccare il bambino vuol dire toccare il punto più delicato e vitale, dove tutto si può decidere e rinnovare, dove tutto ridonda di vita, in cui si trovano chiusi i segreti dell'anima, perché ivi si elabora l'educazione dell'uomo.

Lavorare coscientemente per l'infanzia e perseguire fino in fondo questo lavoro con l'intenzione prodigiosa di salvarla, vorrebbe dire conquistare il segreto dell'umanità, come già sono stati conquistati tanti segreti della natura esteriore.

La questione sociale dell'infanzia è come una piccola pianta, spuntata appena dal terreno e che ci attrae per la sua freschezza. Ma ci avvedremo che cotesta pianta ha radici salde e profonde, non facili da estirpare. Bisogna scavare, scavare profondamente, per scoprire che quelle radici si allungano in tutte le direzioni e che si estendono lontano, come un labirinto. Per strappare cotesta pianta sarebbe necessario rimuovere tutta la terra.

Queste radici sono il simbolo del subcosciente nella storia dell'umanità. Bisogna rimuovere cose statiche, cristallizzate nello spirito dell'uomo, che lo rendono incapace di comprendere l'infanzia e di conseguire una conoscenza intuitiva della sua anima.

L'impressionante cecità dell'adulto, la sua insensibilità nei riguardi dei figli – frutti della sua stessa vita – hanno certamente radici profonde che si estendono attraverso le generazioni, e l'adulto che ama i bambini, ma che tuttavia li disprezza inconsciamente, provoca in essi una sofferenza segreta, specchio dei nostri errori, avvertimento per la nostra condotta. Tutto ciò rivela un conflitto universale, anche se rimasto inavvertito, fra l'adulto e il bambino. La questione sociale dell'infanzia ci fa penetrare nelle leggi della formazione dell'uomo e ci aiuta a crearci una coscienza nuova e, di conseguenza, a dare un nuovo orientamento alla nostra vita sociale.

I - IL SECOLO DEL BAMBINO

Il progresso raggiunto in pochi anni nella cura e nella educazione dei bambini è stato così rapido e sorprendente, che può collegarsi con un risveglio di coscienza, piuttosto che con l'evoluzione dei mezzi di vita. Non vi fu soltanto il progresso dovuto all'igiene infantile, che si sviluppò proprio nell'ultimo decennio del decimonono secolo; ma la personalità del bambino in sé stesso si manifestò sotto nuovi aspetti, prendendo la più alta importanza.

È impossibile oggi penetrare qualsiasi branca della medicina o della filosofia, o anche della sociologia, senza considerare i contributi che possono venire dalla conoscenza della vita infantile.

Un pallido paragone della sua importanza potrebbe venire dall'influenza chiarificatrice che ebbe l'embriologia su tutte le conoscenze biologiche e persino su quelle riguardanti l'evoluzione degli esseri. Ma nel caso del bambino si deve riconoscere una influenza infinitamente maggiore di questa su tutte le questioni che riflettono l'umanità. Non è il bambino fisico quello che potrà dare una spinta dominante e poderosa al miglioramento degli uomini, ma è il bambino psichico. *È lo spirito del bambino* che potrà determinare ciò che sarà forse il progresso reale degli uomini e, chi sa? l'inizio di una nuova civilizzazione.

Fu già profetizzato dalla scrittrice e poetessa svedese Ellen Key che il nostro secolo sarebbe stato il *secolo del bambino*.

Chi avesse la pazienza di investigare i documenti storici, troverebbe singolari coincidenze d'idee nel primo discorso della corona pronunciato dal re d'Italia Vittorio Emanuele III nel 1900 (proprio sulla soglia del secolo nuovo), quando successe al padre assassinato; riferendosi all'era novella che si iniziava col secolo, il re la definì «il secolo dell'infanzia».

È molto probabile che questi accenni, quasi luci profetiche, fossero il riflesso delle impressioni suscitate dalla scienza che nell'ultimo decennio del decimonono secolo aveva illustrato il bambino sofferente, aggredito dalla morte nelle malattie infettive, dieci volte più dell'adulto, e il bambino vittima del tormento della scuola.

Nessuno però poté prevedere che il bambino racchiudesse in sé stesso un segreto di vita, capace di sollevare un velo sui misteri dell'anima umana, che in sé portasse una incognita necessaria capace di offrire all'adulto la possibilità di risolvere i suoi problemi individuali e sodali. È questo punto di vista che può divenire fondamento di una nuova scienza di ricerche sul bambino la cui importanza potrà influire su tutta la vita sociale degli uomini.

La psicoanalisi e il bambino

La psicoanalisi ha aperto un campo di ricerche prima sconosciuto facendo penetrare nei segreti del subconscio, ma non ha praticamente risolto nessun problema assillante nella pratica della vita; tuttavia essa può preparare a comprendere il contributo che può dare il bambino occulto.

La psicoanalisi ha, si può dire, sorpassato la corteccia della coscienza che era stata considerata in psicologia qualche cosa di insuperabile, come nella storia antica lo erano state le colonne di Ercole, che rappresentavano un limite al di là del quale le superstizioni ponevano la fine del mondo.

La psicoanalisi è andata al di là: è penetrata nell'oceano del subconscio. Senza questa scoperta sarebbe difficile illustrare il contributo che può dare il bambino psichico allo studio più approfondito dei problemi umani.

Si sa che in principio ciò che divenne poi la psicoanalisi, non era che una nuova tecnica di curare le malattie psichiche: quindi fu, all'esordio, un ramo della medicina. Contributo veramente luminoso della psicoanalisi fu la scoperta del potere che ha il subcosciente sulle azioni degli uomini. È stato quasi uno studio di reazioni psichiche penetranti al di là della coscienza, che portano alla luce, con la loro risposta, dei fatti segreti e delle realtà impensate, capovolgenti le vecchie idee. Rivelano cioè l'esistenza di un mondo sconosciuto, enormemente vasto, a cui, si può dire, è collegato il destino degli individui. Non si è venuto illustrando però questo mondo sconosciuto. Appena oltrepassate le colonne d'Ercole, non ci si è avventurati nelle estensioni dell'oceano. Una suggestione paragonabile al pregiudizio greco trattenne Freud nei limiti patologici.

Già dai tempi di Charcot, nel secolo passato, il subconscio era apparso nel campo della psichiatria.

Quasi per una ebollizione interiore di elementi sconvolti che si fanno strada attraverso la superficie, il subconscio si era aperto una via rendendosi manifesto, in casi eccezionali, negli stati di malattia psichica più profonda. Per cui gli strani fenomeni del subconscio, così contrastanti con le manifestazioni della coscienza, vennero ritenuti semplicemente dei sintomi di malattia. Freud fece il contrario: trovò la via di penetrare nel subconscio con l'aiuto di una tecnica laboriosa; ma anche egli rimase quasi esclusivamente nel campo patologico. Poiché: quali normali si sottometterebbero alle penose prove della psicoanalisi? Cioè a una specie di atto operativo sull'anima? Così fu trattando i malati che Freud dedusse le sue conseguenze sulla psicologia; e furono in gran parte deduzioni personali sopra una base anormale quelle che dettero corpo alla nuova psicologia. Freud lo immaginò, l'oceano: ma non l'esplorò; e gli dette i caratteri dello stretto burrascoso.

È perciò che le teorie di Freud non furono soddisfacenti; né fu del tutto soddisfacente la tecnica del trattamento dei malati, perché non sempre condusse alla guarigione delle «malattie dell'anima». Per questo le tradizioni sociali, che sono depositi di antichissime esperienze, si sono erette come una barriera dinanzi ad alcune generalizzazioni delle teorie di Freud. Mentre invece una nuova verità illuminante avrebbe dovuto far cadere le tradizioni, come la realtà fa cadere la figura. Forse all'esplorazione di questa immensa realtà ben altro occorre che una tecnica di trattamento clinico, o una deduzione teorica.

Il segreto del bambino

È forse dovuto a differenti campi scientifici e a diversa impostazione di concetti, il compito di penetrare nel vasto campo inesplorato: di studiare l'uomo fin dalle origini, cercando di decifrare nell'anima del bambino il suo svolgimento attraverso i conflitti con l'ambiente, e per ricevere il segreto delle lotte attraverso le quali l'anima dell'uomo rimase contorta e tenebrosa.

Questo segreto fu già toccato dalla psicoanalisi. Una delle più impressionanti scoperte, derivate dalla, applicazione della sua tecnica, fu l'origine della psicosi nella lontana età dell'infanzia. I ricordi chiamati su dall'inconscio dimostravano delle sofferenze infantili che non erano quelle comunemente conosciute, anzi erano così lontane dalla opinione dominante, da risultare la parte più impressionante e la più sconvolgente fra tutte le scoperte della psicoanalisi. Le sofferenze erano di ordine puramente psichico: lente e costanti. Del tutto inavvertite come fatti capaci di concludersi in una personalità adulta psichicamente ammalata. Era la *repressione* dell'attività spontanea del bambino dovuta all'adulto che ha il predominio su di lui, e perciò collegata con l'adulto che ha la maggiore influenza sul bambino: la madre.

Bisogna ben distinguere questi due piani di sondaggio incontrati dalla psicoanalisi: uno, quello più superficiale, viene dall'urto tra gli istinti dell'individuo e le condizioni dell'ambiente a cui l'individuo deve adattarsi, condizioni che spesso stanno in conflitto coi desideri istintivi; da questo insorgono i casi guaribili, dove non è difficile far risalire nel campo della coscienza le cause perturbatrici che stanno al di sotto. C'è poi un altro piano più profondo, il piano delle memorie infantili, di cui il conflitto non fu tra l'uomo e il suo ambiente sociale presente, ma fu tra il bambino e la madre; in genere si può dire tra il bambino e l'adulto.

Quest'ultimo conflitto che è stato appena toccato dalla psicoanalisi si collega con le malattie di difficile guarigione e perciò è rimasto fuori della pratica, relegato alla semplice importanza di una anamnesi, ossia di una interpretazione su presunte cause di malattie.

In tutte le malattie, anche fisiche, venne riconosciuta l'importanza dei fatti avvenuti nell'età infantile: e le malattie che hanno le loro cause nell'infanzia, sono le più gravi e le meno guaribili. Dunque nell'infanzia sta, si può dire, la fucina delle predisposizioni.

Mentre però l'indicazione relativa alle malattie fisiche ha già portato allo sviluppo di branche scientifiche, come l'igiene infantile, la puericultura e perfino l'eugenica, e ha realizzato un movimento sociale pratico di riforma sul trattamento fisico del bambino, non così è giunta a fare la psicoanalisi. La constatazione delle origini infantili dei gravi perturbamenti psichici dell'adulto e delle predisposizioni che intensificano i conflitti dell'adulto con il mondo esteriore, non ha portato a nessuna azione pratica per la vita infantile.

Forse perché la psicoanalisi si è data a una tecnica di sondaggio del subconscio. Quella stessa tecnica che ha permesso la scoperta nell'adulto è diventata un ostacolo presso il bambino. Il bambino, il quale per suo carattere non si presta alla medesima tecnica, non deve ricordare la sua infanzia: egli è l'infanzia. Occorre osservarlo più che sondarlo: ma osservarlo da un punto di vista psichico e da cui si cerchi di rilevare i conflitti, tra i quali passa il bambino nei suoi rapporti con l'adulto e con l'ambiente sociale. È evidente che questo punto di vista fa uscire dal campo delle tecniche e delle teorie psicoanalitiche, per introdurre in un nuovo campo di osservazione del bambino nella sua esistenza sociale.

Non si tratta di passare attraverso le difficili strettoie del sondaggio di individui ammalati, ma di spaziare nella realtà della vita umana, orientata verso il *bambino psichico*. È tutta la vita dell'uomo nei suoi svolgimenti dalla nascita in poi che si presenta nel problema pratico. È ignota la pagina della storia umana che racconta l'avventura dell'uomo psichico: il *bambino sensibile* che incontra i suoi ostacoli e si trova immerso in conflitti insuperabili con l'adulto più forte di lui, che lo padroneggia senza comprenderlo. È la pagina bianca dove non furono ancora scritte le sofferenze sconosciute che sconvolgono il campo spirituale intatto e delicato del bambino, organizzando nel suo subconscio un uomo inferiore, diverso da quello che sarebbe disegnato dalla natura.

Tale questione complessa è illustrata, ma non collegata con la psicoanalisi. La psicoanalisi si limita al concetto di malattia e di medicina curativa; la questione del bambino psichico contiene una profilassi rispetto alla psicoanalisi, perché tocca il trattamento normale e generale dell'umanità infantile, il quale trattamento aiuta a evitare ostacoli e conflitti, e quindi le loro conseguenze, che sono le malattie psichiche delle quali si occupa la psicoanalisi: o i semplici squilibri morali, che essa considera estesi a pressoché tutta l'umanità.

Intorno al bambino nasce dunque un campo di esplorazione scientifica del tutto nuovo e indipendente anche dal suo unico parallelo, che sarebbe la psicoanalisi. Esso è essenzialmente una forma di *aiuto alla vita psichica infantile*, ed entra nel pieno campo della normalità e dell'educazione: la sua caratteristica è però la penetrazione di fatti psichici ancora ignoti nel bambino, e insieme il risveglio dell'adulto; che dinanzi al bambino ha errate attitudini, che si originano dal subconscio.

II - L'ACCUSATO

La parola *repressione* di cui parla Freud a proposito delle più profonde origini delle perturbazioni psichiche che si incontrano nell'adulto è per sé stessa un'illustrazione.

Il bambino non può espandersi come deve avvenire in un essere in via di sviluppo. E ciò perché l'adulto lo reprime. L'*adulto* è una parola astratta: il bambino è un isolato nella società; quindi se l'adulto ha una influenza su lui, questo adulto è subito determinato: è l'adulto che sta più vicino al bambino. Dunque, la madre principalmente, poi il padre, infine i maestri.

Sono gli adulti a cui la società attribuisce un compito proprio opposto perché ad essi attribuisce il merito dell'educazione e dello svolgimento del bambino. Sorge invece fuori, dal sondaggio degli abissi dell'anima, un'*accusa* contro quelli che si erano riconosciuti custodi e benefattori dell'umanità. Essi diventano degli *accusati*. Ma, poiché tutti sono padri e madri e molti sono i maestri e i custodi dei bambini, l'accusa si diffonde all'adulto: alla società responsabile dei bambini. Questa accusa sorprendente ha dell'apocalittico; è misteriosa e terribile come la voce del giudizio finale: «Che facesti, dei bambini che ti avevo affidato?»

La prima reazione è una difesa, una protesta: «Noi facemmo del nostro meglio; i bambini sono il nostro amore, noi li curammo col nostro sacrificio». Sono messi uno innanzi all'altro due concetti contrastanti: uno di essi è cosciente; l'altro si riferisce a fatti inconsci. La difesa è nota, è antica, è radicata e non interessa: ciò che interessa è l'accusa, anzi l'accusato. Il quale va girando e affaticandosi a perfezionare le cure e l'educazione dei bambini, e si trova impigliato in un labirinto di problemi, in una specie di bosco aperto e pure senza uscita: perché gli è ignoto l'*errore* che porta in sé stesso.

La predicazione in favore del bambino deve far permanere l'attitudine di accusa verso l'adulto: accusa senza remissione, senza eccezione.

Ed ecco a un tratto l'accusa divenire un centro di interesse affascinante. Perché essa non denuncia degli errori involontari, ciò che sarebbe umiliante, indicando una manchevolezza, una diminuzione. Denuncia degli errori *inconsci:* e perciò ingrandisce, conduce alla scoperta di sé stessi. E ogni ingrandimento vero viene dalla scoperta, dalla utilizzazione dell'ignoto.

È per ciò che in ogni tempo l'attitudine degli uomini verso i propri errori fu opposta. Ogni individuo è offeso dell'errore conscio, ed è attratto e affascinato dall'errore ignoto. Perché l'errore ignoto contiene il segreto del perfezionamento *al di là* dei limiti conosciuti e ambiti, ed eleva in un campo superiore. Così il cavaliere medioevale era pronto a duellare a ogni più piccola accusa che diminuisse il suo campo cosciente; si prostrava però davanti all'altare dicendo umilmente: «Sono colpevole, lo dichiaro dinanzi a tutti; e la colpa è soltanto mia». I racconti biblici danno su tale contrasto esempi interessanti. Quale causa riunì la moltitudine intorno a Giona, a Ninive, e perché l'entusiasmo in tutti, dal re al popolo, fu tale da spingerli a ingrossare la folla dei seguaci del profeta? Questi li accusa di essere tremendi peccatori, e afferma che, se non si convertiranno, Ninive sarà distrutta. Come chiama le folle Giovanni Battista in riva al Giordano, quali dolci appellativi trova per ottenere un affluire così straordinario? Egli chiama tutti «Razza di vipere».

Ecco il fenomeno spirituale: persone che accorrono per sentirsi accusare; e accorrere è consentire, riconoscere. Ci sono accuse dure e insistenti che chiamano dalle loro profondità l'inconscio, per farlo immedesimare con la coscienza: tutto lo svolgimento spirituale è una conquista della coscienza che assume ciò che era ancora fuori di essa. Così, come il progresso civile avanza lungo il cammino delle scoperte.

Ora per trattare il bambino diversamente da oggi, per salvarlo dai conflitti che mettono in pericolo la sua vita psichica, è necessario prima fare un passo fondamentale, essenziale, da cui tutto dipende: ed è quello di modificare l'adulto. Difatti, affermando che esso fa già tutto quello che può e che, come si esprime, ama già il bambino fino al sacrificio, confessa di trovarsi davanti all'insuperabile. Deve necessariamente ricorrere all'al di là, al di più di quanto è noto, volontario e conscio.

Anche per il bambino esiste l'ignoto. Vi è una parte dell'anima del bambino che è stata sempre sconosciuta e che si deve conoscere. Occorre anche verso il bambino la scoperta che conduce verso l'ignoto. Poiché oltre al bambino osservato e studiato dalla psicologia e dall'educazione, c'è ancora il bambino ignorato. Bisogna andare alla sua ricerca con uno spirito di entusiasmo e di sacrificio, come fanno quelli che sapendo che in un luogo c'è dell'oro nascosto, corrono verso paesi ignoti, e rimuovono le rocce per cercarvi il metallo prezioso. Così deve fare l'adulto cercando questo qualcosa d'ignoto che sta nascosto nell'anima del bambino. È il lavoro a cui tutti devono concorrere: senza differenza di casta, di razza o di nazione: poiché si tratta di trar fuori l'*elemento indispensabile* al progresso morale dell'umanità.

L'adulto non ha compreso il bambino e l'adolescente, e perciò è in una continua lotta con lui: il rimedio non è che l'adulto impari qualche cosa intellettualmente, o che integri una cultura manchevole. No: è diversa la base da cui bisogna partire. Occorre che l'adulto trovi in sé l'errore ancora ignoto che gli impedisce di *vedere il bambino*. Se questa preparazione non è stata fatta, e se non si sono acquistate le attitudini che stanno in rapporto con tale preparazione, non si può procedere oltre.

Il fatto di rientrare in sé stesso non è così difficile come si suppone. Perché l'errore, anche se inconscio in sé, dà le sofferenze dell'angoscia: e un solo accenno al rimedio, fa sentire di questo un acuto bisogno. Come chi ha un dito lussato sente il bisogno di rimetterlo dritto, perché sa che la sua mano non può lavorare e che il suo dolore non troverà calma; così si sente il bisogno di raddrizzare la coscienza, appena l'errore è compreso: poiché allora diventano intollerabili la debolezza e la sofferenza che si erano lungamente sopportate. Fatto questo, tutto procede facilmente. Appena sia sorta in noi la convinzione che ci eravamo dati troppi meriti, che ci eravamo creduti capaci di agire al di là del nostro compito e della nostra possibilità, allora diventa possibile e interessante riconoscere i caratteri di anime diverse dalle nostre, come sono quelle dei bambini.

L'adulto si è fatto egocentrico rispetto al bambino: non egoista, ma egocentrico. Per cui considera tutto quanto riguarda il bambino psichico dai riferimenti verso sé stesso, riuscendo così a una incomprensione sempre più profonda. È questo punto di vista che gli fa considerare il bambino come un *essere vuoto*, che l'adulto deve riempire col suo proprio sforzo; come un essere *inerte e incapace* pel quale egli deve fare tutto; come un essere *senza guida interiore*, per cui l'adulto deve a punto a punto guidarlo dall'esterno. Infine l'adulto è come il creatore del bambino, e considera il bene e il male delle azioni del bambino, dal punto di vista dei rapporti con lui. L'adulto è la pietra di paragone del bene e del male. Egli è infallibile, egli è il bene su cui il bambino deve modellarsi, tutto quanto nel bambino si allontana dai caratteri dell'adulto è un male che l'adulto si affretta a correggere.

In questa attitudine che, inconsciamente, *cancella la personalità del bambino*, l'adulto agisce convinto di essere pieno di zelo, di amore e di sacrificio.

III - INTERMEZZO BIOLOGICO

Quando Wolf rese note le sue scoperte sulla segmentazione della cellula germinativa, dimostrò il processo della creazione degli esseri viventi, e nel tempo stesso dette un aspetto vivo e suscettibile di osservazioni dirette, alla esistenza di direttive interiori verso un disegno prestabilito. Fu lui che abbatté alcune idee fisiologiche, come quelle di Leibnitz e dello Spallanzani, sulla preesistenza della forma compiuta degli esseri nel germe. La scuola filosofica del tempo supponeva che nell'uovo, cioè nell'origine, fosse già formato, benché imperfettamente e in proporzioni minime, l'essere che poi si svolgeva, se messo a contatto di un ambiente favorevole. Tale idea veniva dalla osservazione del seme di una pianta, che già contiene, nascosta tra i due cotiledoni, tutta una pianticina dove si possono riconoscere radici e foglie e che poi, messo nella terra, svolge quel tutto preesistente nel germe in una pianta. Si supponeva un procedimento analogo per gli animali e per l'uomo.

Ma quando Wolf, dopo la scoperta del microscopio, poté osservare come si forma realmente un essere vivo (esso cominciò a studiare l'embrione degli uccelli) trovò che l'origine è una semplice cellula germinativa, dove il microscopio, appunto per la possibilità che dà di vedere l'invisibile, dimostra che non preesiste nessuna forma. La cellula germinativa (che proviene dalla fusione di due cellule), non ha che la membrana, il protoplasma e il nucleo, come ogni altra cellula: soltanto essa rappresenta proprio la cellula semplice nella sua forma primitiva, senza differenziazione di nessuna sorte. Qualunque essere vivo, pianta o animale, viene da una cellula primitiva. Ciò che avevamo visto prima della scoperta del microscopio, cioè la pianticina dentro il seme, è un embrione già svolto dalla cellula germinativa, e che ha superato la fase che si compie dentro il frutto, il quale poi getta alla terra il seme maturo.

Nella cellula germinativa, tuttavia, esiste una proprietà singolarissima: quella di suddividersi rapidamente e di suddividersi secondo un disegno prestabilito. Di questo disegno, però, nella cellula primitiva non esiste la minima traccia materiale. Soltanto nel suo interno, ci sono dei piccoli corpuscoli: i cromosomi che stanno in rapporto con l'eredità.

Seguendo i primi sviluppi negli animali, si vede la prima cellula dividersi in due cellule; e poi queste in quattro, e così via, fino a formare una specie di palla vuota che si chiama morula, che poi si introflette in due strati, i quali lasciano una apertura; e si forma così una cavità aperta a doppia parete (gastula). Attraverso moltiplicazioni, introflessioni, differenziazioni, continua a svolgersi un essere complicato in organi e in tessuti. La cellula germinativa dunque, benché così semplice, limpida e priva di ogni disegno materiale, lavora e costruisce con esattissima obbedienza, il comando immateriale che porta in sé: come se fosse il servo fedele che sa a memoria la missione ricevuta e la compie: ma senza portare sopra di sé nessun documento che possa rivelare l'ordine segreto ricevuto. Il disegno si vede solo per l'attività delle cellule infaticabili, e si può vedere soltanto il lavoro già compiuto. All'infuori del lavoro compiuto non appare nulla.

Negli embrioni dei mammiferi, e perciò degli uomini, uno dei primi organi che apparisce è il cuore, o meglio ciò che diventerà il cuore, una vescichetta che si mette subito a pulsare con ordine, seguendo un ritmo stabilito: e batte due volte nel tempo che il cuore materno impiega per un solo battito. E sempre continuerà a battere senza stancarsi, perché è il motore vitale che aiuta tutti i tessuti vitali che si vanno formando, slanciando verso loro i mezzi necessari alla vita.

È nell'insieme un lavoro nascosto: meraviglioso appunto perché si compie così da solo; è proprio il miracolo della creazione dal nulla. Quelle sapientissime cellule vive non sbagliano mai, e trovano in sé il potere di trasformarsi profondamente chi in cellula cartilaginea, chi in cellula nervosa, chi in cellula di rivestimento cutaneo e ciascun tessuto prende il suo posto preciso. Questa meraviglia della creazione, specie di segreto dell'universo, è rigorosamente nascosta: la natura l'avvolge di veli e di involucri impenetrabili. Ed essa sola può romperli: quando lancia fuori un essere maturo, che apparisce nel mondo come la *creatura che è nata*.

Ma l'essere che è nato non è soltanto un corpo materiale, a sua volta diventa come una *cellula germinativa*, che include in sé delle funzioni psichiche latenti, a tipo già determinato. Questo nuovo corpo non funziona soltanto nei suoi organi; ma ha anche altre funzioni: gli istinti, i quali non possono essere deposti in una cellula, devono venire deposti in un corpo vivente, in un essere che è già nato. Come ogni cellula germinativa tiene deposto in sé il disegno dell'organismo, senza che sia possibile di penetrarne i *documenti*, così ogni corpo neonato, a qualunque specie appartenga, tiene deposto in sé il disegno di istinti psichici, di funzioni che metteranno l'essere in rapporto con l'ambiente. Qualunque sia questo essere; anche un insetto.

Gli istinti meravigliosi delle api, che le conducono a un'organizzazione sociale così complessa, cominciano ad agire soltanto nelle api, non già nell'uovo o nelle larve. L'istinto di volare è nell'uccello già nato, e non prima; e così via.

Infatti quando l'essere nuovo è formato, allora diventa sede di guide misteriose, le quali daranno luogo agli atti, ai caratteri, ai lavori, cioè alle funzioni sull'ambiente esterno.

L'ambiente esterno non deve dare soltanto i mezzi dell'esistenza fisiologica: ma i richiami alle missioni misteriose che porta in sé ogni essere animale e che appunto è chiamato dall'ambiente non soltanto a vivere, ma ad esercitare un ufficio necessario a conservare il mondo e la sua armonia. Perciò l'ambiente è, per ciascuno, secondo la sua specie.

Il corpo ha proprio la forma adatta a questa superfunzione psichica, che deve entrare a far parte dell'economia dell'universo. Che tali funzioni superiori siano insite già nell'essere nato, è chiaro negli animali: si sa che quel mammifero appena nato sarà pacifico perché è un agnello; che quell'altro sarà feroce, perché è un leone. Si sa che quell'insetto lavorerà senza posa in una disciplina inalterabile perché è una formica e che quell'altro non farà che cantare nella solitudine, perché è una cicala.

E così il bambino nato non è soltanto un corpo pronto a funzionare, ma è un embrione spirituale che ha direttive psichiche latenti. Sarebbe assurdo pensare che proprio l'uomo, caratterizzato e distinto da tutte le creature per la grandiosità della sua vita psichica, fosse il solo a non possedere un disegno di svolgimento psichico.

Lo spirito può essere così profondamente latente da non farsi manifesto come l'istinto dell'animale che è già pronto a rivelarsi nelle sue azioni stabilite. Il fatto di non essere mosso da istinti guida fissi e determinati come nell'animale è il segno di un fondo di libertà d'azione che richiede una elaborazione speciale, quasi una creazione lasciata allo svolgimento di ogni individuo e perciò imprevedibile. Ma tanto più delicata, difficile e occulta. C'è dunque un segreto nell'anima del bambino che non è possibile di penetrare se egli stesso non ce lo rivela a mano a mano che costruisce sé stesso. Giusto come nella segmentazione della cellula germinativa, dove non c'è nulla se non un disegno. Ma un disegno che nessun mezzo può rivelare e che si manifesterà soltanto quando andranno realizzandosi i particolari dell'organismo.

È perciò che solo il bambino può farci delle rivelazioni sul *disegno naturale dell'uomo*.

Ma per la delicatezza che è unita ad ogni creazione dal nulla, la vita psichica del bambino ha bisogno di una difesa e di un ambiente analoghi agli involucri e ai veli che la natura ha posto intorno all'embrione fisico.

E si udì sulla Terra
una voce tremante,
che non si era mai udita; uscente da una gola
che non aveva mai vibrato.

Mi dissero di un uomo, vissuto nella oscurità più profonda; i suoi occhi non avevano visto mai nessun più lieve chiarore, come in fondo ad un abisso.
Mi dissero di un uomo vissuto nel silenzio, non un rumore, nemmeno impercettibile, era mai giunto al suo orecchio.
Sentii parlare di un uomo che era vissuto realmente sempre immerso nell'acqua; un'acqua di strano tepore, e che d'un tratto spuntò fuori tra i ghiacci.
E spiegò dei polmoni che mai avevano respirato (sarebbero lievi le fatiche di Tantalo a tale confronto!) ma visse. L'aria distese d'un tratto solo i suoi polmoni ripiegati fin dall'origine.
E allora l'uomo gridò.
E si udì sulla Terra
una voce tremante che non si era mai udita, uscente da una gola che non aveva vibrato giammai.

Egli era l'uomo che aveva riposato.
Chi potrebbe immaginare che sia il riposo assoluto?
Il riposo di chi non fa nemmeno la fatica di mangiare, perché altri mangia per lui;

e sta nell'abbandono delle sue fibre, perché altri tessuti viventi fabbricano il calore necessario alla sua vita;
e nemmeno i suoi tessuti intimi lavorano a difendersi dai veleni e dai bacilli, perché altri tessuti lavorano per lui.
Suo solo lavoro fu quello del cuore, che batteva prima che egli fosse.
Sì, mentre ancora egli non esisteva, batteva però il suo cuore, doppiamente di come pulsa ogni altro cuore. E seppi che quello è il cuore di un uomo.

E ora... è lui che si avanza:
e prende sopra di sé tutti i lavori:
ferito dalla luce e dal suono, affaticato fin nelle più intime fibrille del suo essere,
emettendo il gran grido:
«Perché mi hai abbandonato?»

E questa è la prima volta che l'uomo riflette in sé il Cristo che muore, e il Cristo che ascende!

IV - IL NEONATO

L'ambiente supernaturale

Il bambino che nasce, non entra in un ambiente naturale, ma entra nell'ambiente della civilizzazione, dove si svolge la vita degli uomini.
È un ambiente *supernaturale*, costruito al di sopra e a spese della natura, per l'impulso ad ottenere aiuti minuziosi alla vita dell'uomo e rendergli facile l'adattamento.
Ma quali provvidenze ha elaborato la civiltà per aiutare il neonato, l'uomo che compie il supremo tra gli sforzi di adattamento quando passa con la nascita da una vita ad un'altra?
Lo sconvolgente trapasso della nascita, dovrebbe richiedere un trattamento scientifico del bambino neonato, perché in nessun'altra epoca della vita l'uomo incontra una simile occasione di lotta e di contrasto, e però di sofferenza.
Ma non c'è provvidenza alcuna che faciliti questo tremendo transito; eppure nella storia della civilizzazione umana, ci dovrebbe essere una pagina anteriore a tutte le altre, dove si dovrebbe raccontare ciò che fa l'uomo civilizzato per aiutare l'essere che nasce: ma resta una pagina bianca.
Molti penseranno al contrario che la civiltà si preoccupa molto oggi del bambino che nasce.
Come?
Quando nasce un bambino tutti si preoccupano della madre: si dice che la madre ha sofferto. Ma il bambino non ha pure sofferto?
Si pensa di fare l'oscurità e il silenzio attorno alla madre perché è affaticata.
Ma non lo è il bambino, che arriva da un luogo dove non lo raggiunse mai il minimo barlume di luce, né il più lieve rumore?
Per lui, dunque, bisogna preparare l'oscurità e il silenzio.
Era cresciuto in un luogo riparato da ogni urto, da ogni oscillazione di temperatura, nel liquido morbido e uniforme, creato apposta per il suo riposo, dove non lo raggiunse mai il minimo barlume di luce, né il più lieve rumore e cambia il suo ambiente liquido per venire all'aria così d'un tratto.

In che modo l'adulto va incontro a lui, che vien dal nulla, e che si trova ora nel mondo con quegli occhi delicati che non hanno mai visto luce e con quelle orecchie inabissate nel silenzio?

Come va incontro a quell'essere dalle membra tormentate che era rimasto, fino al momento della nascita, nel seno della madre senza contatto alcuno?

Passa subitamente da un ambiente liquido all'aria, senza attraversare successive trasformazioni, come il girino che diventa una rana.

Quel corpo delicato è esposto all'urto brutale delle cose solide: è maneggiato dalle mani senz'anima dell'uomo adulto.

Veramente, la gente di casa quasi non osa di toccarlo, perché è tanto fragile: i parenti e la madre lo guardano con timore, e lo affidano *a mani esperte*.

Sì, ma quelle mani esperte non sono sovente sufficientemente abili per toccare un essere così delicato. Non basta solo tenere sicuramente il bambino con mani forti.

Occorre prepararsi a sapere avvicinare questo essere delicato. Perché un infermiere, prima di avvicinare un ammalato adulto, un ferito, deve lungamente praticare la tecnica per muovere l'infermo? O quella di applicare delicatamente una pomata o una benda?

Con il bambino non è così.

Il medico lo maneggia senza speciali riguardi, e quando il neonato grida disperatamente, tutti sorridono di compiacenza. È la sua voce, quella. Il pianto è il suo linguaggio, e le sue grida sono necessarie per ripulire gli occhi e dilatare i polmoni.

Il neonato è subito vestito.

Un tempo veniva avvolto in fasce rigide come se fosse ingessato, e l'esserino, che era rimasto rattrappito nel grembo materno, veniva steso e immobilizzato.

Eppure non è necessario vestire il neonato, né nel primo momento né durante il primo mese.

Effettivamente, se vogliamo seguire la storia del vestiario del neonato, vedremo una graduale evoluzione, che va da sostegni rigidi, a indumenti leggeri, a una graduale diminuzione di oggetti per il vestiario, un passo ancora e il vestito del neonato verrà abolito del tutto.

Il bambino dovrebbe rimanere nudo, come lo rappresenta l'arte. Gli angeli sono dipinti o scolpiti completamente nudi, e nel presepio, la Vergine Maria adora il Divin Infante nudo, e così lo porta in braccio.

Infatti il bambino ha bisogno di essere riscaldato dall'ambiente e non dai vestiti. Egli non ha in sé abbastanza calore per affrontare la temperatura esterna, essendo prima vissuto nel calore del corpo materno. Si sa che i vestiti non possono fare altro che trattenere il calore del corpo, cioè impedire che si disperda. E se un ambiente è riscaldato, i vestiti diventano un ostacolo tra il calore di un ambiente e il corpo del bambino che deve riceverlo.

Vediamo che negli animali, anche quando i nati sono ricoperti di peluria o di pelliccia, il corpo della madre li ricopre per riscaldarli.

Non voglio insistere troppo su questo argomento. Sono certa che se potessero parlarmi, gli americani mi racconterebbero delle cure che hanno i neonati nel loro paese; e i tedeschi e gli inglesi mi chiederebbero con sorpresa come mai ignoro i progressi a cui sono giunti nei loro paesi, in questo ramo della medicina e dell'infermeria. Però io dovrei rispondere che conosco tutte queste cose, e che ho studiato in alcuni di questi paesi ciò che si è fatto di più raffinato e i miglioramenti raggiunti. Ma dappertutto, manca ancora la nobiltà di coscienza necessaria per accogliere degnamente l'uomo che nasce.

È vero che si fa molto: ma che cosa è il progresso se non vedere ciò che prima non si vedeva, e aggiungere a quello che già sembrava compiutamente sufficiente e anzi insuperabile? Ora il bambino non è compreso degnamente in nessuna parte del mondo.

Vorrei pure toccare un altro punto e indicare il fatto che noi, pure amando profondamente il bambino, abbiamo quasi un istinto di difesa contro di lui, che prevale fin dal primo istante in cui viene a visitarci. E non è solo un istinto di difesa, ma anche un istinto di avarizia, che ci fa correre ai ripari verso le cose che possediamo, anche quando queste non valgono niente.

Dal momento della nascita in poi l'animo dell'adulto si esprime sempre su questo motivo: aver cura che il bambino non deturpi, non insudici e non infastidisca. Sì; difendersi, difendersi da lui.

*
**

Credo che quando l'umanità avrà acquistato una piena comprensione del bambino, troverà per lui delle cure molto più perfette.

A Vienna si è studiato qualcosa a vantaggio del neonato: la parte del letto dove il bambino dovrà adagiarsi nascendo, viene riscaldata: e si sono ideati dei materassi di sostanze assorbenti che si buttano via rinnovandoli ogni volta.

Ma la cura del neonato non deve limitarsi alla difesa dalla morte, all'isolamento degli agenti infettivi, come oggi si fa nelle cliniche più moderne, dove le *nurses* che avvicinano il bambino si coprono la faccia di bende affinché i microbi della loro bocca non arrivino a lui.

Ci sono i problemi del «trattamento psichico del bambino» fin dalla nascita, e quelli delle cure che tendono a facilitare il suo adattamento al mondo esterno.

A questo fine debbono ancora essere fatte delle esperienze nelle cliniche e una propaganda nelle famiglie, perché l'attitudine verso il neonato possa cambiare.

Si pensa ancora, nelle famiglie ricche, alla magnificenza delle culle e ai merletti preziosi per i vestiti del neonato. Ma per rapporto vien da pensare che se vi fosse l'uso di frustare i bambini, vi sarebbero, secondo questo criterio, fruste col manico d'oro incrostato di perle per i bambini ricchi.

Veramente il lusso per i neonati dimostra che è assolutamente assente la considerazione del bambino psichico. La ricchezza della famiglia dovrebbe provvedere il miglior trattamento igienico e non il lusso al bambino privilegiato. Un miglior trattamento per lui sarebbe l'avere un luogo riparato dai rumori della città, dove vi sia un sufficiente silenzio e dove la luce si possa moderare e correggere. La temperatura calda e costante, come è già da tempo ottenuta nelle camere di operazioni, dovrebbe essere la preparazione dell'ambiente per il bambino nudo.

Un altro problema è quello di muovere e di trasportare il bambino, riducendo al minimo la necessità di toccarlo con le mani. Il bambino dovrebbe essere preso a mezzo di un sostegno leggero e cedevole, come un'amaca di rete delicatamente imbottita, la quale sostenga tutto il corpo del bambino, raccolto in una posizione simile a quella dell'attitudine prenatale.

Questi sostegni vanno maneggiati con delicatezza e lentezza, da mani leggere e fatte abili per minuziosa preparazione. Lo spostare il bambino in senso verticale o in senso orizzontale richiede una speciale abilità. Già nell'infermeria si è fatto uno studio simile: v'è una tecnica speciale per sollevare il malato e trasportarlo orizzontalmente e lentamente, ed è la tecnica più elementare dell'assistenza. Nessuno solleva più un malato verticalmente a braccia: ma lo muove a mezzo di un sostegno cedevole, delicatamente introdotto sotto il corpo: e con questo mezzo lo sposta in modo che la sua posizione orizzontale non venga alterata.

Ora il neonato è un infermo; come la madre, egli è passato attraverso un pericolo di morte: la gioia e la soddisfazione di vederlo vivo è anche il sollievo del pericolo passato. Alcune volte il bambino è rimasto quasi strangolato, e rivive con l'aiuto rapido della respirazione artificiale: egli ha spesso la testa deformata da un ematoma, cioè da un travaso di sangue sotto la pelle. Ma il neonato non si può neppure confondere con un malato adulto. La necessità sua non è quella di un infermo, ma di chi fa un inconcepibile sforzo di adattamento, accompagnato dalle prime impressioni psichiche, di un essere che viene dal nulla, ma che è sensibile.

Il sentimento verso il neonato non è di compassione, ma di venerazione per il mistero della creazione, per il segreto di un infinito che si compone entro limiti a noi sensibili.

Ho visto un neonato che, appena salvato da uno stato pericoloso di asfissia, veniva posto in una vasca collocata in basso, quasi rasente terra: e nel movimento rapido che lo portava giù per essere tuffato nell'acqua, il bambino spalancò gli occhi ed ebbe un sussulto, stendendo le gambe e le braccia, come chi si sente cadere.

Era quella la sua prima esperienza di paura.

Gli atti con cui tocchiamo e muoviamo il bambino, la delicatezza di sentimenti ch'esso ci dovrebbe ispirare, ci fan pensare ai gesti con cui il sacerdote cattolico maneggia la Sacra Ostia sull'altare; con mani purificate e con gesti studiati e meditati, egli muove quell'Ostia ora in senso verticale, ora in senso orizzontale, con soste e pause, come se quei gesti fossero carichi di tanta potenza da dover essere interrotti di quando in quando. E, quando depone l'Ostia, il sacerdote piega le ginocchia per adorarla.

E tutto ciò si svolge in un ambiente silenzioso, in cui la luce penetra mitigata da cristalli colorati. Un sentimento di speranza e di elevazione domina nel luogo sacro. Simile a questo dovrebbe essere l'ambiente in cui vive il neonato.

*
**

Se facciamo un parallelo tra le cure date al bambino e quelle date alla madre, e ci proviamo a pensare che cosa sarebbe per la madre l'essere trattata come il neonato, si renderebbe più chiaro l'errore che commettiamo.

La madre è lasciata immobile: mentre il neonato è trasportato lontano da lei affinché non la disturbi con la sua presenza, ed è riportato vicino a lei soltanto nelle ore in cui essa deve alimentarlo. Il bambino, in questi viaggi, viene maneggiato, non senza scosse, per indossare bei vestiti e ornamenti di nastri e di merletti. Questo equivarrebbe a obbligare la madre subito dopo la nascita ad alzarsi, e a vestirsi elegantemente per presenziare a un ricevimento.

Il bambino è sollevato dalla culla e levato in alto, fino al livello delle spalle dell'adulto che deve trasportarlo, e di nuovo poi abbassato per essere adagiato accanto alla madre. Chi penserebbe mai di sottoporre la puerpera a simili movimenti? La giustificazione che si usa dare è questa: il bambino non ha coscienza; e senza coscienza non c'è né sofferenza né godimento; sarebbe quindi un mito usare per il neonato tante raffinatezze.

Ma che dire delle cure prodigate a persone adulte sofferenti, che sono in pericolo di vita e si trovano in uno stato di incoscienza?

È il bisogno di soccorso e non la coscienza di questo bisogno che richiama, rispetto a ogni altra età della vita umana, l'acuta attenzione della scienza e del sentimento.

No, non vi è giustificazione possibile.

Il fatto è che nella storia della civiltà esiste una lacuna per la prima epoca della vita; vi è una pagina bianca, dove ancora nessuno scrisse perché nessuno scrutò i primi bisogni dell'uomo. Eppure ogni giorno diventiamo più consci di un'impressionante verità illustrata da tante esperienze, cioè che i disagi della prima età (e persino dell'epoca prenatale) influiscono su tutta la vita dell'uomo. La vita embrionale e la vita infantile racchiudono (è riconosciuto da tutti oggi) la salute dell'adulto, la salute della razza. Perché dunque non viene considerata la nascita, la crisi più difficile a superare nella vita?

Il neonato, noi non lo sentiamo: per noi non è un uomo. Quando arriva nel mondo nostro, non lo sappiamo ricevere, benché il mondo che abbiamo creato sia destinato a lui, affinché lo continui, e lo faccia avanzare verso un progresso superiore al nostro.

Tutto ciò ci ricorda le parole di san Giovanni Evangelista:

*Egli venne al mondo
e il mondo fu creato* per Lui,
*ma il mondo non lo riconobbe.
Venne nella sua stessa casa,
e i suoi non lo ricevettero.*

V - GLI ISTINTI NATURALI

Gli animali superiori, i mammiferi, guidati dall'istinto, non trascurano il periodo delicato e difficile dell'allattamento dei loro piccoli. Ce ne dà esempio l'umile gattina che vive nelle nostre case, quando nasconde i suoi piccoli appena nati in qualche luogo appartato e buio; è tanto gelosa della sua prole che non permette neppure che la si guardi. E poco tempo dopo compaiono i gattini belli e vispi.

Cure anche maggiori riserbano ai loro piccoli i mammiferi che vivono in completa libertà. Quasi tutti questi animali vivono in branchi numerosi, ma la femmina prossima al parto si ritira dal gruppo e cerca un luogo appartato e nascosto. Partoriti i piccoli, li mantiene in silenzioso isolamento per un periodo di tempo che varia secondo le specie, da due o tre settimane a un mese o più. La madre si trasforma rapidamente in infermiera e in assistente di queste nuove creature. I neonati non potrebbero rimanere nelle condizioni abituali di un ambiente pieno di luce e di rumori: perciò essa li custodisce in un luogo tranquillo e riparato. Benché in generale i piccoli nascano già con tutte le funzioni sviluppate, capaci di reggersi in piedi e di camminare, la madre, con tenere cure e tentativi d'educazione, li obbliga a rimanere isolati, fino a quando non abbiano acquistato il pieno possesso delle loro funzioni e non si siano adattati all'ambiente. Solo allora essa li guida verso il resto del branco, affinché vivano accanto ai loro simili.

In verità è impressionante la storia di queste sollecitudini materne, tutte essenzialmente simili, anche se si tratta di mammiferi di specie tanto diverse, come cavalli, bisonti, cinghiali, lupi e tigri.

La femmina del bisonte si trattiene per varie settimane lungi dal branco, isolata col suo piccolo, curandolo con tenerezza meravigliosa. Quand'egli ha freddo lo copre con le zampe anteriori; quando è sudicio, lo lecca pazientemente per lisciargli il pelo; quando lo nutre, essa si regge su tre zampe sole per rendergli più facile l'operazione. Poi lo riporta al branco, e continua a nutrirlo con la paziente indifferenza comune a tutte le femmine dei quadrupedi.

Talora la madre non si limita a cercare l'isolamento negli ultimi mesi della gravidanza, ma si dedica a un intenso lavoro per preparare un locale adatto ai nascituri. La lupa, per esempio, si nasconde in un angolo remoto e oscuro del bosco, possibilmente in una grotta che possa servire di rifugio. Ma se non trova un luogo appropriato, scava una galleria o prepara un covo nel tronco cavo d'un albero, o costruisce un rifugio che riveste poi di qualcosa di soffice, quasi sempre del suo stesso pelame, che si strappa dal petto, facilitando anche con questo l'allattamento dei piccoli. Dà alla luce sei o sette cuccioli, con gli occhi e le orecchie chiuse, ed essa li cresce nascosti senza mai abbandonarli.

Tutte le madri in questo periodo sono estremamente aggressive contro chiunque tenti di avvicinarsi al covo.

Cotesti istinti si deformano quando gli animali vivono in istato domestico. Le scrofe arrivano a divorare i propri figli, mentre la femmina del cinghiale è una delle madri più tenere e affettuose che esistano. Anche le leonesse prigioniere nelle gabbie dei giardini zoologici sono giunte talora a divorare i propri nati.

La natura dunque sviluppa le sue provvidenziali energie protettrici solo quando gli esseri possono liberamente obbedire agli istinti fondamentali.

La logica dell'istinto è chiara e semplice: il neonato dei mammiferi dev'essere particolarmente assistito durante i suoi *primi contatti* con l'ambiente esterno, e pertanto è necessario tener conto d'un periodo iniziale estremamente delicato, corrispondente alla sua venuta al mondo, al riposo necessario dopo lo sforzo enorme della nascita e all'inizio simultaneo di tutte le sue funzioni.

Dopo di ciò comincia la cosiddetta prima infanzia, cioè il primo anno d'esistenza, l'allattamento, ossia la prima vita nel mondo.

Le cure degli animali che isolano i propri figli non si limitano al corpo. La madre si preoccupa altresì del risveglio psichico degli istinti che nascono dall'intimo del nuovo essere, per formare *un altro individuo* della medesima razza; e tale risveglio avviene meglio nella luce attenuata e lontano dal rumore, sotto la vigilanza della madre che, nutrendoli, aiuta e perfeziona amorosamente i propri nati. Il puledro, man mano che le sue estremità s'irrobustiscono, impara a conoscere la madre e a seguirla: ma intanto in quel corpo fragile si vanno manifestando le caratteristiche del cavallo: entrano in funzione le condizioni ereditarie. Perciò la cavalla non permette a nessuno di vedere il figlio prima che si sia trasformato in cavallino, e la gatta non lascia che si esaminino i suoi piccoli prima che abbiano aperto gli occhi e si siano rafforzati sulle zampe, prima cioè che siano diventati dei gattini.

È evidente che la natura veglia con ogni cura su coteste poderose realizzazioni. La missione delle cure materne è ben superiore a quella puramente fisiologica. Mediante l'amore tenerissimo e le attenzioni delicate, essa attende soprattutto al risveglio degli istinti latenti. Analogamente si potrebbe dire che – attraverso le cure delicatissime che necessariamente vanno prodigate al neonato – si deve attendere alla nascita spirituale dell'uomo.

VI - L'EMBRIONE SPIRITUALE

L'incarnazione

La parola incarnazione evoca la figura del neonato considerandola come uno spirito che si è racchiuso nella carne, per venire a vivere nel mondo. Questo concetto è contemplato nel Cristianesimo tra i misteri più venerabili della religione, quello in cui lo stesso spirito divino s'incarna: «*et incarnatus est de Spiritu Sancto: et homo factus est*».
Invece la scienza considera l'essere nuovo come venuto dal nulla: esso allora è carne, non è una incarnazione. È soltanto uno sviluppo di tessuti e di organi, che compongono un tutto vivente. Anch'esso è un mistero: perché come mai quel corpo complicato e vivente è venuto dal nulla? Noi però non abbiamo lo scopo di intrattenerci in simili meditazioni, ma di penetrare nella realtà, addentrandoci sotto la superficie. Nelle cure da prodigarsi al neonato si deve tener in gran conto la *vita psichica*. Se già il neonato possiede una vita psichica, a maggior ragione la possiederà il bambino nel primo anno d'esistenza e anche più tardi. L'attuale progresso delle cure infantili consiste nel considerare non solo la vita fisica, ma anche quella psichica. Oggi si dice: l'educazione deve cominciare fin dalla nascita.
È evidente che la parola *educazione* non si usa qui nel senso di insegnamento, bensì in quello di aiuto allo sviluppo psichico del bambino. Si può oggi pensare che il bambino possieda fin dalla nascita un'autentica vita psichica, poiché si fa distinzione fra cosciente e subcosciente; quest'idea di subcosciente, pieno di impulsi e di realtà psichiche, è ormai penetrata quasi nel linguaggio popolare.
Tuttavia, anche se ci si limita ai concetti evidenti più elementari, si può ammettere che sussiste nel bambino un gioco d'istinti non solo rispetto alle funzioni digestive, ma anche rispetto alle funzioni psichiche, come si osserva fin dall'inizio nei piccoli dei mammiferi, quando realizzano rapidamente e per impulso intrinseco i caratteri della specie. Il bambino, quanto ai movimenti, sembra che disponga di possibilità di sviluppo più lente, nei confronti dei neonati di altre specie animali. Infatti, mentre gli organi dei sensi funzionano fin dall'istante della nascita – poiché il bambino è subito sensibile alla luce, al rumore,

al tatto ecc. – il movimento è ancora assai poco sviluppato.

La figura del neonato è l'impressionante punto di partenza: quel bambino che nasce inerte e che resterà inerte per lungo tempo; incapace di tenersi diritto, bisognoso di cure come un infermo; quel bambino muto, che per molto tempo farà sentire la sua voce solo nel pianto, nel grido della sofferenza e farà accorrere a lui come verso una persona che chiama soccorso.

Solo dopo molto tempo, mesi o un anno intiero e più, quel corpo si alzerà e camminerà e non sarà più un infermo, ma sarà il corpo dell'uomo bambino. E dopo mesi e anni quella voce sarà la voce di un uomo che parla.

Ora noi vogliamo riferirci con la parola incarnazione a fatti psichici e fisiologici della crescenza. Incarnazione è il processo misterioso di una energia che animerà il corpo inerte del neonato e darà alla carne delle sue membra, agli organi dell'articolazione della parola il potere di agire secondo la volontà e così si incarnerà l'uomo.

È infatti impressionante che il bambino nasca e si mantenga così lungamente inerte, mentre i piccoli mammiferi quasi subito dopo la nascita o almeno dopo un tempo brevissimo, già si sostengono, camminano, cercano la madre e hanno il linguaggio proprio della specie, benché sia ancora flebile, imperfetto e quasi patetico. Ma i gattini veramente mandano dei miagolii e gli agnelli hanno timidi belati e il puledro veramente nitrisce. Flebili voci, che tendono piuttosto al silenzio, infatti il mondo non risuona di grida e di lamenti degli animali neonati. Il tempo della loro preparazione è rapido: la preparazione è facile, anzi la carne dell'animale nasce, si può dire, già animata dall'istinto che determina le sue azioni. Già è noto quale balzo avrà la piccola tigre e come salterà il capriolo che si è appena alzato in piedi dopo la nascita. Dunque ogni essere nato non è soltanto un corpo materiale: esso include in sé delle funzioni che non sono quelle dei suoi organi fisiologici; ma sono le funzioni che dipendono dall'istinto. Tutti gli istinti si manifestano col movimento e rappresentano caratteri della specie, che sono anche più costanti e più distintivi che la stessa forma del corpo. L'animale – come lo dice la parola – è caratterizzato dall'animazione non dalla forma.

Tutti questi caratteri che non sono il funzionare dell'organismo vegetativo, possiamo metterli insieme e chiamarli caratteri psichici. Ora questi caratteri si trovano già in tutti gli animali fin dalla nascita: perché proprio l'uomo-bambino manca di tale animazione?

Una teoria scientifica spiega che i movimenti istintivi degli animali sono la conseguenza di esperienze fatte dalla specie in epoche precedenti e trasmesse per eredità. Perché proprio l'uomo è un essere così restio a ereditare dai suoi avi? Eppure gli uomini hanno sempre camminato eretti e hanno sempre parlato un linguaggio articolato e furono pronti a dare l'eredità ai loro discendenti. Sarebbe assurdo pensare che proprio l'uomo, caratterizzato e distinto da tutte le creature per la grandiosità della sua vita psichica, sia il solo a non possedere un disegno di svolgimento psichico. Ci deve essere una verità nascosta sotto a queste contraddizioni. Lo spirito può essere così profondamente latente da non farsi manifesto come l'istinto dell'animale che è già pronto a rivelarsi nelle sue azioni stabilite.

Il fatto di non essere mosso da istinti-guida fissi e determinati come nell'animale è il segno di una insita libertà d'azione che richiede una elaborazione speciale, quasi una creazione lasciata allo svolgimento di ogni individuo e perciò imprevedibile. Ci sia permesso di ricorrere a un paragone assai lontano dall'argomento: il paragone con gli oggetti che noi stessi produciamo. Ci sono oggetti che si producono a serie: tutti uguali tra loro e si producono in fretta, con uno stampo o con una macchina. E altri oggetti che si fanno a mano, lentamente, e ciascuno è differente dall'altro. Il pregio degli oggetti fatti a mano è che ciascuno porta l'impronta diretta dell'autore: ora l'impronta dell'abilità di una ricamatrice, ora l'impronta dell'abilità di un genio se si tratta di un'opera d'arte.

Si potrebbe dire che la differenza psichica tra l'animale e l'uomo è questa: l'animale è come l'oggetto fabbricato a serie, ogni individuo riproduce subito i caratteri uniformi fissati in tutta la specie. L'uomo invece è come l'oggetto lavorato a mano: ognuno è diverso dall'altro, ognuno ha un proprio spirito creatore, che ne fa un'opera d'arte della natura. Ma il lavoro è lento ed è lungo. Prima che appariscano gli effetti esterni ci deve essere stato un lavorìo intimo che non è la riproduzione di un tipo fisso, ma è la creazione di un tipo nuovo: e quindi è un enigma, un risultato a sorpresa. Lungo tempo rimane occulta, come appunto avviene dell'opera d'arte che l'autore conserva nell'intimità dello studio e vi trasfonde sé stesso, prima di esporla in pubblico.

Quel lavorìo attraverso cui si forma la personalità umana è l'opera occulta dell'incarnazione. L'uomo inerte è un enigma. Quel corpo inerte contiene il meccanismo più complicato tra tutti quelli degli esseri viventi, ma ciò gli appartiene, l'uomo appartiene a sé stesso. Egli deve incarnarsi con l'aiuto della sua propria volontà.
Ciò che volgarmente si chiama *la carne* è un insieme di organi del movimento denominati in fisiologia muscoli volontari. Il termine stesso indica che sono mossi dalla volontà, e nulla può indicar meglio il fatto che il moto è legato alla vita psichica. Senza gli organi, senza i suoi strumenti, nulla potrebbe fare la volontà.
A dispetto dei loro istinti, gli animali di qualsiasi specie, anche i più insignificanti insetti, non potrebbero fare nulla, se mancassero loro gli organi del movimento. Nelle forme più perfette, e quindi soprattutto nell'uomo, i muscoli sono infinitamente complessi e talmente numerosi, che gli studenti di anatomia umana sogliono dire: «Per ricordarsi di tutti i muscoli è necessario averli scorticati almeno sette volte». Inoltre, durante il funzionamento, i muscoli si associano per svolgere azioni complicatissime. Alcuni esercitano impulsi, altri prendono un atteggiamento passivo, alcuni sono soltanto capaci di esercitare un'approssimazione, altri un contatto. E quante funzioni opposte si effettuano non per contrasto, bensì per armonia!
Un'inibizione corregge un impulso, e perciò lo accompagna sempre; a un muscolo che avvicina si articola un altro che unisce, senza vere associazioni, cioè gruppi che si uniscono in movimenti unici, e in questo modo il movimento si può complicare all'infinito, come accade, per esempio, per gli acrobati, o come per i muscoli della mano di un violinista, che può imprimere all'arco movimenti infinitesimali.
Ciascun movimento è un'associazione di azioni opposte; ogni modulazione richiede l'azione quasi di un esercito che agisce contemporaneamente a un esercito contrapposto: ambedue abilmente preparati fino alla perfezione.
Non si ebbe completa fiducia nella natura, perché la parte più alta – quella costruttiva e direttiva – fu affidata all'energia individuale, un'energia che si sovrappone alla natura, che è supernaturale. Cotesto è il fatto primordiale che va considerato nell'uomo. Lo spirito umano animatore deve incarnarsi per attuare e schiudere la via nel mondo. Tutto ciò costituisce il primo capitolo della vita del bambino.

L'incarnazione individuale possiede dunque direttrici psichiche: perciò nel bambino deve esservi una vita psichica che precede la vita motrice ed esiste anteriormente a qualsiasi espressione esteriore e indipendentemente da essa.

Sarebbe un grande errore credere che il bambino sia un debole nei suoi muscoli, per cui non sa reggersi ritto, o che debba essere insita all'essere umano la incapacità di coordinare i movimenti.

La forza muscolare dei neonati, negli impulsi e nelle resistenze delle membra, è evidentissima. E niente c'è di più perfetto che la coordinazione difficile del succhiare e del deglutire, che è cosa già tutta pronta. La natura mette nel bambino nuove condizioni rispetto a quelle dei neonati animali. Lascia il campo dei movimenti libero dall'assolutismo imperante degli istinti. Gli istinti si ritraggono: e i muscoli aspettano forti e obbedienti un comando nuovo; aspettano il grido della volontà per coordinarsi al servizio dello spirito umano. Essi devono realizzare i caratteri non di una specie soltanto, ma di un individuo animatore. Senza dubbio vi sono anche degli istinti della specie, che impongono i caratteri fondamentali; si sa che ogni bambino camminerà nella posizione eretta e che parlerà. Ma da lui possono risultare delle varietà individuali così insospettate da costituire un enigma.

Di tutti gli animali possiamo indovinare quel che saranno una volta che si siano fatti adulti: un eccellente e agile corridore, se si tratta di una gazzella; un animale lento e goffo nell'andatura, se figlio di un elefante; feroce se figlio di tigre; roditore e divoratore di vegetali, se figlio d'un coniglio.

Ma l'uomo può tutto, e la sua apparente inerzia prepara la meravigliosa sorpresa dell'individualità. La sua voce inarticolata, un giorno articolerà la parola: ancora non sappiamo quale sarà il suo linguaggio. Parlerà la lingua che egli avrà appreso dall'ambiente, con l'attenzione, costruendo i suoni con sforzi incalcolabili, poi le sillabe e finalmente le parole. Sarà un costruttore volontario di tutte le sue funzioni di relazione con l'ambiente, sarà il creatore di un nuovo essere.

**

Il fenomeno del bambino inerte alla nascita è sempre stato constatato, dando luogo a riflessioni filosofiche, ma non ha finora attirato l'attenzione dei medici, né dei psicologi, né degli educatori: è rimasto uno dei tanti fatti evidenti per i quali non c'è altro da fare che constatarli.

Molti fatti restano così per lungo tempo messi da un lato, chiusi a chiave tra i depositi del subconscio.

Nella pratica della vita consueta, però, queste condizioni della natura infantile hanno portato molte conseguenze, che rappresentano un gran pericolo per la vita psichica del bambino. Esse hanno fatto pensare erroneamente che non fossero passivi soltanto i muscoli, cioè che non fosse inerte soltanto la carne, ma che il bambino stesso fosse inerte, un essere passivo e vuoto di vita psichica. E innanzi allo spettacolo magnifico sì, ma tardivo, del suo manifestarsi, l'adulto osò farsi la convinzione erronea di essere lui ad avere animato il bambino con le sue cure, coi suoi aiuti. Se ne fece un dovere e una responsabilità; l'adulto apparì a sé stesso come il plasmatore del bambino e il costruttore della sua vita psichica. Suppose di poter compiere dal di fuori un'opera creativa, dando stimoli, direttive e suggestioni, affinché si svolgano nel bambino intelligenza, sentimento e volontà.

L'adulto si è attribuito un potere quasi divino: ha finito per credere di essere lui il Dio del bambino e pensò di sé stesso come è detto nella Genesi: «Io creerò l'uomo a mia immagine e somiglianza». La superbia è stato il primo peccato dell'uomo: quel sostituirsi a Dio è stato la causa della miseria di tutta la discendenza.

Infatti se il bambino porta in sé la chiave del suo proprio enigma individuale, se ha un disegno psichico e delle direttive di sviluppo, esse debbono essere potenziali ed estremamente delicate nei tentativi di realizzazione. E allora l'intervento intempestivo dell'individuo adulto, volitivo ed esaltato dal suo illusorio potere, può cancellare quei disegni o deviarne le occulte realizzazioni.

L'adulto può veramente cancellare il divino disegno fin dalle origini dell'uomo, e sempre, di generazione in generazione, l'uomo crescerà deformato nella sua incarnazione.

Questo è il grande, è il fondamentale tra i problemi pratici dell'umanità. Tutta la questione è qui: che il bambino possegga una vita psichica attiva anche quando non può manifestarla, perché deve a lungo elaborare nel segreto le sue difficili realizzazioni.

Questo concetto suggerisce una visione impressionante: quella di un'anima imprigionata, oscura, che cerca di venire in luce, di nascere e di crescere e che va a poco a poco animando la carne inerte, chiamandola col grido della volontà, affacciandosi alla luce della coscienza con lo sforzo di un essere che nasce. E nell'ambiente lo attende l'altro essere dal potere enorme, gigantesco, che lo afferra e quasi lo stritola.

Nell'ambiente nulla è preparato per ricevere quel fatto grandioso che è l'incarnazione di un uomo: perché nessuno lo vede e perciò nessuno l'aspetta (non v'è nessuna protezione per lui, nessun aiuto).

Il bambino che si incarna è un embrione spirituale che deve vivere a spese dell'ambiente, ma come l'embrione fisico ha bisogno di un ambiente speciale quale è il seno materno, così questo embrione spirituale ha bisogno di essere protetto da un ambiente esterno animato, caldo d'amore, ricco di nutrimento: dove tutto è fatto per accogliere e niente per ostacolare.

Una volta che sia compresa questa realtà, l'attitudine dell'adulto verso il bambino deve cambiare. La figura del bambino, embrione spirituale che si sta incarnando, ci scuote, ci impone nuove responsabilità.

Quel corpicciuolo tenero e grazioso che adoriamo ricolmandolo di cure soltanto fisiche e che è quasi un giocattolo nelle nostre mani, assume un altro aspetto e incute riverenza. «*Multa debetur puero reverentia*».

L'incarnazione avviene attraverso occulte fatiche: tutto attorno a questo lavoro creativo sta un dramma sconosciuto, che non fu ancora scritto.

A nessun essere creato spetta quella sensazione faticosa del volere che ancora non esiste, ma che dovrà comandare: e dovrà comandare cose inerti, per farle attive e disciplinate. Una vita incerta e delicata affiora appena alla coscienza, mettendo i sensi in rapporto con l'ambiente, e subito si propaga attraverso i muscoli, nel perpetuo sforzo di realizzarsi.

Avviene uno scambio fra l'individuo, o meglio l'embrione spirituale, e l'ambiente; grazie a esso l'individuo si forma e si perfeziona. Cotesta attività primordiale, costruttiva, è analoga alla funzione di quella vescichetta che nell'embrione fisico rappresenta il cuore, e che assicura lo sviluppo e la nutrizione di tutte le parti del corpo dell'embrione, in quanto si alimenta attraverso i vasi sanguigni della madre, suo ambiente vitale. L'individualità psichica si sviluppa e si organizza per l'azione di cotesto *motore* in relazione con l'ambiente. Il bambino si sforza di assimilare l'ambiente, e da tali sforzi nasce l'unità profonda della sua personalità.

Questa lenta e graduale azione costituisce un continuo appropriarsi dello strumento da parte dello spirito, il quale deve continuamente vegliare, con sforzo, per la sua sovranità, affinché il movimento non muoia nell'inerzia e non si meccanizzi. Esso deve comandare continuamente affinché il movimento, libero dal dominio d'un istinto fisso non conduca al caos. L'esercizio di questo sforzo produce uno sviluppo sempre attivo di energia costruttiva e contribuisce all'opera perpetua dell'incarnazione spirituale.

Così si forma, da sola, la personalità umana, come l'embrione e il bambino si trasformano nel creatore d'uomini, nel *Padre dell'uomo*.

In realtà, che cosa hanno fatto il padre e la madre?

Il padre ha agito unicamente dando una cellula invisibile. La madre, oltre a una cellula germinativa, ha dato l'ambiente vivo adatto, con i requisiti necessari alla protezione e allo sviluppo, affinché la cellula germinativa si segmentasse tranquillamente per attività propria, producendo il neonato inerte e muto. Quando si dice che il padre e la madre hanno costruito il figlio, si ripete un'espressione inesatta. Bisognerebbe dire: l'uomo è stato costruito dal bambino; costui è il padre dell'uomo.

Si deve considerare sacro lo sforzo occulto dell'infanzia: quella laboriosa manifestazione merita un'accogliente aspettativa, poiché in questo periodo di formazione si determina la personalità futura dell'individuo.

Da tale responsabilità nasce il dovere di studiare e penetrare con approfondimento scientifico le necessità psichiche del bambino e di preparargli un ambiente vitale.

Siamo ai primi balbettii di una scienza che si deve sviluppare molto, e alla quale l'adulto deve fornire la collaborazione della sua intelligenza per conseguire, attraverso lunghi sforzi, l'ultima parola nella conoscenza della formazione dell'uomo.

VII - LE DELICATE COSTRUZIONI PSICHICHE

I periodi sensitivi

La sensibilità del bambino piccolissimo conduce, prima che si possa parlare di mezzi di espressione, a una costruzione psichica primitiva, la quale può rimanere occulta.

Sarebbe tuttavia erroneo concludere che – nel caso del linguaggio, ad esempio – ciò non risponda a verità. Altrimenti si arriverebbe ad affermare che esso linguaggio esiste già totalmente formato nello spirito, anche se gli organi motori della parola non sono ancora capaci d'espressione. Ciò che esiste è la predisposizione a costruire un linguaggio. Qualcosa di simile accade con la totalità del mondo psichico, di cui il linguaggio costituisce una manifestazione esterna. Nel bambino esiste l'attitudine creatrice, l'energia potenziale per costruire un mondo psichico a spese dell'ambiente.

Per noi ha un interesse specialissimo la recente scoperta fatta in biologia dei cosiddetti periodi sensitivi strettamente collegati ai fenomeni dello sviluppo. Lo sviluppo da che dipende? Come cresce un vivente? Quando si parla di sviluppo, di crescenza, si parla di un fatto constatabile esteriormente, ma che è stato da ben poco tempo penetrato in qualche particolare del suo meccanismo interno.

Negli studi moderni vi sono due contributi per penetrare tale conoscenza: uno è lo studio delle glandole a secrezione interna, che riguardano la crescenza fisica e si sono rese subito popolari per la immensa influenza che hanno avuto sulla cura dei bambini.

L'altro è quello dei periodi sensitivi, che apre nuove possibilità di comprendere la crescenza psichica.

Fu lo scienziato olandese De Vries che scoprì negli animali i periodi sensitivi, ma fummo noi, nelle nostre scuole, a ritrovare i periodi sensitivi nella crescenza dei bambini e a utilizzarli dal punto di vista dell'educazione.

Si tratta di sensibilità speciali, che si trovano negli esseri in via di evoluzione, cioè negli stati infantili, le quali sono passeggere e si limitano all'acquisto di un determinato carattere: una volta sviluppato questo carattere, la sensibilità finisce: e così ogni carattere si stabilisce con l'aiuto di un impulso, di una possibilità passeggera. Dunque la crescenza non è qualche cosa di vago, una fatalità ereditaria insita negli esseri, ma è un lavorìo guidato minuziosamente da istinti periodici, o passeggeri, che danno una guida, perché spingono a un'attività determinata, la quale differisce talvolta in modo evidente da quella dell'individuo allo stato adulto. Gli esseri sui quali il De Vries riconobbe per la prima volta i periodi sensitivi furono gli insetti, i quali hanno un periodo di formazione molto evidente, perché passano attraverso delle metamorfosi, che sono suscettibili di osservazione nei laboratori sperimentali.

Prenderemo come esempio quello citato dal De Vries, di un povero umile vermiciattolo che è il bruco di una farfalla volgare: si sa che i bruchi crescono rapidamente, nutrendosi con voracità e sono perciò distruttori delle piante. Si tratta qui di un bruco che non può, nei primi giorni di vita, nutrirsi delle foglie grandi degli alberi, ma solo di foglioline tenere che si trovano sulla punta estrema dei rami.

Il fatto è, però, che la buona farfalla madre va per il suo istinto a deporre le uova proprio nel punto opposto, cioè nell'angolo che fa il ramo là dove si inserisce al tronco dell'albero, per preparare alla discendenza un luogo sicuro e riparato. Chi indicherà ai piccoli bruchi, appena usciti dall'uovo, che le foglie tenere di cui hanno bisogno sono lassù nell'apice estremo e opposto del ramo? Ecco che il bruco è dotato di una viva sensibilità alla luce: la luce lo attrae, la luce lo affascina, e il vermiciattolo va saltando, con quell'andatura propria dei bruchi, verso la luce più viva, fino alla estremità del ramo; e così si ritrova, affamato, tra le foglie tenere che saranno il suo nutrimento. È strano che, appena finito questo periodo, quando, cioè, cresciuto può nutrirsi diversamente, questo essere perde la sensibilità alla luce. Dopo un certo periodo la luce lo lascia indifferente, l'istinto si è attutito e completamente spento: il momento di utilità è passato; e ormai il bruco se ne va per altre strade, a cercare altri fatti e altri mezzi di vita.

Il bruco non è diventato cieco alla luce, è diventato indifferente.

Una sensibilità attiva trasforma in un istante quelle larve di farfalla, che s'erano dimostrate tanto voraci nel distruggere piante vegete e belle, in una sorta di fachiri digiunatori. Durante il loro rigoroso digiuno, esse costruiscono una specie di sarcofago in cui rimarranno sepolte come esseri senza vita; tale lavoro è intenso e irresistibile, e in quel sepolcro si prepara l'essere adulto, provvisto di splendide ali, piene di luminosità e di bellezza.

Si sa che larve delle api attraversano uno stadio in cui tutte le femmine potrebbero diventare regine. Ma la comunità elegge una sola fra esse, e solo per l'eletta le operaie fabbricano una speciale sostanza nutriente chiamata dagli zoologi «pappareale». Così l'eletta, nutrendosi di cibi reali, diventa la regina della comunità. Se, passato qualche tempo, si volesse eleggerne un'altra, costei non potrebbe arrivare a essere la regina, perché il periodo della voracità è trascorso e il suo corpo è ormai privo della capacità di svilupparsi.

Ecco ciò che può subito guidare a comprendere il punto essenziale della questione anche riguardo ai bambini. La differenza sta tra una spinta animatrice che conduce a compiere atti meravigliosi e stupefacenti, e una indifferenza che rende ciechi e inetti.

Su questi differenti stati nulla può l'adulto dall'esterno.

Ma se il bambino non ha potuto agire secondo le direttive del suo periodo sensitivo, è perduta l'occasione di una conquista naturale: ed è perduta per sempre.

Durante il suo sviluppo psichico il bambino fa delle conquiste che sono miracolose, ed è solo l'abitudine di vedere sotto i nostri occhi il miracolo che ci rende spettatori insensibili. Ma come mai il bambino venuto dal nulla si orienta in questo mondo complicato? Come arriva a distinguere le cose e per quale prodigio arriva ad apprendere un linguaggio con le sue minuziose particolarità, senza avere un maestro, proprio solo vivendo? Vivendo con semplicità, con gioia, senza stancarsi; mentre un adulto per orientarsi in un ambiente nuovo, ha bisogno di tanti aiuti e per imparare una nuova lingua deve compiere sforzi aridi, senza mai raggiungere la perfezione della lingua materna, acquistata nell'età infantile?

Il bambino fa i suoi acquisti nei periodi sensitivi, che si potrebbero paragonare a un faro acceso che illumina interiormente, ovvero a uno stato elettrico che dà luogo a dei fenomeni attivi. È questa sensibilità che permette al bambino di mettersi in rapporto col mondo esterno, in modo eccezionalmente intenso. E allora tutto è facile, tutto è entusiasmo e vita. Ogni sforzo è accrescimento di potere. Solo quando nel periodo sensitivo, l'acquisto è compiuto, succede il torpore dell'indifferenza, la fatica.

Ma quando una di queste passioni psichiche si è spenta, altre fiamme si accendono e così l'infanzia passa di conquista in conquista, in una continua vibrazione vitale, che tutti abbiamo riconosciuto chiamandola gioia e felicità infantile. È in questa bella fiamma spirituale, che arde senza consumare, che si adempie l'opera creativa del mondo spirituale dell'uomo. Sparito invece il periodo sensitivo, le conquiste intellettuali sono dovute a una attività riflessa, allo sforzo del volere, alla fatica della ricerca: e nel torpore dell'indifferenza, nasce la stanchezza del lavoro. In questo consiste la differenza fondamentale, essenziale, tra la psicologia del bambino e quella dell'adulto. V'è dunque una speciale vitalità interiore, che spiega i miracoli delle conquiste naturali del bambino. Ma se durante l'epoca sensitiva un ostacolo si oppone al suo lavoro, nel bambino avviene uno sconvolgimento o anche una deformazione, ed ecco il martirio spirituale che ci è ancora sconosciuto, ma del quale quasi tutti gli uomini portano in sé la stigma inconscia.

Il lavoro della crescenza, cioè della conquista attiva dei caratteri, ci è rimasto finora inavvertito: ma abbiamo notato per lunga esperienza le reazioni dolorose e violente del bambino, quando ostacoli esterni impediscono la sua attività vitale. Non essendoci note le cause di tali reazioni, noi le giudichiamo senza causa e le misuriamo dalla loro resistenza a cedere ai nostri tentativi per calmarle. Con il termine vago di capricci, noi chiamiamo dei fenomeni che differiscono molto tra loro: per noi è capriccio tutto quanto non ha causa apparente, tutto quanto è azione illogica e indomabile; abbiamo pure constatato che alcuni capricci hanno una tendenza ad aggravarsi col tempo: e ciò è indizio di cause permanenti che continuano ad agire e delle quali non abbiamo evidentemente trovato i rimedi.

Ora i periodi sensitivi ci possono chiarire molti dei capricci infantili: non tutti perché vi sono cause diverse di lotte interiori e molti dei capricci sono già conseguenze di deviazioni della normalità che si aggravano appunto con un trattamento errato. Ma i capricci collegati con i conflitti interiori che riguardano i periodi sensitivi sono passeggeri appunto come è passeggero il periodo sensitivo e non lasciano traccia nel carattere: essi però hanno la più grave conseguenza di un imperfetto sviluppo, che è irreparabile nel futuro stabilirsi della vita psichica.

I capricci del periodo sensitivo sono espressioni esterne di bisogni insoddisfatti, allarme di una condizione errata, di un pericolo: e spariscono immediatamente, se v'è stata la possibilità di comprenderli e di soddisfarli. Si vede allora l'immediato succedersi della calma a uno stato di agitazione che può assumere perfino la forma di malattia. È dunque necessario cercare la causa a ogni manifestazione infantile, che noi chiamiamo capricciosa, appunto perché questa causa ci sfugge, mentre essa può divenire per noi una guida a penetrare nei recessi misteriosi dell'anima infantile, e a preparare un periodo di comprensione e di pace nei nostri rapporti col bambino.

Scrutando nei periodi sensitivi

L'incarnazione e i periodi sensitivi si potrebbero paragonare a un pertugio aperto sui fatti intimi dell'anima in via di costruzione tali da permetterci di intravvedere quasi degli organi interni che funzionano, elaborando la crescenza psichica del bambino. Essi dimostrano che lo sviluppo psichico non avviene a caso, non ha origine dagli stimoli del mondo esteriore, ma è guidato dalle sensibilità passeggere che sono istinti temporanei ai quali è collegato l'acquisto dei vari caratteri. Benché ciò avvenga a spese dell'ambiente esterno, questo non ha una importanza costruttiva: ma soltanto offre i mezzi necessari alla vita analogamente a quanto avviene nella vita del corpo, che assume dall'ambiente gli elementi vitali con la nutrizione e la respirazione.

Sono le sensibilità interiori che guidano a scegliere nell'ambiente multiforme le cose necessarie e le situazioni favorevoli allo sviluppo. E come guidano? Guidano rendendo il bambino sensibile verso talune cose e lasciandolo indifferente verso altre. Quando questa sensibilità si accende in lui, allora è come se da lui partisse una luce che illumina solo date cose e non altre: e lì è tutto il suo mondo. Ma non si tratta solo di un desiderio intenso di trovarsi in quelle situazioni o di assumere quegli elementi. Nel bambino esiste una possibilità specialissima, unica, di profittarne per crescere: perché è durante il periodo sensitivo che fa acquisti psichici, come quello di potersi orientare nell'ambiente esterno, oppure diviene capace di animare nei particolari più intimi e delicati i suoi strumenti motori.

In questi rapporti sensitivi tra il bambino e l'ambiente sta la chiave che può aprirci il fondo misterioso in cui l'embrione spirituale compie i miracoli della crescenza.

Possiamo immaginarci questa meravigliosa attività creativa in una serie di vive emozioni insorgenti dal subconscio, e che a contatto dell'ambiente costruiscono la coscienza dell'uomo. Esse partono dalla confusione per andare alla distinzione e poi alla creazione dell'attività, come possiamo figurarci, per esempio, nell'acquisto del linguaggio.

Ecco che nell'acquisto del linguaggio, mentre i suoni dell'ambiente giacciono confusi e inafferrabili nel caos, scoccano a un tratto e si fanno sentire distinti, attraenti, affascinanti, i singoli suoni di un linguaggio articolato incomprensibile: e l'anima che è ancora senza pensiero, ascolta una specie di musica che riempie il suo mondo. Allora le fibre stesse del bambino si scuotono. Non tutte le sue fibre, ma quelle nascoste che avevano vibrato sino allora soltanto per gridare scompostamente ed esse si risvegliano con un moto regolare, in una disciplina, in un ordine che cambiano il loro modo di vibrare. Questo fatto prepara nuovi tempi per il cosmo dell'embrione spirituale. Ma esso vive intensamente il suo presente e vi si concentra: la gloria futura dell'essere vi rimane sconosciuta.

A poco a poco l'orecchio scruta, e anche la lingua si muove per una nuova animazione, essa che aveva solo succhiato, comincia a sentire delle vibrazioni interiori, va cercando la gola, le labbra, le guance come ubbidendo a una forza irresistibile e illogica. Perché quelle vibrazioni sono vita, ma non servono ancora a nulla, altro che a dare un godimento ineffabile.

Tutto intiero il bambino dà segni di questo godimento superiore che è nato in lui, quando con le membra contratte, i pugni chiusi, la testa eretta e tesa verso una persona che parla, fissa gli occhi intensamente sulle labbra che si muovono.

Sta passando il periodo sensitivo: il divino comando che dà un soffio alle cose inerti e le anima di spirito.

Questo dramma interiore del bambino è un dramma di amore: ed è l'unica e grande realtà che si svolge nelle occulte regioni dell'anima: ed è l'unica e grande realtà che a volta a volta la riempie tutta. Tali attività meravigliose che non passano senza aver lasciato indelebili segni, che fanno l'uomo più grande e gli donano i caratteri superiori che lo accompagneranno tutta la vita, si compiono nell'umiltà del silenzio.

Tutto avviene dunque in modo tranquillo e inosservato finché le condizioni dell'ambiente stesso corrispondono sufficientemente ai bisogni interiori. Nel caso del linguaggio per esempio questo che è tra le animazioni più laboriose e corrisponde al massimo tra i periodi sensitivi dei bambini, rimane nel segreto, perché il bambino trova sempre attorno a sé delle persone che parlano e che gli offrono gli elementi necessari alla sua costruzione. La sola cosa che può farci apprezzare dall'esterno lo stato sensitivo del bambino è il suo sorriso, la sua gioia manifesta quando gli si rivolgono direttamente brevi parole, dette chiaramente in modo che gli è dato di distinguerne i suoni, come si distinguono i rintocchi delle campane di una cattedrale. Ovvero quando si vede il bambino calmarsi in una pace che è fatta di beatitudine, allorché la sera l'adulto gli canta le note di una ninnananna, ripetendo sempre le stesse parole e in tale delizia esso lascia il mondo conscio per entrare nel riposo dei sogni. Noi lo sappiamo e perciò rivolgiamo al bambino quelle parolette vezzose, per averne in cambio il suo sorriso pieno di vita: è per questo che fin da tempi immemorabili la gente va la sera presso il bambino che chiama e chiede la parola e la musica, con l'ansietà di chi domanda un conforto sul punto di morire.

Queste sono, diciamo così, prove positive della sensibilità creativa. Ma vi sono altre prove assai più visibili che hanno invece un significato negativo. Ed è quando nell'ambiente si oppone un ostacolo al funzionamento interiore. Allora l'esistenza di un periodo sensitivo può manifestarsi con reazioni violente, con disperazioni che noi giudichiamo senza causa e perciò le chiamiamo capricci. I capricci sono espressioni di una perturbazione interna, di un bisogno insoddisfatto che crea uno stato di tensione, e rappresentano un tentativo dell'anima di chiedere, di difendersi.

Si manifesta allora un aumento di attività inutile e scomposta, che si potrebbe paragonare nel campo fisico a quelle alte febbri che investono improvvisamente i bambini, senza che vi corrisponda una causa patologica proporzionata. Si sa che è propria del bambino quella particolarità di avere elevazioni impressionanti di temperatura, per piccole malattie che lascerebbero l'adulto quasi allo stato normale: una specie di febbre fantastica che poi sparisce con la stessa facilità con cui è venuta. Ora si possono avere nel campo psichico delle violente agitazioni per cause minime che sono in rapporto con la sensibilità eccezionale del bambino. Sono state sempre notate queste reazioni; infatti i capricci del bambino che si presentano quasi fin dalla nascita, furono giudicati prove della perversità innata nel genere umano. Ebbene, se ogni alterazione delle funzioni è considerata come malattia funzionale, dobbiamo chiamare malattia funzionale anche le alterazioni che riguardano il lato psichico della vita. I primi capricci del bambino sono le prime malattie dell'anima.

Furono notati perché i fatti patologici sono quelli che si vedono prima: non è mai la calma che pone dei problemi e obbliga a riflettere, ma sono gli sconvolgimenti, i disordini. Le cose più apparenti della natura non sono le sue leggi, ma sono i suoi errori. E così nessuno si accorge dei segni esterni impercettibili che accompagnano le opere creative della vita, o le funzioni che poi le conservano. I fatti di creazione come quelli di conservazione restano nascosti.

Avviene per le cose vitali, come per gli oggetti che noi fabbrichiamo: sono messi in vetrina già compiuti, ma i laboratori rimangono chiusi al pubblico, benché siano la parte più interessante. Così sono indubbiamente ammirabili nel funzionamento del corpo, i meccanismi dei vari organi interni, ma nessuno li vede o li avverte. Lo stesso individuo che li possiede e ne vive non si accorge della loro stupenda organizzazione. La natura lavora senza farlo sapere come è descritto nella carità cristiana «che la tua mano destra non sappia ciò che fa la sinistra». Questo equilibrio armonioso di energie combinate insieme noi lo chiamiamo «salute», «normalità». Salute! È il trionfo del tutto sul particolare: il trionfo dello scopo sulle cause.

Noi rileviamo oggettivamente tutti i particolari delle malattie, mentre possono passare inavvertite, sconosciute, le laboriose meraviglie della salute. Nella storia della medicina, le malattie furono infatti conosciute fin dai tempi più remoti. Si trovano tracce di cure chirurgiche dell'uomo preistorico e le radici della medicina si rintracciano nelle civiltà egiziana e greca. Ma la scoperta delle funzioni degli organi interni è recentissima: la scoperta della circolazione del sangue rimonta al XVII secolo dell'era nostra: la prima sezione anatomica di un corpo umano fatta con lo scopo di studiare gli organi interni è del 1600, e via via fu poi la patologia, cioè la malattia, a far penetrare e scoprire indirettamente i segreti della fisiologia, cioè delle funzioni normali.

Non è da meravigliarsi quindi che nel bambino siano state messe in risalto soltanto le malattie psichiche, rimanendo nella più profonda oscurità il funzionamento normale dell'anima. La cosa è tanto più comprensibile per l'estrema delicatezza di quelle funzioni psichiche, le quali vanno elaborando le loro costruzioni nell'ombra, nel segreto, senza alcuna possibilità di manifestarsi.

L'affermazione è un po' sorprendente, ma non assurda: l'adulto ha conosciuto soltanto le malattie dell'anima infantile, ma non la salute; l'anima rimase occulta, come tutte le energie dell'universo che non erano state ancora scoperte.

Il bambino sano è come il mito dell'uomo creato da Dio a sua immagine e somiglianza, ma che nessuno mai conobbe, perché si conobbe solo la sua discendenza deformata sin dall'origine.

Se nessun aiuto viene dato al bambino, se l'ambiente non è stato preparato per riceverlo, egli sarà in continuo pericolo dal punto di vista della sua vita psichica. Il bambino è nel mondo come un «esposto», cioè come un abbandonato; è esposto a incontri perniciosi, a lotte per l'esistenza psichica, inconsce, ma tuttavia reali, le cui conseguenze sono fatali per la costruzione definitiva dell'individuo.

L'adulto non lo aiuta, perché ignora persino lo sforzo a cui il piccino si sottomette, e perciò non s'accorge del *miracolo* che si sta *realizzando*: il miracolo della creazione dal nulla, compiuto da un essere in apparenza privo di vita psichica.

Conseguenza di ciò è un modo nuovo di trattare il bambino, finora considerato come un corpicino vegetativo, bisognoso soltanto di cure igieniche. Ora devono invece prevalere le impressioni delle manifestazioni psichiche, e quindi l'azione in favore di ciò che si attende, non di ciò che è già avvenuto. L'adulto non può restare cieco davanti a una realtà psichica in corso di attuazione nel neonato: è necessario che segua il bambino e lo aiuti fin dai suoi primi sviluppi. Non deve aiutarlo a costruirsi, perché tale compito spetta alla natura: deve rispettare delicatamente le manifestazioni di questo lavoro, fornendogli i mezzi necessari per la costruzione, quei mezzi che esso non riuscirebbe a conseguire con le sue sole energie.

E se è così, se il bambino sano è tra i segreti delle energie nascoste e se la vita psichica si va svolgendo sopra un fondo di squilibri funzionali, di malattie, dobbiamo riflettere alla enorme quantità di deformi che devono necessariamente derivarne. Allorché non esisteva ancora l'igiene infantile, la mortalità dei bambini s'imponeva per il numero impressionante, ma non era il solo fenomeno del tempo: insieme tra i sopravvissuti, quanti ciechi, quanti rachitici, quanti storpi, quanti paralizzati, quante mostruosità e quante debolezze organiche predisponenti alle infezioni sparse nell'ambiente: tubercolosi, lebbra, scrofola. Un quadro simile deve presentarsi davanti a noi che non abbiamo alcuna igiene psichica del bambino, nulla di preparato nell'ambiente per proteggerlo e per salvarlo, che ignoriamo, anzi, perfino l'esistenza delle sue funzioni occulte, vibranti nell'intento di creare una armonia spirituale.

La morte, innanzitutto; e insieme alla morte, quante deformità, quanta cecità, quanta debolezza, quanti arresti di sviluppo e, in più, la superbia, la cupidigia del potere, l'avarizia, l'ira, il disordine che si sviluppano in uno sconvolgimento morale di tutte le funzioni. Questo quadro non è una figura retorica, non è un paragone, è soltanto la terribile realtà del presente spirituale accennato con le stesse parole di un recente passato fisico.

Da piccole cause, operanti là dove si origina la vita, possono derivare le più profonde deviazioni: e l'uomo cresce e si matura in un ambiente spirituale che non è il suo: egli vive, come dice la tradizione, avendo perduto il paradiso della sua vita.

Osservazioni ed esempi

Per dimostrare l'esistenza di una vita psichica nei bambini piccolissimi non è possibile ricorrere a esperienze scientifiche, come si fa nella psicologia sperimentale, e come hanno tentato alcuni moderni psicologi, sottomettendo a esperienze gli stimoli sensibili dei bambini, cercando di attirare la loro attenzione e attendendo una qualche manifestazione motrice che rappresenti una *risposta psichica*.

Non potrà essere provato nulla in una età entro i limiti del primo anno di vita, esistendo già una relazione spirituale con gli organi del movimento, cioè l'animazione o incarnazione essendo già in via di sviluppo.

È necessario che esista una vita psichica, sia pur embrionale, preesistente a qualunque funzionamento del movimento volontario.

Tuttavia il primo impulso procede da un sentimento. Così, per esempio, come ha dimostrato il Lewin per mezzo della sua cinematografia psicologica, il bambino che desidera un oggetto si tende verso di esso con una tensione di tutto il corpo, e solo molto più tardi gli sarà possibile (con il progresso nelle coordinazioni motrici) separare i diversi atti, e quindi tendere solo la mano per giungere all'oggetto desiderato. Un altro esempio si può trovare in un bambino di quattro mesi, che guarda con attenzione la bocca di un adulto in atto di parlare, esprimendosi con vaghe modulazioni delle labbra mute, ma soprattutto con l'espressione della testa, perfettamente rigida ed eretta, come attratta da quell'interessante fenomeno. Soltanto a sei mesi il bambino potrà cominciare ad articolare qualche sillaba. Prima che comincino le articolazioni sonore, esiste un sensibile interesse per le accumulazioni dei suoni, e si va nascostamente elaborando l'animarsi degli organi del linguaggio, il che attesta la preesistenza agli atti di un fatto psichico generatore. Coteste sensibilità sono suscettibili di osservazione, ma non di esperienza. L'esperienza tentata dai seguaci della psicologia sperimentale sarebbe uno dei fatti esterni che porrebbero pregiudicare il lavorio segreto della vita psichica infantile, facendo appello intempestivamente e dal di fuori alle energie costruttive.

La vita psichica del bambino va osservata al modo stesso con cui Fabre osservò gli insetti, studiandoli nel loro ambiente di vita normale, per ritrarli al vivo e rimanendo nascosto, per non turbarli. E si deve cominciare quando i sensi, come fossero organi di apprensione, vanno afferrando e accumulando impressioni coscienti del mondo esteriore, poiché si sta sviluppando spontaneamente una vita a spese dell'ambiente esterno.

Per aiutare il bambino non è necessario ricorrere a complicate abilità di osservazione o convertirsi in interpreti delle stesse; basterà essere disposti ad aiutare l'anima del piccolo, perché la logica sarà sufficiente a renderci suoi alleati.

Diamo un esempio atto a spiegare la semplicità del procedimento, cominciando da un particolare dei più ovvi. Si ritiene che il bambino debba restar sempre disteso poiché non può reggersi in piedi. Il bambino dovrebbe ricevere le sue prime impressioni sensibili dall'ambiente, dal cielo come dalla terra, ma non gli viene concesso appunto di vedere il cielo. In realtà egli contempla il soffitto della stanza che, al massimo, sarà liscio e bianco, o la coperta del letto. Eppure deve afferrare con la vista le sue prime impressioni delle quali alimenterà il suo spirito assetato. L'idea che il bambino abbia bisogno di vedere qualcosa, ha suggerito che gli si mostrassero certi oggetti per distrarlo dalle condizioni che lo isolano erroneamente dall'ambiente: ed ecco che, con un procedimento di psicologia sperimentale, si è attaccata al letto del bambino una palla sospesa a un filo, o un altro oggetto oscillante con l'intento di distrarre il piccolo. Questi, avido di afferrare immagini dell'ambiente, segue quell'oggetto che gli oscilla davanti gli occhi e, non potendo ancora muovere la testa, è costretto a richiedere dal suo occhio uno sforzo innaturale. Questo sforzo deformante è dovuto alla posizione grossolana e artificiale in cui egli si trova, non tanto rispetto all'oggetto ma al movimento dell'oggetto stesso.

Basterebbe sollevare il bambino, appoggiandolo su un piano leggermente inclinato, perché egli potesse abbracciare con lo sguardo tutto l'ambiente; meglio ancora sarebbe collocarlo in un giardino in cui avesse sotto gli occhi il panorama delle piante dolcemente ondeggianti, dei fiori vividi intorno a lui e degli uccelletti.

È necessario che per parecchio tempo siano sempre gli stessi luoghi il campo di esplorazione del bambino, perché, vedendo costantemente le stesse cose, egli impara a riconoscerle e a ritrovarle nei medesimi posti, e a distinguere i movimenti degli oggetti spostati dai movimenti degli esseri animati.

Uno dei periodi sensitivi più importanti e il più misterioso è quello che rende il bambino sensibilissimo all'ordine.

Questa sensibilità si manifesta già dal primo anno di vita e si prolunga anche durante il secondo.

A noi può sembrare meraviglioso e stravagante che i bambini abbiano un periodo sensitivo rispetto all'ordine esterno, mentre è diffusa la persuasione che il bambino sia disordinato per natura.

È difficile di poter giudicare un'attitudine tanto delicata quando il bambino vive in un ambiente chiuso come quello delle case di città, pieno di oggetti grandi e piccoli che l'adulto sposta e muove con dei fini del tutto estranei al bambino. Se egli ha un periodo di sensibilità all'ordine è proprio per questo che egli trova il massimo ostacolo intorno a sé per cui viene a prodursi nel bambino uno stato anormale.

Infatti quante volte il bambino piange senza ragioni apparenti, eppure senza poter essere consolato?

Nell'anima del piccino esistono segreti profondi, ancora sconosciuti all'adulto che gli vive accanto.

Basterà a ogni modo sospettare l'esistenza di tali occulte necessità perché l'adulto possa prestarvi attenzione e osservare i sentimenti specifici del bambino che così si manifestano.

I bambini piccoli rivelano un caratteristico amore per l'ordine. Già dall'anno e mezzo ai due di età essi dimostrano chiaramente, sia pur in forma confusa, la loro esigenza di ordine nell'ambiente esterno. Il bambino non può vivere nel disordine, poiché questo lo fa soffrire, e la sofferenza si manifesta nel pianto disperato e persino in una agitazione persistente, che può assumere l'aspetto di una vera malattia. Il bambino piccolo osserva immediatamente il disordine che gli adulti e i bambini più grandi trascurerebbero con facilità. Evidentemente l'ordine nell'ambiente esterno tocca una sensibilità che va scomparendo con l'età, una di quelle sensibilità periodiche, proprie degli esseri in corso d'evoluzione, che noi chiamiamo periodi sensibili; e questo è uno dei periodi sensibili più importanti e più misteriosi.

Se però l'ambiente non è adatto e il bambino si trova in mezzo ad adulti, coteste manifestazioni tanto interessanti, che si sviluppano pacificamente, possono convertirsi in angustia, enigma e capriccio.

Per poter sorprendere una manifestazione positiva di questa sensibilità, cioè una espressione di entusiasmo e di gioia in rapporto alla sua soddisfazione, è necessario che le persone adulte siano aperte a questi studi di psicologia infantile: tanto più che il periodo sensitivo dell'ordine si manifesta proprio nei primi mesi di vita. Solo le *nurses* preparate a intendere i nostri principî possono darne qualche esempio. Citerò quello di una *nurse* che si accorse che la bambina di cinque mesi che essa conduceva lentamente a passeggio in un carrozzino nella sua propria villa, mostrò interesse e gioia nel vedere una lapide di marmo bianco incastrata in un muro antico di colore grigio. Benché la villa fosse piena di bellissimi fiori, la bambina nella passeggiata sempre uguale, sembrava eccitarsi di piacere al giungere vicino alla lapide: e perciò la *nurse* fermava il carrozzino ogni giorno davanti a quell'oggetto che sembrava così lontano dal poter procurare un piacere durevole a una bambina di cinque mesi.

Sono invece gli ostacoli che danno una più facile possibilità di giudicare l'esistenza di un periodo sensitivo: e forse il maggior numero di capricci precoci sono dovuti a quella sensibilità. Citerò qualche esempio tolto dalla vita reale. Ecco una piccola scena di famiglia: il personaggio principale è una bambina di circa sei mesi di età. Nella *nursery*, cioè nella stanza dove la bambina risiede consuetamente, arriva un giorno una signora in visita, e appoggia l'ombrellino da sole sopra una tavola. La bambina sembra agitarsi, ma non evidentemente per la signora, bensì per l'ombrello: perché, dopo averlo fissato lungamente, comincia a piangere. La signora interpretando ciò come un desiderio della bambina di avere l'ombrello si affretta a portarglielo vicino, accompagnando l'atto con i sorrisi e i vezzi che si sogliono prodigare ai bambini. Ma la piccina respinge l'oggetto e continua a gridare. Si fanno altri analoghi tentativi, mentre la bambina si agita sempre più. Che cosa fare? Ecco delinearsi uno di quei capricci precoci che si presentano quasi fin dalla nascita. A un tratto la mamma della bambina, che aveva qualche cognizione delle manifestazioni psichiche di cui stiamo parlando, toglie l'ombrello dalla tavola e lo porta nella stanza vicina. La bambina immediatamente si calma. Ragione del dolore era l'ombrello sul tavolo, cioè un oggetto fuori di posto che turbava violentemente il quadro consueto della posizione degli oggetti nell'ordine che la bambina aveva bisogno di ricordare.

Un altro esempio: si tratta qui di un bambino più grande, di un anno e mezzo di età, e io fui parte arriva della scena. Mi trovavo con una piccola comitiva nel passaggio attraverso la grotta di Nerone a Napoli: era con noi una giovane signora che conduceva un bambino, troppo piccolo davvero per poter percorrere a piedi quel tratto sotterraneo che attraversa tutta una collina.

Infatti dopo qualche tempo il bimbo si stancò e la signora lo prese in braccio. Ma lei stessa non aveva calcolato le proprie forze: era accaldata e si fermò per togliersi il soprabito e metterselo sul braccio e con quell'ingombro raccolse anche il bambino. Questi si mise a piangere e il suo pianto cresceva e diventava sempre più clamoroso. La mamma cercava invano di calmarlo: era evidentemente esausta e cominciava a diventare nervosa. Tutti alla loro volta furono turbati e naturalmente offersero aiuti. Il bimbo passò da braccia a braccia sempre più agitato: e ognuno lo esortava e gridava, peggiorando la situazione. Sembrò necessario che lo riprendesse la madre. Ma ormai si era giunti all'apice di quello che si chiama capriccio; e sembrò davvero una situazione disperata.

Qui la guida intervenne e con la sua energia di uomo deciso strinse il bambino tra le braccia robuste. Allora cominciò da parte del bambino una reazione veramente violenta. Io pensavo che queste reazioni hanno sempre una causa psicologica di sensibilità interna e feci un tentativo; mi avvicinai alla madre del bambino e le chiesi: «Signora, mi permette di aiutarla a infilare il soprabito?» Essa mi guardò stupita perché aveva ancora caldo, ma, confusa, corrispose alla mia richiesta e si lasciò rivestire. Immediatamente il bambino si calmò; finirono le lagrime e l'agitazione e disse più volte: «To, palda» che voleva significare «Il paletot sulle spalle»; sì, mamma deve tenere il paletot sulle spalle, sembrava che pensasse: «Finalmente mi avete capito». Tese le braccia alla mamma e tornò con lei sorridente; il viaggio finì nella più grande tranquillità. Il soprabito è fatto per stare sulle spalle e non per rimanere come un cencio sul braccio, e quel disordine sulla persona della mamma era stato causa di un conflitto inquietante.

Ho assistito a un'altra scena familiare, molto significativa. La mamma, che si sentiva indisposta, stava seduta, o per dir meglio sdraiata, in una poltrona a braccioli su cui la cameriera aveva posto due cuscini; e la bambina, che aveva appena compiuto i venti mesi, si avvicinò alla mamma chiedendo «una storia». Quale mamma resiste al desiderio di raccontare una storia al suo bambino? Pur non sentendosi bene, la signora cominciò a raccontare una favola, che la bimba seguiva con la massima attenzione. Ma la madre stava così male che non poté continuare; dovette alzarsi e chiedere di essere condotta a letto, nella stanza attigua. Rimasta vicino alla poltrona, la bambina si mise a piangere. Parve evidente a tutti ch'essa piangesse per la sofferenza della madre, e si cercò di tranquillizzarla; ma quando la cameriera andò a prendere i cuscini dalla poltrona per portarli in camera da letto, la piccola si mise a gridare: «No, i cuscini no!...» Sembrava ch'ella volesse dire: «Almeno rimanga qualcosa al suo posto!»

Con carezze e dolci parole la bambina fu condotta accanto al letto della madre, la quale, nonostante soffrisse, si sforzò di continuare la favola, pensando con ciò di dar soddisfazione alla curiosità inappagata della bimba. Ma questa, singhiozzando, col viso bagnato di lagrime, diceva: «Mamma, poltrona!» volendo significare che la madre avrebbe dovuto continuare a stare sulla poltrona.

La favola non l'interessava più, e le circostanze avevano contribuito a questo mutamento: la mamma e i cuscini avevano cambiato posto, la bella favola cominciata in una stanza terminava in un'altra, e un conflitto drammatico e irreparabile era sorto nell'animo della piccina.

Questi esempi indicano l'intensità di questo istinto; ciò che sorprende è l'estrema precocità del suo manifestarsi, perché nel bambino di due anni questo bisogno di ordine tocca già il periodo in cui diviene stimolo di un'azione pratica e però non turba più il bambino. È appunto uno dei fenomeni più interessanti quello che si osserva nelle nostre scuole: se un oggetto è fuori di posto, il bambino di due anni se ne accorge e va ad assestarlo. Egli avverte ancora in piccoli particolari il disordine, a cui gli adulti e anche i bambini più grandi, passano accanto inavvertitamente. Se, per esempio, una piccola saponetta resta appoggiata sul tavolino invece che dentro il reggisapone; una sedia è appoggiata di sbieco o è fuori di posto, è subito il bambino di due anni che se ne accorge e che va a rimettere l'ordine. Tutti poterono osservare fatti simili nella nostra scuola a vetri costruita nel salone principale dell'edificio maggiore dell'Esposizione di S. Francisco, l'anno dell'inaugurazione del Canale di Panama. Un bambino di due anni, terminato il lavoro quotidiano della scuola, si preoccupava di rimettere a posto tutte le sedie, allineandole lungo la parete. Durante il lavoro egli sembrava riflettere. Un giorno, mentre rimetteva a posto una sedia grande, si arrestò con aspetto indeciso e tornò indietro per disporre la sedia in modo leggermente obliquo; cotesta infatti era la sua vera posizione.

Si direbbe che l'ordine, rappresenti uno stimolo eccitante, un richiamo attivo: ma è certo qualche cosa di più che questo, è uno di quei bisogni che rappresentano reale godimento nella vita. Infatti si osserva nelle nostre scuole che bambini anche molto più grandi di tre e anche quattro anni di età, dopo aver finito un esercizio, rimettono le cose al posto, lavoro che senza dubbio è tra quelli più graditi e spontanei. L'ordine delle cose vuol dire conoscere il collocamento degli oggetti nell'ambiente, ricordare il luogo ove ciascuno di essi si trova: cioè vuol dire orientarsi nell'ambiente e possederlo in tutti i suoi particolari. L'ambiente che appartiene all'anima è quello noto, quello dove ci si può muovere a occhi chiusi e trovare a portata di mano tutto ciò che si cerca: è un luogo necessario per la tranquillità e la felicità della vita. Evidentemente l'*amore dell'ordine* come lo intendono i bambini non è quello che intendiamo ed esprimiamo noi con fredde parole.

Per l'adulto sì tratta di un piacere esterno, di un benessere più o meno indifferente. Ma il bambino si forma a spese dell'ambiente, e tale formazione costruttiva non si effettua secondo una formula vaga, poiché esige una guida precisa e determinata.

L'ordine, per i piccoli, è simile al piano di sostegno su cui devono appoggiarsi gli esseri terrestri per poter camminare: esso equivale all'elemento liquido entro cui nuotano i pesci. Nella prima età si raccolgono gli *elementi* d'orientamento dall'ambiente nel quale lo spirito dovrà agire per le sue future conquiste.

Che tutto ciò si rifletta in un piacere vitale lo dimostrano alcuni giuochi di bambini molto piccoli che ci sorprendono per la loro illogicità e che si riferiscono al puro piacere di ritrovare gli oggetti al loro posto. Prima di illustrarli voglio citare una esperienza fatta dal Prof. Piaget di Ginevra col suo bambino. Egli nascondeva un oggetto sotto il cuscino che copriva il sedile di una poltrona e poi allontanato il bambino, trasportava l'oggetto stesso sotto il cuscino di una poltrona di prospetto alla prima. L'idea era che il bambino avrebbe cercato l'oggetto non trovandolo più nel posto primitivo; e, per facilitarne la ricerca, il professore lo poneva in un luogo analogo. Ma il bambino si limitava a tirar su il cuscino della prima poltrona, dicendo nel suo linguaggio: «Non c'è più» ma non faceva nessun atto per ricercare l'oggetto scomparso. Allora il professore ripeté l'esperimento facendo vedere al bambino che trasportava l'oggetto da una poltrona all'altra. Ma il bambino ripeté la stessa scena della prima volta e il suo commento: «Non c'è più». Il professore stava per giudicare troppo poco intelligente il suo bambino e quasi impazientemente sollevò il cuscino della seconda poltrona dicendo: «Non ti eri accorto che lo avevo messo qui?» «Sì – rispose il bambino indicando la prima poltrona – ma invece deve stare qui.»

Al bambino non interessava di ottenere l'oggetto, bensì che l'oggetto ritornasse al suo posto, e senza dubbio egli pensava che il professore non avesse compreso il gioco. Non consisteva forse il gioco nel prendere un oggetto collocato al proprio posto? Se dunque l'oggetto non ritornava al suo posto, cioè sotto il cuscino della prima poltrona, che scopo aveva il gioco?

Io provai il più grande stupore quando cominciai ad assistere al cosiddetto gioco a nascondersi di bambini tra due e tre anni d'età. In questa specie di giochi essi sembravano eccitati e felici e in grande aspettativa. Ma il loro giocare a nascondersi consisteva in questo: un bambino si rannicchiava in presenza degli altri sotto un tavolino coperto da un tappeto che arrivava fino a terra; poi tutti gli altri bambini uscivano fuori dalla stanza, quindi rientravano, sollevavano il tappeto e con grida di gioia trovavano il compagno nascosto lì sotto. La cosa si ripeteva molte e molte volte; ciascuno diceva: «Adesso mi nascondo io» e andava a mettersi sotto il tavolino. Altre volte vidi i bambini più grandi che giocavano a nascondersi assieme a un piccino. Questo si mise nascosto dietro un mobile e i più grandi, rientrando, fingevano di non vederlo e di cercarlo dappertutto, pensando di far così contento il bambino nascosto, ma questo subito gridava: «Sono qui» con l'accento di chi dice: ma non avevate visto dove ero?

Un giorno presi parte io stessa a uno di questi giochi: trovai un gruppo di piccoli che gridavano battendo le mani festosamente perché avevano trovato il compagno nascosto dietro la porta. Mi vennero incontro e mi dissero: «Gioca con noi, nasconditi». Accettai. Tutti corsero fuori fedelmente come quando ci si allontana per non vedere dove l'altro si nasconderà. Io, invece di mettermi dietro la porta, mi misi in un angolo nascosta dietro un armadio. Quando i piccolini rientrarono, andarono tutti insieme a cercarmi dietro la porta. Io attesi un po' di tempo e finalmente, constatando che non mi cercavano, venni fuori dal mio nascondiglio. I bambini erano disillusi e tristi: «Perché non hai voluto giocare con noi, perché non ti sei nascosta?»

Se è vero che nel gioco si cerca il piacere (e infatti i bambini erano allegri, ripetendo il loro assurdo esercizio) bisogna dire che il piacere che i bambini hanno in un determinato periodo di età è quello di ritrovare le cose al loro posto. E il nascondersi è interpretato da loro come il fare questi spostamenti attraverso luoghi nascosti o nel ritrovarli in luoghi non visibili, come se dicessero interiormente: «Di fuori non si vede, ma io so dove è e posso trovare una cosa a occhi chiusi, sicuro del posto dove è collocata».

Tutto questo dimostra che la natura pone nel bambino la sensibilità all'ordine, come costruzione di un senso interno che non è la distinzione tra le cose, ma la distinzione dei rapporti tra le cose; e perciò collega l'ambiente in un tutto ove le parti sono tra loro dipendenti. In tale ambiente conosciuto nel suo insieme diviene possibile orientarsi per muoversi e raggiungere degli scopi: senza tale acquisto mancherebbe il fondamento della vita di relazione. Sarebbe come avere dei mobili senza una casa ove collocarli. E così, a che servirebbe l'accumulo delle immagini se non esistesse l'ordine che le organizza? Se l'uomo conoscesse soltanto gli oggetti e non i loro rapporti, si troverebbe in un caos senza uscita. È il bambino che ha operato per la mente dell'uomo a fine di dargli quella possibilità che sembrerebbe un dono della natura: cioè di orientarsi, di dirigersi per cercare il suo cammino nella vita. Nel periodo sensitivo dell'ordine la natura ha dato la prima lezione: in modo simile a quella che dà il maestro insegnando al bambino il piano della classe, per iniziarlo allo studio delle carte geografiche che rappresentano la superficie della terra. Ovvero si può dire che la natura ha consegnato con esso all'uomo una bussola per orientarsi nel mondo. Così come ha dato al piccolo bambino il potere di riprodurre esattamente i suoni di cui si compone il linguaggio, quel linguaggio dall'infinito sviluppo, che l'adulto svolgerà nei secoli. L'intelligenza dell'uomo non sorge dal nulla: essa si edifica sopra i fondamenti elaborati dal bambino nei suoi periodi sensitivi.

L'ordine interno

La sensibilità all'ordine esiste contemporaneamente nel bambino sotto due aspetti: quello esteriore, che riguarda i rapporti tra le parti nell'ambiente, e quello interno, che dà il senso delle parti del corpo che agiscono nei movimenti e delle loro posizioni: ciò che si potrebbe chiamare orientamento interno.

L'orientamento interno è stato oggetto di studio della psicologia sperimentale, che ha riconosciuto un senso muscolare il quale permette di rendersi conto della posizione delle varie membra del corpo e fissa una memoria speciale: la memoria muscolare.

Tale spiegazione viene a costituire una teoria completamente meccanica, fondata sulle esperienze dei movimenti compiuti coscientemente. Se per esempio l'individuo ha mosso un braccio per prendere un oggetto, quella mossa è percepita, è memorizzata e si può riprodurre. Infine l'uomo avrebbe quell'orientamento per cui può decidere di muovere il braccio destro o sinistro, di voltarsi da una parte o dall'altra, a mezzo delle esperienze che fa successivamente agendo secondo ragione e volontà.

Ma il bambino ha dimostrato invece l'esistenza di un periodo sensitivo molto sviluppato, riferentesi alle posizioni del corpo, assai prima che possa muoversi liberamente e fare perciò delle esperienze. Cioè la natura prepara una sensibilità speciale per le attitudini e le posizioni del corpo.

Le vecchie teorie si riferivano ai meccanismi nervosi, ma i periodi sensitivi si riferiscono a fatti psichici e sono luci e vibrazioni spirituali, che preparano la coscienza: esse sono le energie che partono dal non esistente, per dare l'esistenza agli elementi fondamentali, con cui si devono attuare le costruzioni future del mondo psichico. È dunque per un dono di natura che si inizia questa possibilità: e le esperienze coscienti non fanno che svilupparlo. Le prove negative che denunciano l'esistenza non solo, ma l'acutezza di questo periodo sensitivo si hanno quando nell'ambiente esistono delle circostanze che ostacolano il tranquillo svolgersi delle conquiste creative. Allora nasce nel bambino una agitazione viva e spesso violenta, che ha non solo i ben noti caratteri del capriccio invincibile, ma che può assumere apparenze di malattie che resistono a ogni cura, persistendo le circostanze sfavorevoli.

Tolto l'ostacolo, spariscono invece immediatamente, così il capriccio come la malattia: dimostrando in modo chiarissimo la causa del fenomeno.

Un esempio interessante per la sua chiarezza è quello che cito di una *nurse* inglese. Dovendo allontanarsi per poco tempo dalla famiglia del bambino affidato alle sue cure, lasciò a sostituirla una *nurse* egualmente abile. Questa trovò facile il compito presso il bambino, eccetto quando si trattava di fargli il bagno. Allora il bambino si agitava e si disperava: il pianto non era la sua sola reazione, ma erano forti reazioni e gesti di difesa, con cui cercava di sfuggire alle mani della *nurse*; invano questa poneva ogni più minuziosa cura nella preparazione perfetta del bagno, a poco a poco il bambino la prese in avversione. Quando la prima *nurse* tornò, questo ridivenne buono e calmo e si lasciò fare il bagno, mostrando piacere. La *nurse* era della nostra scuola, e fu interessata a cercare l'elemento psichico a cui potevano richiamarsi i fenomeni sopravvenuti. Con molta pazienza cercò di indagare e di interpretare le parole imperfette che dicono i bambini in questa prima età.

Gli elementi che poté ricavare furono due: il piccino aveva giudicato cattiva la seconda *nurse*, e perché? Perché gli faceva il bagno a rovescio. Le due *nurses* messe a confronto constatarono che mentre la prima prendeva il bambino con la mano destra verso la testa e la sinistra verso i piedi, la seconda *nurse* aveva l'abitudine di fare il contrario.

Citerò un altro esempio dove l'agitazione era più grave prendendo le forme di malattia mentre le cause erano meno facili da rintracciare. Io mi ci trovai immischiata e benché non intervenissi direttamente in qualità di medico potei però assistere a tutta la questione. Il bambino che entra in causa non aveva ancora raggiunto un anno e mezzo di età: la sua famiglia arrivava da un lunghissimo viaggio, e il bambino era veramente troppo piccolo per sopportarne le fatiche: almeno questa era l'opinione di tutti. Raccontavano però che in viaggio non vi erano stati incidenti. Tutte le notti la famiglia aveva dormito in eccellenti alberghi prenotati e dovunque erano stati preparati una culla e alimenti per il bambino. Si trovavano ora in un comodo appartamento ammobiliato: non c'era la culla, ma il bambino dormiva in un grande letto insieme alla mamma. La malattia del bambino era cominciata con agitazioni notturne e disturbi digestivi. La notte bisognava passeggiare il bambino, le cui grida si attribuivano a dolori viscerali; erano stati chiamati dei pediatri e uno di essi aveva ordinato alimenti a base di vitamine, che venivano preparati con le cure più minuziose. I bagni di sole, le passeggiate e i trattamenti fisici più moderni, non davano sollievo alcuno. Il bambino peggiorava e la notte era per tutta la famiglia una veglia straziante. Finalmente sopravvennero delle convulsioni, si vedeva il bambino contorcersi sul letto in uno spasmo impressionante. Gli accessi convulsivi venivano anche due o tre volte il giorno. Si decise dunque di consultare il più rinomato medico per malattie nervose di bambini e fu stabilito un consulto. Fu in questa circostanza che io intervenni. Il bambino sembrava sano e al racconto dei genitori era stato sano e tranquillo durante tutto il viaggio: poteva dunque esserci in tutte queste manifestazioni una causa psichica. Quando ebbi questa impressione, il bambino stava sul letto in preda a uno dei suoi accessi di agitazione. Presi due poltrone e le misi una dinanzi all'altra, in modo che tutte e due insieme formassero un lettino circondato da spalliere come una culla: vi disposi dentro coperte e biancheria e misi il tutto senza parlare, accanto al letto. Il bambino guardò, cessò di strillare, rotolò sopra sé stesso arrivando fino alla sponda del letto e si lasciò cadere nella culla improvvisata, dicendo: «cama, cama, cama» e si addormentò immediatamente. I suoi disturbi non si presentarono più.

Evidentemente il bambino era sensibile ai contatti con un letto piccolo avvolgente il suo corpo, contro il quale le sue membra trovavano appoggio, mentre il letto grande era per lui senza ripari: avveniva cioè un disordine nel suo orientamento interno e questo disordine era causa del conflitto penoso che lo aveva fatto passare attraverso le cure di tanti sanitari; così potenti sono i periodi sensitivi; essi sono la forza saettante della natura creatrice.

Il bambino non sente l'ordine come lo sentiamo noi: noi siamo già ricchi di impressioni e indifferenti, ma il bambino è povero e viene dal nulla. Tutto ciò che egli fa, lo fa dal nulla: egli solo sente le fatiche della creazione, e ci fa suoi eredi. Noi siamo come i figli di un uomo che guadagnò ricchezze col sudore della sua fronte e non comprendiamo niente delle lotte e delle fatiche che dovette sostenere nostro padre: noi siamo sconoscenti e freddi, con un'attitudine di superiorità,

perché siamo ben provvisti e ben collocati nella società. A noi basta
ormai usare la ragione che il bambino ci preparò, la volontà che egli
ci costruì, i muscoli che egli animò perché potessimo usarli, e noi ci
orientiamo nel mondo perché egli ci fece dono di questa facoltà; e sentiamo noi stessi perché egli ci preparò questa sensibilità. Noi siamo ricchi,
perché siamo eredi del bambino, che trasse dal nulla tutti i fondamenti
della nostra vita. Il bambino attua l'immenso sforzo di compiere il primo
passo: quello che va dal nulla al principio. Egli è tanto vicino alle
stesse fonti della vita, che agisce per agire, perché così avviene nel
piano della creazione e non si fa sentire e non si fa ricordare.

IX - L'INTELLIGENZA

Il bambino ci ha dimostrato che l'intelligenza non si costruisce lentamente, dall'esterno; come è stato concepito da una psicologia meccanicista, che ancora ha la massima influenza pratica così nella scienza pura, come nell'educazione e, di conseguenza, nel trattamento del bambino. Cioè che le immagini degli oggetti esterni bussano e quasi forzano la porta dei sensi, penetrano per trasmissione dovuta a un impulso esterno, si insediano là dentro, nel campo psichico, e si associano insieme e a poco a poco, organizzandosi, portano su la costruzione della intelligenza.

Complesso di cose che, più o meno, sono riassunte dall'antica frase: «*nihil est in intellectu quod non fuerit in sensu*». Questo concetto suppone il bambino psichico come una cosa passiva in balìa dell'ambiente e perciò sotto la completa direttiva dell'adulto. A questo si deve aggiungere l'altro postulato comune: che il bambino psichico non solo è passivo, ma, come si dice nella vecchia educazione, è come un vaso vuoto e perciò un oggetto da riempire e da modellare.

Le nostre esperienze non conducono certo a diminuire l'importanza dell'ambiente nella costruzione della mente. È noto che la nostra pedagogia considera l'ambiente di una importanza così grande che ne fa il fulcro centrale di tutta la costruzione pedagogica; ed è pure noto che le sensazioni sono prese di mira da noi in modo così fondamentale e sistematico, come non fu fatto in nessun altro metodo educativo. Vi è però una differenza sottile tra il vecchio concetto del bambino passivo e la realtà. Ed è l'esistenza della sensibilità interiore del bambino. Vi è un periodo sensitivo molto prolungato fino quasi all'età di cinque anni, che rende il bambino capace in un modo veramente prodigioso, di impadronirsi delle immagini dell'ambiente. Dunque il bambino è un osservatore che assume attivamente le immagini a mezzo dei sensi, cosa assai diversa dal dire che è capace di riceverle come uno specchio. Chi osserva, lo fa per un impulso interiore, per un sentimento, per un gusto speciale: e quindi sceglie le immagini. Questo concetto fu illustrato dal James, quando disse che nessuno vede mai un oggetto nella totalità dei suoi particolari, ma ogni individuo ne vede solo una parte, secondo i suoi propri sentimenti e interessi: perciò la descrizione della cosa stessa è fatta diversamente dalle varie persone che l'hanno veduta. Erano brillanti i suoi esempi; egli diceva: «Se avete un vestito nuovo, del quale siete molto compiaciuti, osserverete per la strada, specialmente, i vestiti delle persone eleganti, e così correrete il pericolo di finire sotto un'automobile».

Ora si potrebbe chiedere: quali saranno le preoccupazioni del bambino piccolo, che lo inducono a scegliere tra le immagini infinite e mescolate assieme, che egli incontra nell'ambiente? È evidente che il bambino non può avere una spinta da una preoccupazione di origine esterna, come quelle citate dal James, perché ancora non ha esperienze. Il bambino parte proprio dal nulla ed è l'essere attivo che avanza solo. E per entrare in argomento: il fulcro attorno al quale agisce interiormente il periodo sensitivo è la ragione. Il ragionamento, come funzione naturale e creativa, a poco a poco germina come cosa viva che cresce e si concreta a spese delle immagini che assume dall'ambiente.

Questa è la forza irresistibile, l'energia primordiale. Le immagini si organizzano subito a servizio del ragionamento: ed è a servizio del ragionamento che il bambino assorbe primitivamente le immagini. Egli ne è avido e si può ben dire insaziabile. Si è sempre saputo che il bambino è vivamente attratto dalla luce, dai colori, dai suoni e ne gode con visibilissima vivacità. Ma noi vogliamo dimostrare il fatto interiore, cioè il ragionamento come primo movente: benché si tratti di un ragionamento che si trova nel puro stato germinativo. Non c'è bisogno di indicare come tale condizione psichica del bambino sia degna di venerazione e di aiuto da parte nostra: il bambino passa dal nulla al principio, dando origine al dono eletto che caratterizza la superiorità dell'uomo, cioè la ragione: e per questa via avanzerà, assai prima che i suoi piedini comincino ad avanzare nel cammino che trasporterà innanzi il corpo.

Un esempio può chiarire assai più che una discussione e a tal fine citerò un caso molto impressionante. Si tratta di un bambino di quattro settimane di età che dalla nascita non era ancora uscito di casa. La *nurse* lo teneva in braccio, quando si presentarono insieme davanti al bambino il padre e uno zio che vivevano nella casa. I due uomini avevano press'a poco la medesima statura e la stessa età. Il piccolino ebbe una mossa di sorpresa intensa e quasi di spavento. Allora quelli che

avevano delle nozioni sulla nostra psicologia, si adoperarono ad aiutare il bambino per tranquillarlo. Essi rimasero innanzi a lui, ma si separarono, andando uno a destra e l'altro a sinistra, restando però a portata della sua vista. Il piccolino si voltò a guardare uno di essi, con una preoccupazione evidente e dopo averlo fissato gli sorrise.
Ma d'un tratto il suo sguardo riprese un'attitudine più che preoccupata, spaventata e con mossa rapida voltò la testa per fissare l'altro, che pure guardò a lungo: e solo dopo qualche tempo gli sorrise.
Ripeté queste transizioni tra preoccupazione e sorriso, accompagnate dalle mosse della testa da destra a sinistra, una decina di volte, prima di realizzare che gli uomini erano due. Essi erano gli unici uomini che egli aveva finora visto e tutti e due già molte volte gli avevano fatto festa, lo avevano preso in braccio, lo avevano vezzeggiato con parole affettuose. Egli aveva capito il fatto che c'era un essere differente dalla mamma, dalla *nurse* e dal gruppo femminile che nella casa aveva avuto modo di osservare, ma non avendo mai visto i due uomini insieme, si era formato l'idea che esisteva un uomo solo. Da qui il suo spavento di avvertire tutto a un tratto che quell'essere che egli aveva così faticosamente catalogato nel caos, tutto a un tratto si sdoppiava. Aveva scoperto il suo primo errore. Per la prima volta, a quattro settimane di età, la fallacia della ragione umana si era presentata al suo spirito lottante nel processo dell'incarnazione.
In altro ambiente dove gli adulti non avessero avuto alcuna nozione sull'esistenza della vita psichica nel bambino, fin dalla nascita, il bambino non avrebbe avuto l'immenso aiuto che gli dettero i due uomini, prestandosi a facilitargli un passo difficile, uno sforzo verso la realizzazione della coscienza.
Voglio ora citare esempi di bambini più grandi di età. Cioè una bambina di sette mesi, che giocava con un cuscino seduta in terra su di un tappeto. Sulla stoffa del cuscino erano impresse figure di fiori e figure di bambini. Una domestica senza istruzione, a cui la bambina era affidata, interpretò il fatto così: che alla bambina piacesse il gioco di odorare e baciare tutte le cose e subito si affrettò a darle ogni specie di oggetti dicendo: odora questo, bacia quest'altro, e così quella che stava organizzandosi, che riconosceva le immagini e col suo movimento le fissava, compiendo con gioia e tranquillità un lavoro interiore costruttivo, restò confusa. Il suo misterioso sforzo verso l'ordine interiore veniva cancellato da un'anima di adulto senza comprensione, come

farebbe l'onda del mare di costruzioni o di disegni fatti sull'arena delle spiagge.

Gli adulti possono ostacolare e persino impedire questo lavorìo interiore quando interrompono bruscamente le riflessioni dei piccini e, senza comprenderli, cercano di distrarli: afferrano una manina del bambino, lo baciano per divertirlo, oppure cercano di farlo dormire, senza tener mai conto dell'intimo travaglio psichico che si sta svolgendo nella sua anima. Incosciente di cotesto misterioso travaglio, l'adulto può agire cancellando il primitivo desiderio infantile.

È invece assolutamente necessario che il bambino conservi con piena chiarezza le immagini che va captando, perché solo con la chiarezza e la distinzione delle impressioni può formare la propria intelligenza.

Un'esperienza interessantissima è stata compiuta da uno specialista di alimentazione artificiale dei bambini nel primo anno di vita. Egli aveva fondato una famosa e importante clinica, e i suoi studi lo avevano portato alla conclusione che si deve tener conto, oltre che dell'alimentazione, anche dei fattori individuali: non si può raccomandare uno dei molti surrogati del latte come *eccellente* alimento per bambini, almeno fino a una certa età, perché ogni alimento può essere buono per un bambino e cattivo per un altro. La sua clinica era un modello, sia dal punto di vista clinico che da quello estetico. L'effetto dei suoi procedimenti sulla salute dei bambini risultava eccellente fino ai sei mesi d'età, ma in seguito i piccoli cominciavano a non star più bene. Ciò rappresentava un autentico enigma, perché l'alimentazione artificiale è molto più facile da applicare dopo il primo semestre di vita. Nella clinica stessa, il professore aveva aperto un dispensario per madri povere che non potevano allattare i propri figli e ricorrevano a lui per consigli intorno all'alimentazione artificiale. Ebbene, questi bimbi non rivelavano alcun disturbo dopo il sesto mese di vita, come accadeva invece con gli ospiti della clinica. Dopo ripetute osservazioni, il professore pensò che in quell'inesplicabile fenomeno intervenissero elementi psichici, e dopo aver concepito quest'idea poté accertarsi che i bambini di oltre sei mesi di età soffrivano nella sua clinica di «noia per mancanza d'alimento psichico». Cominciò allora a farli distrarre e divertire, portandoli a passeggio non più soltanto sulla terrazza della clinica, ma in luoghi nuovi per i piccoli, e restituì loro la salute.

Da moltissime esperienze risulta dimostrato con assoluta certezza, che i bambini nel primo anno di età hanno già raccolto le impressioni sensoriali dell'ambiente, in modo tanto chiaro che già riconoscono le immagini rappresentate nelle figure, cioè sopra un piano e in prospettiva. Ma oltre a questo si può affermare che tali impressioni sono già sorpassate, e non presentano più un interesse vivo.

Già fin dal principio del secondo anno di vita, il bambino non è più attratto con quel trasporto che è proprio ai periodi sensitivi dalle cose vistose, dai colori vivaci; ma piuttosto da cose minime che a noi sfuggono. Si direbbe che lo interessa l'invisibile, o ciò che si trova ai margini della coscienza.

Io constatai per la prima volta questa sensibilità in una bambina di quindici mesi di età. Sentii venire dal giardino la sua risata forte, inconsueta in bambini così piccoli. Essa era uscita sola e stava seduta sui mattoni della terrazza: lì vicino era una spalliera magnifica di gerani, fioriti sotto un sole quasi tropicale. Ma la bambina non li guardava. Essa fissava gli occhi a terra, dove non c'era niente. Si trattava dunque di uno degli enigmi infantili. Mi avvicinai piano piano e guardai senza poter vedere proprio niente, allora la bambina mi spiegò con parole che erano quasi accenti: «lì si muove una cosa piccola». Vidi con l'aiuto di questa indicazione un insetto impercettibile, quasi microscopico, pressappoco del colore del mattone, che correva con grande sveltezza. Ciò che aveva colpito la bambina era che un essere tanto piccolo esisteva, si muoveva, correva! La sua meraviglia le dava una gioia clamorosa: più grande di quella che generalmente s'incontra nei bambini; e non era la gioia del sole, dei fiori, dei colori.

Una impressione analoga me la dette una volta un bambino pressappoco della stessa età. La mamma gli aveva preparato una vera collezione di cartoline illustrate a colori. Il bambino sembrava interessato a mostrarmele e trasportò accanto a me il voluminoso pacco. «L'automobile», mi disse a modo suo, con una parola monosillabica, «bamban», dalla quale però capii che si trattava di mostrarmi la figura di un'automobile.

Vi era una tale varietà di belle figure, che era evidente l'intenzione materna di offrire con quella raccolta, diletto e istruzione insieme.

Vi erano figure di animali esotici: giraffe, leoni, orsi, scimmie, uccelli, e di animali domestici che dovevano interessare un piccolo bambino: pecore, gatti, asini, cavalli, vacche e piccole scene e paesaggi, dove erano insieme animali case e persone. Ma il fatto curioso era che nella ricca collezione, mancava proprio l'automobile. «Non vedo nessun'automobile», dissi al bambino. Allora egli cercò e tirò fuori una cartolina, dicendo trionfalmente: «Eccola». Si trattava di una scena di caccia, che aveva però come scopo di rappresentare nel centro un bellissimo cane bracco. Più lontano in prospettiva, stava il cacciatore col fucile in spalla. In un angolo, in lontananza, una piccola casetta e una linea sinuosa che doveva indicare una strada e su questa linea un punto oscuro. Il bambino mi accennò col dito questo punto, dicendomi: «Automobile». Infatti, in proporzioni quasi invisibili, si poteva riconoscere che quel punto rappresentava un'automobile. Era dunque la difficoltà di vederla, era il fatto che una macchina si potesse rappresentare in così piccole proporzioni ciò che per il bambino rendeva la figura interessante e degna di essere mostrata.

Pensai che forse quella varietà di cose belle e utili non erano state illustrate al bambino. Scelsi una cartolina che rappresentava il collo lunghissimo e la testa di una giraffa e cominciai a spiegare: «Guarda che collo strano, così lungo...» «Affa» rispose serio il bambino (giraffa). Non ebbi più il coraggio di continuare.

Si direbbe che c'è un periodo durante il secondo anno di età, in cui la natura porta l'intelligenza a dei progressi successivi affinché il bimbo prenda completa conoscenza di tutte le cose.

Citerò alcuni esempi della mia propria esperienza. Ebbi una volta il desiderio di mostrare a un piccino che aveva forse venti mesi di età, un bel libro, un libro da adulti. Era un Vangelo, illustrato da Gustavo Doré, che vi aveva riprodotto figure di quadri classici, come la *Trasfigurazione* di Raffaello. Io scelgo una figura di Gesù che chiama a sé i bambini e comincio a spiegarla:

«C'è un bambino proprio tra le braccia di Gesù, altri che appoggiano la testa contro il suo corpo, tutti lo guardano ed egli li ama...»

La faccia del bambino non mostrava il più piccolo interesse: e io per darmi un contegno indifferente, voltai la pagina e cominciai a sfogliare il libro in cerca di altre figure. A un tratto il bambino mi disse: «Dorme».

Ecco nell'animo mio l'impressione un po' sconvolgente dell'enigma infantile.

«Chi dorme?»

«Gesù», rispose il bambino energicamente, «Gesù dorme» e fa cenno di tornare alle pagine indietro per dimostrarmelo.

La figura di Gesù, alta, guardava i bambini in basso, e perciò colle palpebre abbassate, come negli occhi che dormono. Ecco l'attenzione del bambino che si portava sopra un particolare come nessun adulto avrebbe fatto.

Continuai l'esposizione e mi fermai sull'illustrazione di Cristo, dicendo: «Guarda, Gesù s'innalza sulla terra e la gente è spaventata: guarda questo bambino che torce gli occhi, questa donna con le braccia distese...». Capisco che la spiegazione non era adatta al bambino e la figura non era ben scelta. Ma ormai quello che mi interessava era di tirar fuori qualche altra risposta enigmatica e quasi di comparare ciò che vede un adulto in una figura così complessa, con ciò che vede un bambino tanto piccolo. Ma questa volta uscì soltanto dal suo nasino una specie di grugnito come se dicesse: «beh, tira avanti» e nel piccolo viso nessuna espressione di interesse. E mentre io mi rimettevo a voltare la pagina, egli toccava un piccolo ciondolo, che teneva attaccato al collo e che rappresentava un coniglio. E infine disse: «Coniglio!» – «Si è divagato col suo ciondolo», pensai io; ma subito il bambino intervenne energicamente per farmi scorrere le pagine indietro. È vero, nella figura della *Trasfigurazione* c'è da un lato un piccolo coniglio. Chi lo aveva mai osservato? Evidentemente ci sono due personalità psichiche diverse nei bambini e in noi: non c'è un minimo che va gradualmente verso un massimo.

Quando i maestri, negli asili infantili o nelle prime classi elementari, si affannano a illustrare un oggetto comune ai bambini di tre o quattro anni, come se questi non avessero mai visto nulla e venissero al mondo allora allora, devono produrre un effetto simile a quello di uno che ode ed è scambiato per un sordo. La gente urla e scandisce le parole per dirgli cose che ha già sentito dire; e la persona invece di rispondere, protesta: «Ma non sono mica sordo!».

L'adulto pensava che i bambini fossero sensibili soltanto a oggetti vistosi, di colori molto vividi, a suoni stridenti, considerando così di offrire all'attenzione del bambino dei forti stimolanti. Abbiamo tutti constatato che i bambini sono attratti da persone che cantano, da campanelli e campane che suonano, da bandiere al vento, da luci vive ecc. Ma coteste fonti d'attrazione violente, procedenti dall'esterno sono episodiche; esse distraggono l'attenzione, impongono violentemente il visibile esteriore e ne disperdono gli stimoli che toccano i sensi. Facciamo un paragone, sia pure inesatto: se stiamo leggendo un libro interessante, e d'improvviso si scatena una musica fragorosa nella via, noi ci alziamo e corriamo ad affacciarci alla finestra, mossi dalla curiosità. Osservando un adulto immerso nella lettura balzare improvvisamente alla finestra perché richiamato dal suono, si direbbe che gli uomini siano stimolati specialmente dai suoni. Allo stesso modo ragioniamo nel giudicare i bambini. Il fatto di una forte causa stimolante esterna, che attrae l'attenzione del bambino, è episodico, non è in relazione con la parte costruttiva profonda, legata alla vita interiore del bambino. Possiamo scoprire le manifestazioni di quest'ultima quando abbiamo la possibilità d'osservare che i bambini s'immergono nella contemplazione minuziosa di piccole cose, apparentemente prive d'interesse. Chi osserva la piccolezza d'un oggetto e mette tutto il suo interessamento in cotesta osservazione, non la risente già come impressione sensibile, ma come espressione d'un intelletto d'amore.

Praticamente lo spirito infantile è ignoto agli adulti e apparisce loro come un enigma, perché è giudicato solo dalle reazioni della impotenza pratica e non dalla energia psichica in sé stessa possente. Bisogna riflettere che in rapporto a ogni manifestazione del bambino c'è una ragione causale che è decifrabile. Non vi è fenomeno che non abbia i propri motivi, le sue ragioni di essere. È facile giudicare ogni reazione oscura, ogni momento difficile del bambino, dicendo: è un capriccio. Quel capriccio deve assurgere dinanzi a noi all'importanza di un problema da risolvere, di un enigma da decifrare. È cosa difficile, è vero, ma estremamente interessante; è soprattutto un'attitudine nuova che rappresenta una elevazione morale per l'adulto. Fa di lui uno studioso anziché quel dominatore cieco, quel giudice tirannico che realmente è rispetto al bambino.

A tale proposito ricorderò la conversazione di un gruppo di signore riunite in un salotto. La padrona di casa aveva vicino a sé il proprio bambino di diciotto mesi d'età, che giocava da solo e tranquillamente. Si parlava di libri per bambini. «Ve n'è di molto sciocchi, illustrati da figure grottesche», diceva la giovane madre. «Ne ho uno intitolato *Sambo*. Sambo è un piccolo negro al quale i genitori fanno diversi regali, il giorno del compleanno: un berrettino, scarpette, calze, un vestitino di bei colori. E mentre gli preparano anche un eccellente pranzo, Sambo, impaziente di farsi vedere vestito di nuovo, esce di casa senza farsi scorgere da nessuno. Per istrada s'imbatte in molti animali feroci e per placarli deve cedere a ciascuno di essi una parte del suo vestito: il cappellino alla giraffa, le scarpette alla tigre ecc., sicché il povero Sambo torna a casa nudo e tutto in lagrime. Ma tutto finisce con il perdono dei genitori e la gioia del bel pranzetto, attorno a una tavola riccamente imbandita, come mostra l'ultima figura del libro.»

E la signora mostrava il libro illustrato, che passava di mano in mano, quando a un tratto il bambino disse: «No, Lola». Tutte rimasero sorprese: pareva un enigma infantile da decifrare. Il piccino ripeteva energicamente la sua misteriosa affermazione: «No, Lola».

«Lola», disse la madre, «è il nome della *nurse* che il mio bambino ha da qualche giorno.» Ma il bambino tornò a gridare con energia sempre maggiore, come per una specie di capriccio insensato, quel «Lola». Alla fine gli mostrammo il libro di Sambo, ed egli c'indicò l'ultima figura della copertina interna, non del testo, in cui era rappresentato il povero negretto lagrimante. Allora finalmente si capì che «Lola», nel suo linguaggio infantile, significava la parola spagnola «llora», che vuol dire «piange».

Ed aveva ragione lui, perché l'ultima figura del libro non era quella del testo, rappresentante l'allegro pranzetto, ma quella dell'interno della copertina, che rappresentava Sambo piangente. Nessuno aveva fatto attenzione a quest'ultima. Così risultava perfettamente logica la protesta del bambino che era intervenuto per correggere quando la mamma aveva detto: «Tutto finisce allegramente».

Evidentemente per lui il libro terminava col pianto di Sambo, poiché egli aveva osservato il libro meglio della madre, esaminando scrupolosamente fin l'ultima figura. Ma la cosa più impressionante era che il bimbo aveva fatto un'osservazione esatta senza aver potuto seguire la complicata conversazione.

Senza dubbio la personalità psichica del bambino è molto diversa dalla nostra e non passa gradatamente dal minimo al massimo.

Il bambino, cogliendo i particolari infimi e reali delle cose, deve nutrire un'idea d'inferiorità a nostro riguardo, giacché noi non vediamo nelle immagini che delle sintesi mentali, per lui inaccessibili: deve considerarci incapaci, gente che non sa vedere. Non abbiamo alcuna esattezza, ai suoi occhi; egli vede che indifferenti, incoscienti, non cogliamo particolari interessantissimi. Se potesse esprimersi ci rivelerebbe certamente che, nel suo intimo, non ha alcuna confidenza in noi, al modo stesso che noi non ne abbiamo in lui, giacché egli è estraneo alla nostra maniera di pensare. Per questo l'adulto e il bambino non si comprendono.

X - LE LOTTE SUL CAMMINO DELLA CRESCENZA

Dormire

Il conflitto tra adulto e bambino comincia quando il bambino è arrivato nel suo sviluppo a poter agire.

Prima nessuno può impedire completamente al bambino di vedere e di udire: cioè di fare la conquista sensoriale del suo mondo.

Ma quando il bambino agisce, cammina, tocca gli oggetti allora si presenta un quadro tutto diverso. Pure amando profondamente il bambino, sorge nell'adulto un irresistibile istinto di difesa contro di lui. Ora i due stati psichici: quello del bambino e quello dell'adulto sono tanto diversi l'uno dall'altro che la convivenza dell'adulto col bambino diviene quasi impossibile, se non si ricorre a degli adattamenti. Non è difficile comprendere che questi adattamenti saranno a svantaggio completo del bambino che è in istato di assoluta inferiorità sociale; e la repressione degli atti incomodi del bambino nell'ambiente dove regna l'adulto, sarà resa assolutamente fatale dal fatto che l'adulto non è conscio della propria attitudine di difesa, ma è persuaso coscientemente soltanto del suo amore e della dedizione generosa... La difesa inconscia affiora sulla coscienza che si maschera, e l'avarizia che si tende ansiosa a difendere gli oggetti utili o cari all'adulto diventa subito «il dovere di educare il bambino per fargli apprendere buone abitudini»; e la paura verso il piccolo disturbatore del suo benessere diventerà «la necessità di far riposare molto il bambino per assicurare la sua salute».

La madre popolana nella sua semplicità si accontenta di difendersi chiaramente con scappellotti, grida, insulti, col respingere il bambino fuori di casa sulla strada, alternando questi atti a carezze espansive e baci scoccanti che corrispondono nel quadro della vita alla parte dell'amore tenero verso il bambino.

Il formalismo è inerente alle attitudini morali prevalenti nella società più elevata, dove sono apprezzate e perciò esclusivamente ammesse soltanto alcune forme di sentimento: l'amore, il sacrificio, il dovere, il controllo degli atti esterni. Tuttavia le madri delle classi superiori si sbarazzano dei loro bambini incomodi altrettanto e più delle donne del popolo, perché li consegnano a una bambinaia che li porti a spasso e li faccia molto dormire.

La pazienza e la gentilezza e persino la sottomissione delle madri elevate nella scala sociale verso le *nurses* sono un vero compromesso tacito di tutto perdonare e sopportare a patto che il bambino disturbatore sia tenuto a distanza dai genitori e dagli oggetti di loro proprietà.

Appena il bambino esce dalla prigione della sua carne inerte e gioisce della vittoria del proprio io, che ha animato i meravigliosi strumenti di attività che sono gli organi del movimento volontario, egli si incontra con la schiera poderosa dei giganti che gli impediscono l'entrata nel mondo. Questa situazione drammatica può richiamare alla mente l'esodo di popoli primitivi che volevano liberarsi dalla schiavitù, e avanzavano in luoghi inospitali e sconosciuti, come fece il popolo ebreo guidato da Mosé. Quando le sofferenze del deserto sembravano sboccare in oasi di benessere dove altri popoli vivevano tranquilli, non era l'ospitalità, ma la guerra che li riceveva. E fu il ricordo amaro della guerra di resistenza degli amaleciti contro il popolo errante che empì gli ebrei di spavento per una immaginaria guerra. E questo fu che li disperse e li rese vaganti senza orientamento per quaranta anni nel deserto che già avevano superato e dove a ogni passo tanti e tanti cadevano esausti. È un fatto della natura umana. Quelli che hanno il loro ambiente stabilito, si difendono dagli invasori. È cosa evidente e violenta nei popoli: ma il crudele motore di questi fenomeni sta nascosto proprio nelle profondità inconsce dell'animo umano: e la prima più inavvertita manifestazione si ritrova quando il popolo degli adulti stabili difende la tranquillità e gli averi contro il popolo invasore delle nuove generazioni. Tuttavia il popolo invasore non si arresta: egli combatte disperatamente perché combatte per la vita.

Questa lotta, mascherata sotto lo schermo dell'inconscio, si compie già tra l'amore dei genitori e l'innocenza dei bambini.

*
**

È molto comodo per l'adulto dire: «Il bambino non si deve muovere, non deve toccare i nostri oggetti, non deve parlare né gridare, deve stare molto sdraiato, mangiare e dormire». Ovvero deve andare fuori di casa, comunque con persone senza amore ed estranee alla famiglia. L'adulto per forza di inerzia sceglie il cammino più facile per lui: fa dormire il bambino.

Chi dubita che il dormire non sia necessario?

Ma se il bambino è un essere così sveglio e così capace di osservazione non è dormiente per sua natura. Egli avrà bisogno di un sonno normale e noi dobbiamo senza dubbio assecondare in modo scrupoloso questo bisogno. Occorre però distinguere il sonno normale del bambino dal sonno che artificialmente provochiamo noi. È noto che l'essere volitivo più forte può suggestionare l'essere debole e che la suggestione si infiltra iniziando la sua opera col dare il sonno: chi vuol suggestionare comincia coll'addormentare. Così l'adulto fa dormire il bambino per suggestione, per quanto lo faccia inconsciamente.

È proprio l'adulto, sia rappresentato dalle madri ignoranti come da quelle colte e da persone specializzate a curare i bambini come le *nurses*, che ha condannato concordemente questo essere vivo a dormire. Non solo il piccolino di pochi mesi di età, ma anche il bambino che è cresciuto, il bambino di due, tre, quattro anni e più è condannato a dormire oltre il suo bisogno. I bambini del popolo no: essi vanno scorrazzando per le strade tutto il giorno e non infastidiscono le madri: così sfuggono a questo pericolo. Ora è ben noto che i bambini del popolo sono meno nervosi dei figli di persone colte. Eppure l'igiene raccomanda fra i suoi capisaldi i lunghi sonni, facendo tutto un fascio con le cure della vita vegetativa. Io ricordo un bambino di sette anni che mi confidò di non avere mai visto le stelle, perché lo avevano sempre fatto dormire prima che venisse la notte. Egli mi diceva: «Vorrei per una notte sola andar in cima a una montagna e sdraiarmi in terra per guardare le stelle».

Molti genitori si vantano di aver così bene abituato i bambini a dormire presto la sera da essere essi sempre liberi di uscire.

Il letto dove i bambini possono muoversi, diverso dalla culla che ha una forma di bellezza e di morbidezza, diverso dal letto dei grandi che è fatto per sdraiarsi comodamente e dormire, è una gabbia alta di ferro, dove i parenti li fanno scendere su un giaciglio forzato, posta in alto perché l'adulto possa maneggiare il bambino senza avere il disturbo di chinarsi e perché possa abbandonarvi questa creatura che piangerà, sì, ma non si farà male.

Si fa buio intorno al bimbo in modo che le luci anche quando verranno per il nuovo giorno, non penetrino e non lo risveglino.

Una prima forma di aiuto alla vita psichica del bambino è la riforma del letto e delle abitudini relative al lungo sonno imposto e non naturale. Il bambino deve avere il diritto di dormire quando ha sonno e di svegliarsi quando ha finito di dormire e di alzarsi quando vuole. Per cui noi consigliamo, e già molte famiglie lo attuano, l'abolizione del classico letto del bambino e la sua sostituzione con un giaciglio molto basso, quasi rasente al suolo dove il bambino possa stendersi e alzarsi a suo piacere.

Il letto piccolo e basso quasi rasente a terra è economico come tutte le riforme che aiutano la vita psichica del bambino: perché esso ha bisogno di cose semplici e le poche cose che esistono per lui sono invece sovente complicate quasi a ostacolare la sua vita. In molte famiglie questa riforma fu attuata, mettendo un piccolo materasso in terra, ricoperto da una grande coperta. Allora i bambini vanno essi stessi spontaneamente a letto la sera, gioiosi, e la mattina si alzano senza svegliare nessuno. Sono esempi che dimostrano come realmente ci sia uno sbaglio profondo nella impostazione della vita infantile e come l'adulto, affaticandosi e volendo fare il bene del bambino, vada veramente contro i suoi bisogni, segua forse senza esserne cosciente i suoi istinti di difesa che potrebbe facilmente vincere.

Da questo insieme di cose risulta che l'adulto deve cercare di interpretare i bisogni del bambino per seguirlo e assecondarlo con le proprie cose, preparandogli insieme un ambiente adatto. Solo così si può iniziare una nuova epoca nell'educazione, quella dell'aiuto alla vita. E potrà aver fine e chiudersi l'epoca in cui l'adulto considerava il bambino come un oggetto che si prende e si trasporta dovunque quando è molto piccolo e che quando è cresciuto deve soltanto obbedire e seguire l'adulto. Bisogna che l'adulto si convinca a tenersi in un posto secondario e si sforzi a comprendere il bambino col desiderio di farsi suo seguace e aiuto della sua vita. Ecco l'orientamento educativo che riguarda le madri e tutti gli educatori che avvicinano il bambino. Se la personalità del bambino deve essere educata nel suo sviluppo ed essa è più debole, occorre che la personalità prevalente, quella dell'adulto, si faccia remissiva e, prendendo, seguendo la guida che il bambino stesso gli offre, consideri suo onore il poterlo comprendere e seguire.

Corrispondere ai bisogni dell'essere immaturo: uniformarsi alle sue necessità, rinunciando alle proprie: ecco ciò che dovrebbe fare l'adulto.

Qualcosa di simile fanno istintivamente gli animali superiori: essi si adattano alle condizioni dei loro piccoli. Niente è più interessante di ciò che avviene quando un nuovo elefantino è condotto dalla madre nella squadra degli adulti: la gran massa degli enormi pachidermi, rallenta la marcia per corrispondere all'andatura del piccino; e quando esso è stanco e si ferma, si fermano tutti.

Anche in alcune forme di civiltà è penetrato il sentimento di simili sacrifici al bambino. Io osservai e seguii un giorno un padre giapponese che conduceva a passeggio un piccolino di forse un anno e mezzo o due di età. A un tratto il piccino si abbraccia alla gamba del padre, e questi si ferma e dà posto al piccolo, che comincia a girare attorno alla gamba scelta per il suo torneo: quando il bimbo ha finito il suo esercizio, ricomincia la passeggiata lenta. Ma dopo un poco il piccino si mette a sedere sull'orlo del marciapiede: e il padre gli si ferma accanto. Il viso paterno era serio e normale; egli non faceva nulla di eccezionale, era semplicemente un babbo che conduceva a passeggio il bambino.

Così si dovrebbe fare per rendere possibile ai piccoli quell'esercizio essenziale di *camminare* nell'epoca in cui l'organismo ha bisogno di fissare tante coordinazioni motrici, che tendono a stabilire l'equilibrio della persona e a realizzare quella enorme difficoltà riservata agli esseri umani di camminare diritti su due piedi soltanto.

Benché l'uomo abbia il corpo formato di parti che corrispondono a quelle dei mammiferi, egli deve marciare con due arti anziché con quattro; le stesse scimmie hanno gli arti superiori molto lunghi, per potersi appoggiare con la mano al suolo quando camminano: soltanto l'uomo deve completamente affidare a due arti tutte le funzioni della «deambulazione in equilibrio», anziché di una «deambulazione a corpo appoggiato». Quando poi i mammiferi camminano, alzano due zampe in senso diagonale, in modo che il corpo ha sempre due appoggi: ma l'uomo che cammina alterna il suo appoggio sopra un piede solo. Questa difficoltà è risolta dalla natura, ma con due mezzi: uno è l'istinto, e l'altro è lo sforzo volontario individuale.

Il bambino non sviluppa il potere di camminare ritto aspettando, ma «camminando». Quel *primo passo*, quell'avvenimento salutato con tanta gioia in famiglia, è proprio una conquista della natura: e segna il passaggio dal primo al secondo anno di età. È quasi la nascita dell'uomo attivo che sostituisce l'uomo inerte: comincia per il bambino una vita nuova. La fisiologia ha considerato lo stabilirsi di questa funzione, tra i capisaldi che consentono di giudicare della normalità dello sviluppo. Ma, da allora è l'*esercizio* del bambino che entra in giuoco. La conquista dell'equilibrio e della deambulazione sicura è dovuta a lunghi esercizi, e perciò allo sforzo individuale. Si sa che il bambino si slancia a camminare con un impulso irresistibile e coraggioso. Vuol camminare temerariamente: è un vero soldato che si slancia alla vittoria, incurante dei rischi. È per questo che l'adulto vuol metterlo al riparo dai rischi con protezioni, che sono ostacoli: cerca di trattenerlo dentro i ripari del *quadrato*, ovvero lo chiude nel carrozzino, dove sarà trascinato per le passeggiate, per molto tempo: anche quando avrà già delle gambe robuste.

Ciò avviene perché il bambino ha il passo più corto che quello dell'adulto e ha meno resistenza di lui nelle lunghe passeggiate; e l'adulto non può rinunciare al proprio ritmo. Anche quando l'adulto in parola è una *nurse,* cioè una persona specializzata e dedicata esclusivamente a curare un solo bambino, è il bambino che deve adattarsi alle condizioni della *nurse*, e non questa a quello. La *nurse* andrà col suo passo, rivolgendosi direttamente verso la meta che si è prefissa per la passeggiata, spingendo il carrozzino, dove il piccolo ha press'a poco la funzione della bella frutta che si porta al mercato in un carretto. Solo quando la *nurse* avrà raggiunto la meta, supponiamo un bel parco, allora essa si siederà, tirando fuori dalla carrozzella il bambino e lasciandolo camminare sull'erba attorno a lei che lo sorveglia. Tutto questo trattamento ha di mira il «corpo del bambino», la sua vita vegetativa e il riparo da ogni pericolo esterno; ma non i bisogni essenziali e costruttivi della vita di relazione.

Il bambino tra un anno e mezzo e due anni di età può percorrere dei chilometri camminando; e anche superare tratti difficili, salite e scale. Soltanto egli cammina con una finalità tutta diversa dalla nostra. L'adulto cammina per raggiungere una meta esterna e tende dritto allo scopo; di più egli ha nel passo un ritmo stabilito, che lo trascina quasi meccanicamente: il piccolino cammina per elaborare le proprie funzioni, ha quindi uno scopo creativo di sé stesso. Egli è lento; non ha ancora un ritmo del passo né una finalità. Ma le cose attorno lo attraggono e lo spingono innanzi di volta in volta. L'aiuto che dovrebbe dare l'adulto sarebbe quello di rinunciare al proprio ritmo, alla propria finalità.

Io conobbi a Napoli una giovane famiglia il cui ultimo nato aveva un anno e mezzo. Per andare al mare in estate essi dovevano percorrere un chilometro e mezzo circa su una strada scoscesa che discendeva la collina, pressoché impraticabile a carri e carrozzini. I giovani genitori volevano avere con sé il bambino: ma era troppo faticoso portarlo in braccio. Li aiutò il bambino stesso camminando e percorrendo a piedi il lungo tratto di via. Il piccino si fermava ogni tanto vicino a qualche fiore, o sedendosi sull'erba di un prato o fermandosi a guardare qualche animale. Una volta rimase circa un quarto d'ora intento a guardare un asino che pascolava. Così ogni giorno il piccino scendeva e saliva quel lungo e difficile cammino senza stancarsi.

Conobbi in Spagna due bambini nell'età fra i due e tre anni che facevano passeggiate lunghe due chilometri; molti che passavano più di un'ora a scendere e a salire scale ripide con scalini molto stretti.

Anche a proposito di questi particolari vi sono madri che parlano di «capricci» dei loro piccolini.

Una volta una signora m'interrogò sopra i capricci di una piccola bimba che appena da pochi giorni camminava sola; essa gridava nel vedere delle scale, e quando era presa in braccio per scendere le scale aveva accessi di rabbia.

La madre temeva di avere osservato male, perché le sembrava illogico che veramente la bambina dovesse agitarsi e piangere, proprio quando passava per le scale e pensava fosse per semplice coincidenza. Ma era chiaro che la piccola desiderava di scendere e salire le scale «da sola». Quell'attraente cammino pieno di sostegni e di sedili la seduceva evidentemente più dei prati, ove il piedino si affondava nell'erba alta e le mani non trovavano appoggio: ma i prati erano i soli luoghi dove le era permesso di trattenersi senza essere tra le braccia di un adulto, o chiusa in una carrozzella.

È facile osservare che i bambini cercano di muoversi e camminare; e una scala all'aperto sarà sempre piena di bambini che salgono, scendono, si siedono, si rialzano, si lasciano scivolare. La capacità che ha un bambino della strada di muoversi tra gli ostacoli, di evitare i pericoli, di correre e perfino di attaccarsi ai veicoli in moto dà a vedere una potenzialità estremamente lontana dall'inerzia del bambino pauroso e alla fine pigro, che appartiene alle classi elevate. Nessuna delle due classi fu *aiutata* a svilupparsi: l'una restò abbandonata nell'ambiente inadatto e pieno di pericoli dove vive l'adulto; l'altra fu repressa, per venire sottratta a questo ambiente pericoloso, e relegata tra gli ostacoli protettivi.

Il bambino, elemento essenziale della conservazione e della costruzione dell'uomo, somiglia al Messia, del quale i profeti dicevano che «non aveva luogo ove posare il capo».

XII - LA MANO

È interessante rilevare che due delle tre grandi tappe considerate dalla fisiologia come esponenti del normale sviluppo del bambino si riferiscono al movimento. Esse sono l'iniziarsi della deambulazione e del linguaggio. La scienza dunque ha considerato queste due funzioni motrici come una specie di oroscopo dove si legge il futuro dell'uomo. Infatti le due complesse manifestazioni indicano che l'uomo (il bambino) ha riportato la prima vittoria dell'*io* sopra i suoi istrumenti di espressione o di attività. Ora il linguaggio è una vera caratteristica dell'uomo perché è espressione del pensiero, ma non così la deambulazione che è comune a tutti gli animali.

L'animale, a differenza del vegetale, «si sposta nell'ambiente» e quando tale spostamento è affidato a organi speciali che sono gli arti, allora il camminare diventa la caratteristica fondamentale. Nell'uomo però, benché lo «spostare il corpo nello spazio» abbia un così eminente valore da renderlo invasore di tutta la terra, la deambulazione non è il movimento caratteristico dell'essere intelligente.

Invece i veri «caratteri motori» collegati con l'intelligenza sono il linguaggio e l'attività della mano a servizio dell'intelligenza per realizzare il lavoro. Si sa che le prime tracce dell'uomo nelle epoche preistoriche, si giudicano dalla presenza delle pietre levigate e delle pietre scheggiate, che sono il suo primo istrumento di lavoro. È questa dunque la caratteristica che segna un solco nuovo nella storia biologica degli esseri viventi sulla terra. Lo stesso linguaggio apparisce come documento del passato umano, quando esso, dallo stato di suono che si dissolve nell'aria, è divenuto un lavoro della mano che lo ha scolpito nella pietra. E anche nella morfologia del corpo e nella funzione della deambulazione, il carattere è questo «liberarsi della mano»: è il dedicare l'arto superiore ad altre funzioni che non sono più quelle del semplice «spostamento nello spazio» ma diventano quelle di organo esecutivo dell'intelligenza. È così che, nell'evoluzione degli esseri viventi l'uomo si mette in una posizione nuova, dimostrando l'unità funzionale della psiche col movimento.

La mano è quell'organo fine e complicato nella sua struttura, che permette all'intelligenza non solo di manifestarsi, ma di entrare in rapporti speciali coll'ambiente: l'uomo, si può dire, «prende possesso dell'ambiente con la sua mano» e lo trasforma sulla guida dell'intelligenza, compiendo così la sua missione nel gran quadro dell'universo. Sarebbe quindi logico, volendo giudicare lo sviluppo psichico del bambino, prendere in considerazione l'inizio delle sue espressioni di movimento che si potrebbero chiamare intellettuali: l'apparire del linguaggio e l'apparire di una attività della mano, che aspira al lavoro.

Per un istinto subconscio, l'uomo ha dato importanza e ha unito insieme queste due manifestazioni motrici dell'intelligenza, questi due «caratteri» propri ed esclusivi del genere umano: ma lo ha fatto solo in alcuni simboli collegati con la vita sociale dell'adulto. Per esempio quando un uomo e una donna si sposano, dicono una parola e uniscono le mani. Promettersi in matrimonio, si dice: dare la parola; chiedere in matrimonio, si dice: domandare la mano. Chi giura, dice una parola e fa un gesto con la mano. Anche nei riti ove entra fortemente una espressione dell'*io* appare la mano. Pilato, per esprimere il suo ritrarsi da ogni responsabilità, disse la frase rituale di lavarsene le mani e si lavò le mani materialmente dinanzi alla folla. Il sacerdote cattolico, prima di cominciare la parte più profonda della Messa, annuncia: «Laverò fra gli innocenti le mie mani», e in effetti se le lava, benché non soltanto se le sia già lavate, ma anche purificate, prima di accostarsi all'altare.

Tutto questo dimostra come nel subconscio dell'umanità è sentita la mano quale manifestazione dell'io interiore. Che cosa si potrebbe immaginare di più sacro e di più meraviglioso che lo svolgersi nel bambino di questo «movimento umano»! Nessuna manifestazione dovrebbe essere accolta con più solenne aspettativa.

Il primo avanzarsi di quella piccola mano verso le cose, lo slancio di quel movimento che rappresenta lo sforzo dell'*io* di penetrare nel mondo dovrebbe riempire l'animo dell'adulto di ammirazione. L'uomo invece *ha paura* di quelle mani piccoline tese verso gli oggetti senza valore e senza importanza che lo circondano; e si atteggia a difesa degli oggetti contro il bambino. Egli si affanna a ripetergli: non toccare, come gli ripete: non muoverti, non parlare!

E in questo affanno tra le tenebre del suo subconscio, si forma e delinea una difesa per cui chiede aiuto agli altri uomini, come se dovesse lottare occultamente contro un potere che assale il suo benessere e il suo possesso.

Il bambino per vedere, per udire, cioè raccogliere dall'ambiente gli elementi necessari alla prima sua costruzione mentale, ha bisogno di impossessarsene. Ora quando deve muoversi in modo costruttivo, usando le sue mani in un lavoro, ha pure bisogno di cose esterne da maneggiare, cioè ha bisogno che nell'ambiente esistano dei motivi di attività. Ma nell'ambiente familiare non fu considerato questo bisogno del bambino. Perciò gli oggetti che lo circondano sono tutti di proprietà dell'adulto e destinati a suo uso. Essi sono oggetti proibiti per il bambino, oggetti «tabù». Una proibizione di toccare risolve il problema vitale dello sviluppo infantile. Se il bambino riesce a prendere quello che gli capita sotto mano, sembra quasi un cagnolino affamato, che trovi un osso e vada in qualche angolo a rosicchiarlo, cercando di nutrirsi di una cosa pur insufficiente a nutrirlo, pauroso di qualcuno che lo scacci

Ora il bambino non si muove a caso, egli costruisce le coordinazioni necessarie a organizzare i movimenti sulla guida del suo *io*, che comanda. È l'*io*, il grande organizzatore e coordinatore che sta facendo una unità sola tra la sorgente psichica e gli organi della espressione, a prezzo di continue esperienze integrative. L'importante è dunque che sia il bambino, nella sua spontaneità, a scegliere ed eseguire gli atti. Ora questo movimento formativo ha dei caratteri speciali: non si tratta di impulsi disordinati e avventati. Non è il correre, il saltare, il maneggiare degli oggetti a caso, semplicemente spostandoli e quindi portando attorno a sé il disordine e la distruzione delle cose: il movimento costruttivo prende la spinta da azioni che il bambino ha veduto compiere attorno a sé. Le azioni che cerca di imitare, sono sempre quelle rivolte al maneggio o all'uso di qualche oggetto: il bambino cerca di fare azioni simili a quelle che ha veduto compiere dagli adulti, usando degli stessi oggetti. Perciò queste attività sono collegate agli usi dei vari ambienti familiari e sociali. Il bambino vorrà spazzare o lavare il vasellame o la biancheria, travasare acqua ovvero lavarsi, pettinarsi, vestirsi ecc. Essendo questo un fatto universale, è stato chiamato imitazione e lo si esprime così: il bambino fa quello che ha visto fare. Tale interpretazione però non è esatta, poiché l'imitazione del bambino differisce da quella imitazione immediata a cui accade di riferirsi pensando alle scimmie. I movimenti costruttivi del bambino partono da un quadro psichico, costruito sopra una conoscenza. La vita psichica, dovendo essere dirigente, ha sempre un carattere di preesistenza sui movimenti che vi sono collegati: quando dunque il bambino vuol muoversi, sa prima ciò che vuole fare, e vuol fare una cosa conosciuta, che cioè ha visto eseguire. Lo stesso si può dire per lo sviluppo del linguaggio. Il bambino assume il linguaggio che sente parlare attorno a sé, e quando dice una parola, la dice perché l'ha imparata sentendola dire, e la trattiene presente nella memoria. Però la usa secondo il suo proprio bisogno del momento.

Questa conoscenza e uso della parola udita, non è però l'imitazione come si giudica quella di un pappagallo parlante. Non si tratta di una imitazione immediata, ma piuttosto di una osservazione immagazzinata o di una conoscenza presa. L'esecuzione è un atto separato dal primo. Questa differenza è molto importante perché chiarisce un lato dei rapporti fra adulto e bambino e fa comprendere più intimamente le attività infantili.

Azioni elementari

Prima ancora che il bambino riesca a eseguire azioni aventi un motivo chiaramente logico, come quelle che ha visto compiere dagli adulti, comincia ad agire con degli scopi suoi, usando gli oggetti con un fine che è spesso inintelligibile agli adulti. Ciò avviene spesso in bambini da un anno e mezzo a circa tre anni di età. Io, per esempio, vidi un bambino di un anno e mezzo che nella sua casa trovò una pila di tovaglioli ben stirati accumulati lì uno sull'altro con cura esatta. Il bambino prese uno solo di questi tovaglioli piegati, sostenendolo con la più grande cura, e mettendo al di sotto una mano perché non si spiegasse, e lo trasportò all'angolo della stanza, diagonalmente più lontano, deponendolo sul pavimento e dicendo: «uno». Tornò quindi indietro camminando sulla stessa direzione diagonale: segno che egli era guidato da una speciale sensibilità orientatrice. Tornato al luogo di prima, prese un altro tovagliolo allo stesso modo, trasportandolo lungo un medesimo cammino e deponendolo sopra a quello già posto in terra, ripetendo la parola: «uno». E così fece fino a che ebbe trasportati tutti i tovaglioli. Quindi con analoga manovra, li riportò tutti al luogo di prima. Benché la pila, dei tovaglioli non fosse più nella condizione perfetta in cui li aveva lasciati la cameriera, si conservavano tuttavia abbastanza ben piegati: e quella torre, pur manifestando qualche avaria, non si poteva giudicare proprio smantellata. Per fortuna del bambino nessuna persona di famiglia si era trovata presente a questa lunga manovra. Quante volte i piccoli vedono alle loro spalle un adulto che grida: «fermo, fermo! lascia stare queste cose!» e quante volte quelle piccole e venerabili manine sono battute perché si abituino a non toccare le cose.

Un altro lavoro «elementare» affascinante dei bambini è di togliere il turacciolo di una bottiglia per rimetterlo, specialmente se di cristallo sfaccettato, riflettente i colori dell'iride, come il tappo di una boccetta. Questo lavoro di togliere e rimettere i turaccioli sembra uno dei movimenti elementari più favoriti; anche attraente, per il bimbo, alzare e abbassare il coperchio di un grosso calamaio o di una scatola massiccia; ovvero aprire e chiudere lo sportello di una credenza. Si comprende che la guerra deve nascere spesso tra adulto e bambino innanzi a questi oggetti agognati dai piccolini ma intoccabili perché appartengono alla mamma o alla scrivania del padre o a un mobile piccolo da salotto. E la reazione «capricciosa» ne consegue frequentemente. Ma il bambino non vuole proprio quella boccetta e quel calamaio: sarebbe soddisfatto di oggetti fatti per lui che permettessero quegli stessi esercizi di movimento.

Queste e altre simili sono le azioni elementari che non hanno nessuna finalità logica e che si possono considerare il primo balbettio dell'uomo lavoratore. È a questo tempo di preparazione che sono dedicati alcuni dei nostri materiali per bambini piccolissimi, come per esempio gli incastri solidi, che hanno avuto così universale successo.

L'idea di lasciare agire il bambino è compresa facilmente, ma nella pratica s'incontrano ostacoli complessi, che stanno radicati assai profondamente nell'animo dell'adulto. Spesso questi, anche se vuole aderire al desiderio del bambino e lasciarlo libero di toccare e spostare oggetti, sente di non potere resistere a impulsi vaghi, che finiscono col dominarlo.

Una giovane signora di New York, familiare a queste idee, voleva metterle in pratica con un suo bel bambino di due anni e mezzo. Un giorno lo vide trasportare dalla camera da letto al salotto (senza ragione) una brocca piena di acqua. Essa osservava la tensione, lo sforzo di questo bambino che si muoveva con difficoltà e ripeteva di continuo a sé stesso: «*Be carefull, be carefull* (fai attenzione)». La brocca era pesante e a un certo momento la madre non poté resistere e aiutò il bambino, prendendogli la brocca dalle mani e portandogliela dove egli voleva. Il bambino rimase piangente e mortificato e la madre, dolente di aver fatto soffrire il suo bambino, si giustificava dicendo che, pur sapendo la necessità che spingeva il bambino, le sembrava ingiusto di lasciarlo affaticare e di fargli perdere tanto tempo per cosa che essa poteva eseguire in un momento.

«Capisco che ho fatto male», mi diceva quella signora, chiedendomi consiglio. Io riflettei all'altro lato della questione, al sentimento di difesa verso gli oggetti che si potrebbe chiamare «l'avarizia verso il bambino». E le dissi: «Ha lei qualche servizio di ceramica fina, delle tazzine di grande valore? Faccia trasportare al bambino uno di questi oggetti leggeri e guardi cosa succede». La signora seguì il mio consiglio e mi raccontò poi che il suo bambino trasportava con cura e attenzione queste tazzine, fermandosi a ogni passo e portandole salve a destinazione. La madre era agitata da due sentimenti: il piacere che il bambino lavorasse e la preoccupazione delle tazzine. Ma lasciò fare il bambino, che poté compiere i lavori a cui si appassionava e che non erano senza rapporti con la sua salute psichica.

In un altro caso io misi tra le manine di una bambina di un anno e due mesi un cencio per spolverare e questo divenne un lavoro delizioso per lei che, seduta, spolverava tanti piccoli oggetti lucenti. Ma v'era in sua madre una specie di difesa e ostacolo che non le permetteva di consegnare alla bambina un oggetto a parer suo lontano dai bisogni di un piccolo.

La prima manifestazione dell'istinto del lavoro nel bambino è la rivelazione più sorprendente per l'adulto che ne abbia compreso l'importanza. Egli vede che gli si impongono immense rinunce: quasi una mortificazione interiore della sua personalità, una dedizione del suo ambiente: e ciò è incompatibile con la vita sociale in atto, a cui appartiene l'adulto. Il bambino è senza dubbio un extrasociale nell'ambiente dell'adulto, ma chiudergliene senz'altro l'accesso come si è fatto fino a oggi, significa «reprimere la sua crescenza» come lo si condannasse a diventare muto.

La soluzione a questo conflitto sta nel preparare l'ambiente per accogliere le superiori manifestazioni del bambino. Quando il bambino dice la prima parola, non è necessario preparare nulla per lui e il balbettìo del suo linguaggio entra nella casa come un suono gradito. Ma l'opera della piccola mano, che è quasi un balbettìo dell'uomo lavoratore, richiede «motivi di attività» sotto forma di oggetti che vi corrispondano. Allora si vedono i bambini compiere delle azioni che richiedono uno sforzo il quale va spesso al di là di ciò che noi crederemmo nella loro possibilità materiale. Ho la fotografia di una bambinetta inglese che trasporta uno di quei pani prismatici, caratteristici del paese, tanto grande che le due braccia non bastano a sostenerlo e deve appoggiarlo sul corpo. È costretta così ad avanzare tutta ripiegata indietro e senza poter vedere dove appoggia i piedi. Nella fotografia si vede solo l'emozione del cane che l'accompagna senza perderla di vista: tutto teso e in atto di slanciarsi per aiutarla. Più lontano persone adulte seguivano la bambina con gli occhi trattenendosi dal correre verso di lei, per toglierle il pane di tra le braccia. Qualche volta bambini piccolissimi sviluppano attività precoci di abilità e di esattezza che ci rendono perplessi, se un ambiente è preparato per loro.

XIII - IL RITMO

L'adulto, che non ha compreso ancora l'attività della mano infantile come un bisogno vitale e non vi riconosce la prima manifestazione di un istinto del lavoro, impedisce al bambino di lavorare. Non sempre dobbiamo pensare a una difesa dell'adulto: possono esservi altre cause. Una è che l'adulto guarda alla finalità esterna degli atti, e ha fissato il suo modo di agire secondo una sua costituzione mentale. Arrivare a un fine con l'azione più diretta, quindi nel minor tempo possibile, è in lui una specie di legge naturale, che egli chiama appunto «legge del minimo sforzo». E, vedendo il bambino fare grandi sforzi per compiere un'azione inutile e che l'adulto potrebbe compiere in un attimo e con assai maggiore perfezione, egli è tentato ad aiutarlo, quasi cancellando uno spettacolo che lo turba.

L'entusiasmo che l'adulto vede nel bambino per cose insignificanti lo urta come una cosa grottesca e incomprensibile. Se un bambino si accorge di un tappeto disordinato sopra un tavolino e si ricorda come è disposto consuetamente, vorrebbe riordinare il tappeto e metterlo esattamente come lo ha visto e, potendolo fare, lo fa lentamente pur spendendovi tutta l'energia e l'entusiasmo di cui è capace: e questo avviene perché «ricordare» è il grande lavoro della sua mente, e il mettere una cosa a posto come egli ha visto è l'azione trionfante per il suo stato di sviluppo. Ma ciò potrà farlo quando l'adulto è lontano e non si accorge del suo sforzo.

Se il bambino cerca di pettinarsi, l'adulto invece di provare una specie di beatitudine per questo tentativo meraviglioso, si sente assalito nelle sue leggi costitutive: vede che il bambino nel pettinarsi non fa né bene né presto e non arriverà a raggiungere lo scopo: mentre egli, l'adulto, può farlo presto meglio di lui. Allora il bambino che sta compiendo con delizia questa azione costruttiva della propria personalità, vede l'adulto, questo essere alto fino al soffitto, potente oltre ogni limite, contro cui non può lottare, che gli viene vicino e gli toglie il pettine dalle mani dicendo che sarà lui a pettinarlo. E così fa l'adulto quando vede il suo bambino che si affatica, cercando di vestirsi o di allacciarsi le scarpe. Ogni tentativo del bambino resta spezzato. L'adulto è irritato non solo dal fatto che il bambino cerca inutilmente di compiere un'azione, ma è irritato da quel ritmo, da quella maniera diversa di muoversi.

Il ritmo non è come un'idea vecchia che si può cambiare o un'idea nuova che si può capire. Il ritmo del movimento fa parte dell'individuo, è un carattere insito in lui, quasi come la forma del corpo: e se questo è in armonia con altri ritmi simili, non può adattarsi a ritmi differenti senza sofferenze.

Se, per esempio, siamo vicini a un paralitico e dobbiamo camminare insieme a lui, ne proviamo una specie di angoscia; e se vediamo un paralitico che si porta lentamente un bicchiere alla bocca per bere, col pericolo di versare il liquido, sorge, dall'urto insopportabile di questi ritmi diversi di movimento, una sofferenza da cui cerchiamo di liberarci, reagendo e sostituendo al suo il nostro proprio ritmo, ciò che si chiamerebbe aiutare il paralitico.

Qualcosa di simile fa l'adulto col bambino: egli cerca come per inconscia difesa di impedire che il bambino faccia questi movimenti lenti, giusto come scaccerebbe irresistibilmente una mosca innocua che gli desse fastidio.

Invece l'adulto può sopportare il movimento che nel bambino rappresenta sveltezza, ritmo accelerato: in questo caso è pronto a sopportare il disordine e il turbamento che il bambino vivace porta nell'ambiente. È in questo caso che l'adulto «può armarsi di pazienza» perché si tratta di cose chiare ed esterne: e la volontà dell'adulto può sempre agire sugli atti consci. Ma quando nel movimento del bambino c'è lentezza, allora egli irresistibilmente interviene con la *sostituzione*. Così invece di aiutarlo nei suoi bisogni psichici più essenziali, l'adulto *si sostituisce* al bambino in tutte le azioni che questi vorrebbe compiere da sé, chiudendogli ogni via di attività e diventando il più possente ostacolo allo svolgimento della sua vita. I disperati pianti del bimbo «capriccioso» che non vuol farsi lavare né pettinare né vestire sono esponenti di un primo dramma che si svolge nelle lotte umane. Chi avrebbe mai supposto che questo *aiuto inutile* dato al bambino è la prima radice di tutte le *repressioni* e perciò dei danni più pericolosi che l'individuo adulto può arrecare al bambino?

La mentalità del popolo giapponese ha avuto una concezione impressionante dell'inferno del bambino.

Fa parte del loro culto dei morti porre nelle tombe dei bambini una quantità di piccoli sassi o di oggetti simili per aiutarli a salvarsi nell'aldilà dai tormenti che i demoni cercano continuamente di infliggere loro. Quando il bambino sta facendo le sue costruzioni arriva un demonio, vi si getta sopra e le distrugge. I sassolini deposti dai parenti pietosi permettono loro di ricostruire.

Questo è uno degli esempi più impressionanti della proiezione del subconscio in un'altra vita.

XIV - LA SOSTITUZIONE DELLA PERSONALITÀ

La sostituzione dell'adulto al bambino non è soltanto quella di agire invece di lui, ma può essere anche quella di infiltrare la propria volontà nel bambino, sostituendola alla volontà di lui. Allora non è più il bambino che agisce ma è l'adulto che agisce nel bambino.

Quando Charcot, nel suo famoso istituto di psichiatria, dimostrò la sostituzione di personalità negli isterici a mezzo della suggestione, produsse una delle più profonde impressioni. Perché le sue esperienze scossero dei concetti fondamentali che si credevano i più sicuri: cioè che l'uomo fosse padrone delle proprie azioni. Ma si poteva dimostrare sperimentalmente che un soggetto poteva essere suggestionato al punto da sopprimere la propria personalità, sostituendola con un'altra: quella del suggestionatore.

Tali fatti, benché riservati alla clinica e a limitatissimi esperimenti, aprirono tuttavia un nuovo cammino di ricerche e di scoperte. Attorno a questi fenomeni prendono origine gli studi sulla doppia personalità, sul subconscio e sugli stati psichici sublimati, infine l'approfondimento nel campo del subconscio fatto dalla psicoanalisi.

C'è un periodo della vita estremamente predisposto alla suggestione: quel periodo infantile ove la coscienza è in via di formazione e la sensibilità verso gli elementi esteriori è in uno stato creativo. L'adulto allora può insinuarsi, quasi penetrare sottilmente, animando con la propria volontà quel sublime possesso della volontà del bambino, che è la sua motilità.

Nelle nostre scuole avveniva che, se nel mostrare al bambino come si compie un esercizio vi si metteva troppa passione o si esageravano i movimenti con troppa energia o con eccessiva esattezza, vedevamo spegnersi allora nel bambino stesso la capacità di poter giudicare e agire secondo la propria personalità. Si avvertiva quasi un movimento che si è staccato dall'*io* che doveva comandarlo, o che è stato preso da un altro *io* estraneo e più forte che, pur con una azione leggera, ha avuto il potere di afferrare, direi di derubare, la personalità infantile dei propri organi teneri. Non è volontariamente soltanto che l'adulto suggestiona, ma anche senza volerlo né saperlo, senza che egli si ponga il problema.

Citerò qualche esempio. Accadde a me stessa: vidi un bambino di circa due anni, che metteva un paio di scarpe usate sulla coperta bianca di un letto rifatto. Io, con una mossa spontanea (dirò, per il caso, non misurata) presi le scarpe e le misi in un angolo per terra, dicendo: «Questo è sudicio!» e poi con la mano feci l'atto di pulire la coperta dove aveva posato le scarpe. Dopo quell'incidente il piccolino, quando vedeva dovunque un paio di scarpe correva a prenderle, dicendo: «È sudicio» e le spostava, quindi andava a passare la mano sopra un letto come per spolverarlo, benché le scarpe non vi avessero avuto alcun contatto.

Un altro esempio: una madre ricevette con gioia un pacco, lo aprì e vi trovò uno scampolo di seta, che porse alla propria bambina, e una trombetta, che la madre stessa si portò alle labbra e fece squillare. La bimba gridò allegramente: «Musica!». E per parecchio tempo dopo, tutte le volte che la bambina toccava una stoffa, si rallegrava tutta e diceva: «Musica!».

I fatti inibitori sono specialmente favorevoli alla infiltrazione di una volontà estranea negli atti di un bambino, quando la volontà adulta non agisce così violentemente da provocare una reazione. Accade più sovente nelle classi di persone educate, *self controlled*, per opera specialmente di *nurses* raffinate. Voglio citare il caso assai dimostrativo di una bambina di circa quattro anni che stava sola con la sua nonna nella sua propria villa. La bambina mostrò il desiderio di aprire il rubinetto chiuso di una vasca del giardino per vedere lo zampillo, ma quando fu per eseguire l'atto, ritirò la mano. La nonna la incoraggiava ad aprire il rubinetto, ma la bambina rispondeva: «No, la *nurse* non vuole». Allora la nonna cercò di persuadere la bambina, dandole il suo pieno consenso, facendole riflettere che era nella sua propria villa. La bambina sorrideva mostrando piacere e soddisfazione e soprattutto desiderio di vedere lo zampillo; ma benché stendesse il braccio, la mano, vicino al rubinetto, si ritirava senza aprirlo. Quella obbedienza al comando lontano della *nurse* assente, era tanto potente nella bambina, che su quella forza lontana non poteva più niente la persuasione di chi le stava vicino.

Un caso simile è quello di un bambino più grande, di circa sette anni, che, quando era seduto e voleva slanciarsi verso qualche cosa che lo attraeva lontano, doveva retrocedere e rimettersi a sedere, quasi per una oscillazione della volontà, che non gli era possibile vincere. E chi fosse il «padrone» che così comandava in lui, non si conosceva perché era dileguato nella memoria infantile.

L'amore all'ambiente

Si può dire che la suggestionabilità dei bambini sia l'esagerazione di una tra le funzioni psichiche costruttive, cioè di quella caratteristica sensibilità interiore, che abbiamo chiamato «l'amore all'ambiente». Il bambino osserva le cose appassionatamente ed è attratto da esse: ma soprattutto è attratto dalle azioni dell'adulto per conoscerle e per riprodurle. Ora l'adulto potrebbe avere sotto questo riguardo una specie di missione: quella di essere un ispiratore delle azioni infantili, un libro aperto in cui il bambino legga la guida dei suoi propri movimenti e impari ciò che gli è necessario di apprendere per agire bene. Ma l'adulto, per assumere questo compito, dovrebbe essere sempre calmo e agire *lentamente* affinché l'azione sua sia chiara in tutte le particolarità, per il bambino che l'osserva.

Se l'adulto si abbandona invece, ai suoi ritmi rapidi e possenti, allora, invece di ispirare il bambino, può incidere sé stesso nell'animo del bambino e sostituirsi in lui con la suggestione.

Anche gli oggetti stessi, sensorialmente attraenti, possono avere un potere di suggestione attrattiva, richiamando l'attività del bambino come una calamita. Citerò a questo proposito un interessante esperimento del prof. Levine, illustrato a mezzo delle sue cinematografie psicologiche. Lo scopo è di conoscere il diverso comportamento dei bambini deficienti e dei bambini normali delle nostre scuole (circa alla stessa età e in uguali condizioni esterne) dinanzi ai medesimi oggetti. Un lungo tavolo presenta oggetti svariati, tra cui alcuni dei nostri materiali.

Entra prima un gruppo di bambini: essi si mostrano attratti dagli oggetti, interessati; sono vivaci e sorridenti, sembrano contenti di trovarsi fra tante cose.

Ciascuno prende un materiale e lavora, poi prende un altro materiale e così via, facendo una quantità di esperienze. È un quadro finito.

Entra un secondo gruppo di bambini, che si muovono lentamente, si fermano, guardano, prendono un oggetto appena, si mettono attorno a questo e poi sembrano rimanere inerti. È finito il secondo quadro.

Quale dei due gruppi è di bambini deficienti e quale di bambini normali? I deficienti sono i bambini vivaci, allegri, che si muovono molto, che passano da cosa a cosa, che tutto vogliono sperimentare: essi fanno veramente l'effetto di essere più intelligenti, al pubblico che guarda il film, perché tutti sono abituati a considerare intelligenti i bambini vivaci, allegri, che passano da cosa a cosa.

Invece i bambini normali si vedono muovere in modo calmo, stanno molto fermi, e si fissano sopra un oggetto come se riflettessero. Dunque, la calma, lo scarso e misurato movimento, l'attitudine al pensiero: ecco la figura del bambino normale.

L'esperienza riprodotta sembra contrastante con i concetti generalmente prevalenti, perché nell'ambiente comune i bambini intelligenti agiscono come i deficienti del film. Il bambino normale lento e riflessivo, è un tipo nuovo: ma subito dimostra che i suoi movimenti controllati sono posseduti dall'*io* e condotti secondo la ragione. Essi padroneggiano la suggestione che viene dalle cose e dispongono di queste liberamente. Dunque non è il molto muoversi che ha importanza, ma è il possedere sé stessi. L'importante non è che l'individuo si muova in qualunque modo e in qualunque senso, ma è che sia riuscito a conquistare il suo organo motore. La possibilità di potersi muovere sulla guida del proprio *io* e non sulla pura attrazione delle cose, conduce a rimanere concentrati in una sola cosa, ciò che è un fenomeno di origine interiore.

Quel muoversi delicato e pensativo è il fatto veramente normale: è l'aspetto sintetico di un ordine che si può chiamare disciplina interiore. La disciplina degli atti esterni è la espressione di una disciplina interiore che si è organizzata intorno all'ordine. Quando questo non avviene, allora il movimento esce dalle direttive della personalità che può essere presa dalla volontà altrui, e rimane in preda alle cose esterne, come una barca che va alla deriva.

La volontà esterna difficilmente sa condurre alla disciplina degli atti perché non crea l'organizzazione. Allora si può dire che l'individualità è spezzata. Il bambino ha perduto la opportunità di svolgersi secondo la sua natura, si potrebbe quasi paragonare a un uomo che fosse atterrato con un aerostato in un deserto: e a un tratto vede l'aerostato che se ne va via portato dal vento e lo lascia solo. L'individuo non potrà

far più niente per dirigerlo: e non vede niente intorno a sé per sostituirlo. Così è la figura dell'uomo quale può risultare dalla lotta tra
l'adulto e il bambino: è un'intelligenza oscurata, non sviluppata e lontana dai mezzi dell'espressione, che girano sregolati e sono in preda
agli elementi.

XV - IL MOVIMENTO

È necessario sottolineare l'importanza del movimento nella costruzione della psiche. È stato un grave errore includere il movimento fra le diverse funzioni del corpo, senza distinguere sufficientemente l'essenza di cotesta funzione da tutte le funzioni della vita vegetativa, come la digestione, la respirazione ecc. Praticamente si considera il movimento solo come qualcosa che aiuta il funzionamento normale del corpo, favorendo la respirazione, la digestione e la circolazione.

Ma il movimento, essendo una funzione preponderante e caratteristica del mondo animale, influisce anche sulle funzioni della vita vegetativa. Si tratta, per così dire, d'un carattere anteposto e preposto a tutte le funzioni. Sarebbe tuttavia erroneo considerare il movimento soltanto dal punto di vista fisico. Vediamo per esempio lo sport: esso non ha come conseguenza soltanto il miglioramento della salute fisica, ma infonde anche coraggio e fiducia in sé stessi, eleva la moralità e suscita enorme entusiasmo nelle folle. E questo significa che i suoi risultati psichici sono molto superiori a quelli d'ordine puramente fisico.

Lo sviluppo del bambino caratterizzato dallo sforzo e dall'esercizio individuale non si presenta solo come un semplice fenomeno naturale legato all'età, ma risulta altresì dalle manifestazioni psichiche. È di grande importanza che il bambino possa raccogliere le immagini e mantenerle chiare e ordinate, perché l'*io* edifica la propria intelligenza grazie al vigore delle energie sensitive che la guidano. Attraverso cotesto travaglio interiore e occulto si costruisce la ragione, cioè quello che, in ultima analisi, distingue l'uomo, essere razionale, individuo che, ragionando e giudicando, può volere, e quando vuole si mette in movimento.

Di fronte al bambino l'adulto prende l'atteggiamento di chi attende che la ragione di lui si sviluppi col tempo, cioè con l'età; e poiché egli si rende conto della fatica del bambino, che cresce grazie ai propri sforzi, non gli presta alcun aiuto: attende semplicemente che sorga l'essere razionale per contrapporre la propria ragione a quella del bambino. E soprattutto ostacola la volontà del bambino quando questa si esprime con movimenti. Per comprendere l'essenza del movimento, bisogna considerarlo come l'incarnazione funzionale dell'energia creatrice che porta l'uomo all'altezza della sua specie, animando in lui l'apparato motore, strumento col quale egli agisce nell'ambiente esterno compiendo il suo ciclo personale, la sua missione. Il movimento non è soltanto espressione dell'*io*, ma fattore indispensabile per la costruzione della coscienza, essendo l'unico mezzo tangibile che pone l'*io* in relazioni ben determinate con la realtà esterna. Perciò il movimento è fattore essenziale per la costruzione dell'intelligenza, che si alimenta e vive di acquisizioni ottenute nell'ambiente esteriore. Anche le idee astratte risultano da una maturazione dei contatti con la realtà, e la realtà si coglie per mezzo del movimento. Le idee più astratte come quelle dello spazio e del tempo sono concepite attraverso il movimento. Questo è dunque il fattore che lega lo spirito al mondo; ma l'organo spirituale esegue l'azione in un doppio senso, come concezione interiore e come esecuzione esteriore. L'organo del movimento rappresenta il massimo della complicazione nel genere umano. I muscoli sono così numerosi che non è possibile usarli tutti, sicché si può dire che l'uomo dispone sempre d'una riserva di organi inerti. Infatti, chi, nell'esercizio d'una professione, esegue delicati lavori manuali, pone in funzione e utilizza certi muscoli che invece non vengono affatto utilizzati, per esempio, da un ballerino, e viceversa. Si può dire che la personalità si sviluppa utilizzando solo una parte di sé stessa.

Ma deve esservi un'attività di muscoli sufficiente per mantenersi allo stato normale, funzionante in tutti gli esseri umani; su cotesta base si stabiliranno le infinite possibilità individuali. Ora cotesto quantitativo normale non mantenendosi interamente in azione, ne viene una diminuzione di energia individuale.

Se in noi vi sono muscoli inerti, che normalmente dovrebbero funzionare, ne segue non solo una depressione fisica, ma anche una depressione morale. Per questo la reattività dei movimenti deriva anche sempre da energie spirituali.

Ma ciò che meglio ci fa comprendere l'importanza del movimento è la conoscenza della diretta connessione che vi è fra le funzioni motrici e la volontà. Tutte le funzioni vegetative dell'organismo, benché legate al sistema nervoso, sono indipendenti dalla volontà. Ogni organo ha la propria funzione fissa, che attua costantemente, e le cellule e i tessuti possiedono la struttura adeguata alle funzioni che hanno da compiere, come quei professionisti e operai specializzati a tal punto da essere incapaci di fare qualunque cosa che non rientri nella loro specialità. La differenza fondamentale fra cotesti elementi e le fibre muscolari sta nel fatto che, se pure nelle fibre muscolari le cellule sono atte al loro lavoro specializzato, non funzionano continuamente da sé, ma hanno bisogno d'un ordine per entrare in azione, e senza ordine non agiscono. Si potrebbe paragonarle a soldati che attendono i comandi dei loro superiori gerarchici e che vi si preparano soltanto con disciplina e obbediente diligenza.

Le cellule a cui abbiamo fatto cenno dianzi hanno funzioni determinate, come per esempio quella di secernere latte o saliva, di fissare l'ossigeno, di eliminare le sostanze nocive o di combattere i microrganismi, e tutte insieme, attraverso il loro lavoro perenne, mantengono l'economia organica: così operano nell'organismo sociale le organizzazioni del lavoro. Il loro adattamento a un determinato lavoro è essenziale per il funzionamento del tutto.

Invece la moltitudine delle cellule muscolari dev'essere libera, agile e rapida, per essere sempre pronta a obbedire al comando.

Ma per obbedire è necessario essere preparati, e poiché la preparazione si consegue attraverso il prolungato esercizio, è indispensabile che questo venga compiuto per ottenere la coordinazione fra i vari gruppi che dovranno agire insieme ed eseguire con esattezza le indicazioni del comando.

Questa perfetta organizzazione si fonda su una disciplina che permette che un ordine venuto dal centro giunga a qualunque punto periferico e a ciascun individuo; e in tali condizioni l'organismo nel suo complesso può compiere miracoli.

A che servirebbe la volontà senza il suo strumento?

Appunto per mezzo di questo movimento la volontà si diffonde per tutte le fibre e si realizza. Noi assistiamo agli sforzi che fa il bambino e alle lotte che egli sostiene per raggiungere questa finalità. L'aspirazione, o meglio l'impulso del bambino, tende a perfezionare e dominare l'organo senza del quale egli non sarebbe nulla, cioè sarebbe soltanto una immagine d'uomo, priva di volontà. Non solo non potrebbe in tal caso esteriorizzare i frutti della sua intelligenza, ma questa non darebbe nemmeno i frutti. L'organo della funzione volitiva non è solo uno strumento di esecuzione, ma di costruzione.

Una delle più inattese, e pertanto delle più sorprendenti, manifestazioni dei bambini che agivano liberamente nelle nostre scuole, fu l'amore e l'esattezza con cui essi eseguivano i loro lavori. Nel bimbo che si trova in condizioni di vita libera si manifestano gli atti con cui egli cerca non solo di cogliere le immagini visibili dell'ambiente, ma anche l'amore all'esattezza nell'esecuzione delle azioni. Lo spirito appare allora come sospinto verso l'esistenza e la realizzazione di sé medesimo. Il bambino è uno scopritore: un uomo che nasce da una nebulosa, come un essere indefinito e splendido che cerca la propria forma.

XVI - L'INCOMPRENSIONE

Non avendo l'adulto alcuna nozione circa l'importanza dell'attività motrice del bambino, egli si limitò a impedire tale attività come se questa potesse essere causa di perturbazioni.

Persino agli uomini di scienza e agli educatori era sfuggita la capitale importanza dell'attività nella costruzione dell'uomo. Ma se la stessa parola «animale» porta seco l'idea di «animazione», cioè di attività, e la differenza fra i vegetali e gli animali consiste nel fatto che i primi sono legati al terreno e i secondi possono muoversi, come possono volersi restrizioni nell'attività di moto del bambino?

Dal subcosciente dell'adulto escono espressioni come: «il bambino è una pianta, è un fiore», il che significa «deve star quieto». Si dice pure «è un angelo», ossia un essere che si muove e vola, ma fuori del mondo in cui risiedono gli uomini.

Così si rivela la misteriosa cecità dell'anima umana entro limiti che superano gli stretti confini riconosciuti dalla psicoanalisi in quelle «macchie oculari», che essa qualifica di cecità parziale, esistente nel subconscio dell'umanità.

Questa cecità è estremamente profonda, visto che la scienza, con i suoi precisi metodi, fatti per scoprire l'ignoto, ha sfiorato da vicino, senza riuscire a rivelarla, la più formidabile evidenza della vita umana. Tutti sono d'accordo nel riconoscere l'importanza degli organi dei sensi per la costruzione dell'intelligenza. E poiché nessuno dubita del valore dell'intelligenza è chiaro anche che un sordomuto o un cieco incontreranno invincibili difficoltà nel proprio sviluppo, giacché l'udito e la vista sono le porte dell'intelligenza, son cioè sensi intellettivi. Ed è opinione universale che i sordomuti e i ciechi, a parità di condizioni intrinseche, rimangono inferiori per intelligenza alle persone che possono usare di tutti i sensi. Le sofferenze dei ciechi e dei sordi – anche questo è da tutti riconosciuto – sono di carattere speciale, e per conseguenza compatibili con una perfetta salute. Nessuno potrebbe ammettere l'idea assurda che, privando appositamente il bambino della vista e dell'udito, si riuscirebbe a fargli assorbire più rapidamente la cultura intellettuale e la moralità sociale. Mai potrebbe prevalere il criterio di far ricorso ai ciechi e ai sordi per migliorare la civiltà.

Eppure non è facile rendere comune l'idea che «il movimento ha importanza considerevole per la costruzione intellettuale e morale dell'uomo». Se nell'uomo durante la costruzione di sé medesimo fossero trascurati gli organi dell'attività, il suo sviluppo sarebbe ritardato ed egli rimarrebbe in permanenza in uno stato d'inferiorità più grave di quello causato dall'assenza di uno dei sensi intellettivi.

Il quadro delle sofferenze dell'uomo «prigioniero della carne» è diverso e più drammatico e profondo delle sofferenze del cieco o del sordomuto. Benché i ciechi e i sordi siano privi di alcuni elementi dell'ambiente e quindi di determinati mezzi esteriori di sviluppo, il loro spirito possiede tale energia d'adattamento che, almeno fino a un certo punto, la sensibilità di uno dei loro sensi riesce a supplire alla mancanza d'un altro. Invece il movimento è legato alla personalità stessa, e nulla può sostituirlo. L'uomo che non si muove offende sé stesso, rinuncia alla vita, precipita, in un abisso senza uscita, convertendosi in un condannato perpetuo, come le figure bibliche degli espulsi dal paradiso terrestre, che si avventurano piene di vergogna e di dolore verso le ignote sofferenze d'un mondo sconosciuto.

*
**

Quando si parla di «muscoli», di solito si richiama alla mente l'idea di ciò che è meccanico, di un vero meccanismo di macchina motrice. Così sembra che ci allontaniamo dal concetto che ci siamo fatti dello spirito, come di ciò che è distante dalla materia, e perciò dai meccanismi.

Con l'attribuire al movimento importanza maggiore di quella che si dà ai sensi intellettivi, per lo sviluppo dell'intelligenza e quindi per lo sviluppo intellettuale dell'uomo, sembra si sconvolgano idee fondamentali.

Tuttavia anche negli occhi e nell'udito esistono meccanismi. Nessuno di essi è più perfetto di quella specie di «macchina fotografica, sublimata dalla vita» che costituisce l'occhio. E la costruzione dell'orecchio è un meraviglioso insieme di corde e membrane vibranti che costituisce un *jazz-band* nel quale non manca nemmeno il tamburo.

Quando però parliamo dell'importanza che cotesti stupendi apparati hanno per la costruzione dell'intelligenza umana, non pensiamo a essi come ad apparecchi meccanici: pensiamo all'uso. Attraverso quei mi-

99

rabili apparecchi vitali, l'*io* si mette in relazione col mondo, e li adopera secondo le proprie necessità psichiche. La visione degli spettacoli naturali, del sole nascente, delle meraviglie della natura o del piacere suscitato dalle opere d'arte, le impressioni sonore esterne, le voci meravigliose dell'uomo che parla, la musica, tutte coteste multiple e continue impressioni procurano all'*io* interiore le delizie della vita psichica e l'alimento necessario per la sua conservazione. L'*io* è il vero agente, l'unico arbitro, e colui che fruisce di tali impressioni.

Se non ci fosse l'*io* capace di vedere e di godere, a qual fine servirebbero i meccanismi degli organi dei sensi?

Vedere e udire non ha nessuna importanza, ma, vedendo e udendo, la personalità dell'*io* si forma, si mantiene, gode e si accresce.

Ragionamento analogo si può stabilire per il movimento. Questo dispone di organi meccanici, senza alcun dubbio, benché non si tratti di meccanismi rigidi e fissi, come la membrana del timpano o il cristallino dell'occhio. Il problema fondamentale della vita umana, e quindi dell'educazione, è che l'*io* riesca ad animare e a possedere i propri strumenti motori, per poter obbedire nelle sue azioni a quell'elemento che è superiore alle realtà volgari e alle funzioni della vita vegetativa, «quell'elemento» che in generale è l'istinto, ma che nell'uomo appartiene all'intelligenza, veste dello spirito creatore.

Se non può realizzare coteste condizioni fondamentali, l'*io* si disgrega, come un istinto che vada errando per il mondo, separato da quel corpo che avrebbe dovuto animare.

XVII - INTELLETTO D'AMORE

Tutti i travagli della vita che si svolgono secondo ed entro le proprie leggi e stabiliscono armonia fra gli esseri, acquistano coscienza sotto forma di *amore*. Questo è, possiamo dire, il *controllo* della salvezza e il segno della salute.

Senza dubbio esso non costituisce l'agente motore, ma un riflesso di questo, come le stelle ricevono la luce da un astro maggiore. Il motore è l'istinto, l'impulso creatore della vita. Ma questo, realizzando la creazione, tende a far sentire l'amore, e per questo l'amore colma la coscienza del bambino: e la realizzazione di sé stesso si effettua nel bambino attraverso l'amore.

Può infatti considerarsi come un amore per l'ambiente quell'impulso irresistibile che nel corso dei «periodi sensibili» unisce il bambino alle cose. Non si tratta del concetto che si ha comunemente dell'amore, indicando con tale parola un sentimento emotivo: è un amore d'intelligenza, che vede, osserva, e amando costruisce. Quell'ispirazione che spinge i bambini a osservare si potrebbe chiamare, con un'espressione dantesca, «intelletto d'amore».

La capacità d'osservare in modo vivace e minuzioso quei tratti dell'ambiente che, per noi adulti, già privi d'animazione, sono del tutto insignificanti, è certamente una forma d'amore. Non è forse caratteristica dell'amore la sensibilità che ci fa notare in un essere cose non viste dagli altri, e registrare particolarità che gli altri non sanno apprezzare e scoprire, qualità speciali che sembrano occulte e che solo l'amore può rivelare? L'intelligenza del bambino, poiché egli osserva con amore, e mai con indifferenza, gli rivela l'invisibile. Quest'assorbimento attivo, ardente, minuzioso e costante nell'amore è una caratteristica dell'infanzia.

La vivacità e l'allegria furono considerate dall'adulto una manifestazione di vita intensa e pertanto una caratteristica infantile; non pensava l'adulto all'amore, cioè all'energia spirituale, alla bellezza morale che accompagna la creazione.

L'amore nel bambino è ancora privo di contrasti: egli ama perché assimila, perché la natura gli ordina di far così. Ed egli assorbe ciò che coglie, per farlo parte della sua stessa vita e alimentarne sé stesso.

Nell'ambiente, l'oggetto dell'amore è specialmente l'adulto; da lui il bambino riceve gli oggetti e gli aiuti materiali, e da lui prende, con intenso amore, ciò che gli necessita per la propria formazione. L'adulto è per lui un essere venerabile, dalle cui labbra, come da una fonte inestinguibile, escono le parole che gli serviranno per costruire il linguaggio e gli saranno di guida. Le parole dell'adulto agiscono nel bambino come stimoli soprannaturali.

E l'adulto, con le sue azioni, addita al bambino, uscito dal nulla, come si muovono gli uomini: imitarlo significa per il bambino entrare nella vita, le parole e gli atti dell'adulto lo incantano e lo affascinano fino a penetrare in lui come una suggestione. Perciò il bambino è estremamente sensibile di fronte all'adulto, fino a permettere che l'adulto viva e agisca in lui stesso. L'episodio del bambino che aveva messo le scarpe sulla coperta significa obbedienza e suggestione. Quel che l'adulto gli dice rimane inciso nella sua mente come se uno scalpello l'avesse impresso nel marmo. Ricordate l'esempio di quella bimba la cui madre aveva ricevuto un pacco con la stoffa e la trombetta. Pertanto l'adulto dovrebbe valutare e pesare tutte le parole che pronuncia davanti ai bambini, perché essi hanno sete d'imparare e di accumulare amore.

Di fronte all'adulto il bambino è disposto all'obbedienza fino alle radici dello spirito. Ma quando l'adulto gli chiede che egli rinunci, in favor suo, al comando del motore che sospinge la creatura secondo norme e leggi inalterabili, il bambino non può obbedire. Sarebbe come pretendere di fargli interrompere lo spuntare dei denti nel periodo della dentizione. I capricci e le disobbedienze del bambino non sono altro che aspetti d'un conflitto vitale fra l'impulso creatore e l'amore verso l'adulto, il quale non lo comprende. Quando, invece di trovare obbedienza, insorge un capriccio, l'adulto deve pensare sempre a cotesto conflitto e individuarvi la difesa d'un gesto vitale necessario allo sviluppo del bambino.

È necessario riflettere che il bambino desidera obbedire e che ama. Il bambino ama l'adulto sopra ogni cosa, mentre al contrario si è soliti dire: «Quanto è amato il bambino dai genitori!». Si dice anche dei maestri: «Quanto sono amati i bambini dai maestri!». Si sostiene che bisogna insegnare ai bambini ad amare, ad amare la madre, il padre, i maestri, tutti gli uomini, gli animali, le piante, tutte le cose.

Ma chi insegna loro tutto ciò? Chi sarà maestro d'amore? Sarà forse colui che chiama capricci tutte le manifestazioni infantili e che pensa a difendersi dal bambino e a difendere tutto quello che gli appartiene? Costui non può essere maestro d'amore, poiché non possiede quella sensibilità che abbiamo chiamata «intelletto d'amore».

Chi realmente ama è invece il bambino, che desidera sentire l'adulto accanto a sé e che si compiace di attirare l'attenzione di lui sopra sé stesso: «Guardami, stammi vicino».

La sera, quando va a letto, chiama la persona che ama e vorrebbe che non lo lasciasse. E quando noi andiamo a mangiare, il lattante vorrebbe venir con noi, non già per mangiare anche lui, ma per guardarci, per starci vicino. L'adulto passa accanto a questo mistico amore senza riconoscerlo: ma badate, quel piccino che vi ama crescerà e scomparirà. Chi vi amerà come lui? Chi vi chiamerà andando a letto, dicendo affettuosamente: «Stai qui con me», anziché dire con indifferenza: «Buonanotte»? Chi desidererà altrettanto ardentemente starci vicino mentre mangiamo, soltanto per guardarci? Noi ci difendiamo da quell'amore – e non ne troveremo mai un altro uguale! – e diciamo inquieti: «Non ho tempo, non posso, ho da fare!», mentre in fondo pensiamo: «Bisogna correggerli, i bambini, se no si finisce per essere loro schiavi». Desideriamo liberarci di lui per fare quel che ci piace, per non rinunciare ai nostri comodi.

Un terribile capriccio del bambino consiste nell'andare la mattina a svegliare papà e mamma; e la *nurse* dovrebbe evitare assolutamente questo misfatto, quasi essa fosse l'angelo custode del sonno mattutino dei genitori.

Ma che cos'è, se non amore, quello che spinge il bambino appena alzato ad andare a cercare i genitori?

Quando il bimbo salta dal letto, presto, al sorgere del sole, come devono fare gli esseri puri, va in cerca dei genitori che dormono ancora come per dir loro: «Imparate a vivere santamente, è già chiaro, è mattina!». Egli non va da loro per fare il pedagogo: accorre solo per rivedere gli esseri che ama.

La stanza, forse, è ancora buia, ben chiusa, perché non dia fastidio la chiarità del giorno. Il bambino si fa avanti vacillante, col cuore oppresso dalla paura del buio, ma supera ogni timore e va a toccare dolcemente i genitori. Il padre e la madre brontolano: «Ma non ti si è detto tante volte che non devi venire la mattina presto a svegliarci?...» «Non vi ho svegliati – replica, – vi volevo dare un bacio!»

Come dicesse: «Non volevo svegliarvi materialmente, volevo chiamare il vostro spirito».

Sì, l'amore del bambino ha immensa importanza per noi. Il padre e la madre dormono tutta la vita, tendono a addormentarsi sopra tutte le cose, e hanno bisogno di un nuovo essere che li svegli e li rianimi con l'energia fresca e viva che in essi non esiste già più: un essere che si comporti diversamente da loro, e dica loro ogni mattina: «Alzatevi per un'altra vita, imparate a vivere meglio».

Sì, vivere meglio: sentire il soffio dell'amore.

Senza il bambino che l'aiuta a rinnovarsi, l'uomo degenererebbe. Se l'adulto non cerca di rinnovarsi, una dura corazza si va formando attorno al suo spirito e finisce col renderlo insensibile: e in questo insensato modo il suo cuore si perderà! Questo ci fa pensare alle parole del giudizio finale, quando Cristo, rivolgendosi ai dannati, a coloro che mai hanno utilizzato i mezzi di rinascita incontrati durante la vita, li maledice:

«Andate, maledetti, perché m'incontraste malato e non mi curaste!».

Ed essi rispondono:

«Ma quando mai, Signore, t'incontrammo malato?»

«Tutte le volte che incontraste un povero, un malato, ero io. Andate, maledetti, perché mi trovavo in carcere e non mi visitaste.»

«Oh, Signore, quando mai ti trovasti in carcere?»

«In ogni carcerato ero io.»

La drammatica pagina del Vangelo sta a significare che l'adulto deve consolare il Cristo nascosto in ogni povero, in ogni condannato, in ogni sofferente. Ma se la meravigliosa scena evangelica si applicasse al caso del bambino, vedremmo che Cristo aiuta tutti gli uomini sotto le sembianze del bambino.

«Io t'ho amato, son venuto a svegliarti la mattina, e tu mi respingesti.»

«Ma quando mai, o Signore, sei venuto a casa mia la mattina, a svegliarmi, e io ti respinsi?»

«Il figlio delle tue viscere che venne a chiamarti, ero io. Colui che ti pregava di non lasciarlo, ero io!»

Insensati! Era il Messia che veniva a svegliarci e a insegnarci l'amore! E noi pensavamo che si trattasse d'un capriccio infantile e così perdemmo il nostro cuore!

XVIII - L'EDUCAZIONE DEL BAMBINO

Bisogna affrontare questa realtà impressionante: il bambino ha una vita psichica che passò inavvertita nelle sue delicate apparizioni, e l'adulto poté inconsciamente cancellarne i disegni.

L'ambiente dell'adulto non è ambiente di vita per il bambino, ma è piuttosto un cumulo di ostacoli tra i quali egli sviluppa difese, adattamenti deformanti, dove resta vittima di suggestioni. È da questa realtà esteriore che fu studiata la psicologia del bambino e ne furono giudicati i caratteri, per farne base dell'educazione. La psicologia infantile deve essere dunque riesaminata radicalmente. Da quanto abbiamo visto, sotto a ogni risposta sorprendente del bambino, c'è un enigma da decifrare: e ogni suo capriccio è l'impressione esteriore di una causa profonda, che non si può più interpretare come urto superficiale, difensivo contro un ambiente inadatto: ma come l'esponente di un carattere superiore, essenziale che cerca di manifestarsi. È come se una tempesta, una tormenta impedisse all'anima del bambino di uscire dal suo ricovero nascosto e di mostrarsi al di fuori.

È evidente che tutti quegli episodi mascheranti all'esterno l'anima nascosta nei suoi singoli sforzi di realizzare la vita, quei capricci, quelle lotte, quelle deformazioni, non possono dare l'idea di una personalità. Sono soltanto una somma di caratteri. Deve però esserci una personalità, se quell'embrione spirituale che è il bambino segue un disegno costruttivo nel suo svolgimento psichico. Cè un uomo nascosto, un bambino sconosciuto, un essere vivo sequestrato che bisogna liberare.

Questo è il primo compito urgente dell'educazione e liberare in questo senso è conoscere: anzi è scoprire l'ignoto.

Se una differenza essenziale esiste tra le ricerche psicoanalitiche e questa psicologia del bambino ignoto, essa consiste primitivamente in ciò: che il segreto del subconscio dell'adulto è qualche cosa che rimane represso dall'individuo stesso. E bisogna rivolgersi all'individuo per aiutarlo a sbrogliare una matassa sepolta sotto adattamenti complessi e duri, sotto simboli e travisamenti organizzati durante una lunga vita. Invece il segreto del bambino è appena nascosto dall'ambiente. Ed è sull'ambiente che bisogna agire per liberare le manifestazioni infantili: il bambino si trova in un periodo di creazione e di espansione e basta solo aprirgli la porta. Infatti ciò che si sta creando, ciò che dal non essere passa all'esistenza e che da potenziale si fa attuale, sul momento di uscire dal nulla non può avere complicazioni; e se si tratta di un'energia espansiva, non vi è difficoltà al suo manifestarsi.

Così preparando l'ambiente aperto, l'ambiente adatto al momento vitale, deve venire spontanea la manifestazione psichica naturale e perciò la rivelazione del segreto del bambino. Senza questo principio è evidente che tutti gli sforzi della educazione possono inoltrarsi in un labirinto senza uscita.

Ecco la vera educazione nuova: andare prima alla scoperta del bambino e realizzare la sua liberazione; in questo consiste si può dire il problema dell'esistenza: prima esistere. Poi deve seguire l'altro capitolo lungo come la durata dell'evoluzione verso lo stato adulto, che è il problema dell'aiuto che si deve offrire al bambino.

Tutte e due queste pagine però hanno come fondamento l'ambiente che facilita l'espansione dell'essere in via di sviluppo in quanto che gli ostacoli vi sono ridotti al minimo possibile: è l'ambiente che accoglie le energie, perché offre i mezzi necessari a svolgere le attività che da esse derivano. Ora dell'ambiente fa parte anche l'adulto: l'adulto deve adattarsi ai bisogni del bambino e renderlo indipendente per non essergli di ostacolo e per non sostituirsi a lui nelle attività attraverso le quali avviene la sua maturazione.

Il nostro metodo di educazione del bambino è caratterizzato appunto dall'importanza centrale che in esso si dà all'ambiente.

Anche la figura nuova del nostro maestro ha suscitato interesse e discussioni: il maestro passivo, che toglie innanzi al bambino l'ostacolo della propria attività, della propria autorità, affinché si faccia attivo il bambino; e che è soddisfatto quando lo vede agire da solo e progredire senza attribuirne a sé stesso il merito. Deve ispirarsi ai sentimenti di san Giovanni Battista: «Conviene ch'egli cresca e che io diminuisca». È noto anche uno degli altri principi caratteristici di questo metodo: il rispetto alla personalità infantile, condotto a un estremo non mai raggiunto sinora.

Questi tre punti essenziali si sono svolti in istituzioni educative particolari che ebbero in principio il nome di «Case dei Bambini», appellativo che ricorda il concetto dell'ambiente familiare.

Chi ha seguito questo movimento educativo sa che fu ed è tuttora discusso. Ciò che più ha suscitato discussione è quel capovolgimento tra adulto e bambino: il maestro senza cattedra, senza autorità e quasi senza insegnamento, e il bambino fatto centro dell'attività, che impara da solo, che è libero nella scelta delle sue occupazioni e dei suoi movimenti. Quando non è sembrato una utopia, è apparso una esagerazione.

Invece l'altro concetto dell'ambiente materiale adatto alle proporzioni del corpo del bambino fu accolto con simpatia. Quelle stanze chiare e luminose, con finestrette basse, coperte di fiori, coi mobili piccolini, di ogni forma, proprio come l'ammobiliamento di una casa moderna: i piccoli tavolini, le poltroncine, le tende graziose, le credenze basse alla portata della mano dei bambini, che vi dispongono gli oggetti e vi prendono ciò che desiderano, tutto ciò è sembrato veramente un miglioramento di pratica importanza nella vita del bambino. E credo che la maggior parte delle Case dei Bambini conservi appunto questo carattere esterno come cosa principale.

Oggi, dopo un lungo lavorio di ricerche e di esperienze, sentiamo il bisogno di riprendere l'argomento e di farlo conoscere specialmente nelle sue origini.

Sarebbe un grande errore credere che l'osservazione eventuale di bambini abbia fatto sorgere una idea così ardita come quella di supporre una natura occulta nel bambino; e che da tale intuizione sia poi venuto il concetto di una scuola speciale e di uno speciale metodo di educazione. Non è possibile osservare ciò che è sconosciuto e non è possibile che una persona per una vaga intuizione, immagini che il bambino possa avere due nature e dica: «Adesso cercherò con un esperimento di dimostrarlo». Il nuovo deve uscir fuori, si può dire, per propria energia: spesso non è cieco più incredulo di colui al quale esso si rivela. Esso respinge il nuovo proprio come fa il resto del mondo e occorre che questo «nuovo» si presenti con tenace insistenza prima di essere finalmente visto, riconosciuto e accolto con veemenza. Ma con quale veemenza l'individuo che è stato colpito accoglie la luce nuova, la trattiene, se ne incanta, vi consacra la vita! E con tale entusiasmo da far pensare di averla creata egli stesso, mentre non ha fatto altro che essere sensibile alle sue manifestazioni. Allora si giungerà al punto di *riconoscere* e fare ciò che descrive il Vangelo: «Il regno dei Cieli è simile a un mercante che va in cerca di belle perle. Se ne trova una di gran pregio, va, vende quanto ha e la compra». Il punto più difficile per noi è accorgersi, poi persuadersi della cosa nuova. Perché, appunto, verso il nuovo si chiudono le porte della nostra percezione.

Il campo mentale è come un salone aristocratico, chiuso agli sconosciuti: per entrare lì dentro bisogna essere presentati da qualcheduno che è conosciuto: «andare dal noto all'ignoto». Il *nuovo* invece deve abbattere la porta chiusa ovvero entrare di soppiatto. Allora questo nuovo produce là dentro una sorpresa, uno sconvolgimento. Non sarà stato senza emozione e incredulità che Volta avrà visto la rana morta e decorticata agitarsi: ma pure trattenne il fatto e isolò l'elettricità. Basta un fatto minimo talvolta per aprire orizzonti illimitati, perché, appunto, l'uomo è per sua natura un cercatore, un esploratore: ma senza che uno di questi fatti minimi sia scoperto e accolto, non è possibile avanzare.

Nel campo della fisica e della medicina si acquistano severe nozioni su ciò che sia un fenomeno nuovo. Fenomeno nuovo è una scoperta iniziale di fatti sconosciuti e perciò insospettati, cioè come non esistenti. Un fatto è sempre oggettivo e perciò non dipende da una intuizione. Quando si tratta di dimostrare l'esistenza di un fatto nuovo, occorre dimostrare che esso esiste in sé, cioè occorre isolarlo. Poi viene un secondo tempo: è quello di studiare le condizioni in cui il fenomeno si manifesta; risolto questo fondamentale problema allora si può studiarlo, cioè cominciare le ricerche. La ricerca deve avere un'anticamera: è l'apparizione. Ora c'è una forma di studi che sono rivolti esclusivamente a riprodurre, trattenere, possedere un fenomeno affinché non dilegui come una visione: ma diventi una realtà, un possesso tangibile e perciò un valore reale.

La prima Casa dei Bambini offre l'esempio di una scoperta iniziale che da fatti minimi aprì vie illimitate.

Le origini del nostro metodo

Certi miei appunti, trovati fra vecchie carte, descrivono nel modo che segue le origini del nostro metodo.

Chi siete voi?

Era il 6 gennaio 1906 quando si inaugurò la prima scuola di piccoli bambini normali da tre a sei anni, non posso dire col mio metodo, perché esso non esisteva ancora, ma vi doveva nascere in breve tempo. In quel giorno però non c'era altro che una cinquantina di bimbetti poverissimi, rozzi e timidi nell'aspetto, molti piangenti; quasi tutti figli di analfabeti, i quali erano affidati alle mie cure.

Il progetto iniziale era stato di riunire i figli piccoli degli operai di un casamento popolare, affinché non rimanessero abbandonati per le scale e non insudiciassero i muri e non creassero il disordine. Per questo fu data nel casamento stesso una stanza di ricovero, un asilo. E io fui chiamata a prendere cura di questa istituzione che «poteva avere un buon avvenire».

Sentii per una indefinibile impressione che un'opera grandiosa sarebbe nata.

Le parole della Liturgia che si leggevano in chiesa proprio quel giorno dell'Epifania, sembravano un augurio e una profezia: «La terra era tutta ricoperta di squallore, quando apparve la stella dell'Oriente, lo splendore della quale guidava la moltitudine».

Tutti gli intervenuti all'inaugurazione rimasero meravigliati, dicendo fra sé: Ma perché la Montessori esagera tanto l'importanza di un asilo per i poveri?

Io cominciai la mia opera come un contadino che avesse a parte una buona semente di grano e al quale fosse stato offerto un campo di terra feconda per seminarvi liberamente. Ma non fu così; appena mossi le zolle di quella terra, io trovai oro invece che grano: le zolle nascondevano un prezioso tesoro. Io non ero il contadino che credevo di essere: io ero piuttosto come Aladino che aveva tra le mani, senza saperlo, una chiave capace di aprire tesori nascosti.

Infatti la mia azione sui bambini normali mi portò una serie di sorprese.

È logico intendere che quei mezzi i quali avevano prodotto nei deficienti un grande risultato educativo potessero costituire una vera chiave per aiutare lo sviluppo dei bambini normali e che tutti i mezzi che avevano avuto un successo nel fortificare le menti deboli, e nel raddrizzare le intelligenze false, contenessero i principî di una igiene dell'intelligenza, ottima per aiutare le menti normali a crescere forti e dritte. Tutto ciò non ha nulla di meraviglioso e la teoria educativa che ne è poi uscita è quanto di più positivo e scientifico si possa costruire per persuadere le menti equilibrate e prudenti. Ma ciò non toglie che i primi risultati mi gettarono nella più gran meraviglia e spesso nella incredulità.

Quegli oggetti che presentavo ai bambini normali non avevano su loro

lo stesso effetto che avevano avuto sui deficienti. Il bambino normale attratto dall'oggetto vi fissava intensamente tutta la sua attenzione, e continuava a lavorare e a lavorare senza posa, in una concentrazione meravigliosa. E dopo aver lavorato, *allora* appariva soddisfatto, riposato e felice. Il riposo era ciò che si leggeva su quei piccoli visi sereni, in quegli occhi di bambino brillanti di contentezza, dopo che era stato compito un lavoro spontaneo. Era come se quegli oggetti fossero la chiavetta che serve a caricare un orologio; dopo la carica di un momento, l'orologio continuava a camminare da sé: ma qui il bambino dopo aver lavorato, era più forte, più sano mentalmente di prima. Ci volle del tempo perché io mi persuadessi che questa non era una illusione. A ogni nuova esperienza che mi provava una tale verità, rimanevo lungamente incredula, e nel tempo stesso colpita, commossa e trepidante. Quante volte mi accadde di rimproverare la maestra quando mi riferiva quel che facevano i piccoli! «Non venga a raccontarmi queste fantasie», le dicevo severamente; e ricordo che essa, senza offendersi e commossa fino alle lagrime, mi rispondeva: «Ha ragione. Quando vedo codeste cose penso che sono gli angeli che ispirano i bambini».
E un giorno finalmente, con grande emozione e mettendomi una mano sul cuore per animarlo nella sua fede, e pensando con grande rispetto a quei bambini, dissi fra me: *Chi siete?* Avevo forse incontrato quei piccoli che Cristo si prese in braccio e che gli ispirarono le divine parole: «Chiunque riceve in nome mio uno di questi fanciulli riceve me»; «Se non diventerete come i piccoli, non entrerete nel regno dei Cieli».

***

Fu così che il caso me li fece incontrare. Erano bambini piangenti, paurosi; tanto timidi che non si riusciva a farli parlare: il loro viso era senza espressione: gli occhi smarriti come se non avessero mai visto nulla nella vita. Erano infatti poveri bambini abbandonati, cresciuti in case smantellate e buie, senza uno stimolo psichico, senza nessuna cura. Agli occhi di tutti apparivano denutriti, non c'era bisogno di essere medico per riconoscere che avevano necessità urgente di nutrizione, di vita all'aria aperta e al sole. Fiori chiusi, ma senza la freschezza dei bocciuoli, anime nascoste dentro a un involucro serrato. Quali furono dunque le condizioni che permisero la trasformazione impressionante di questi bambini, *anzi l'apparizione di nuovi bambini,* la cui anima si manifestò con uno splendore tale che diffuse la sua luce tutto attorno nel mondo intero?

Dovevano essere condizioni singolarmente favorevoli, per realizzare «la liberazione dell'anima del bambino». Dovevano essere stati allontanati da loro tutti gli ostacoli repressivi. Ma chi avrebbe mai supposto quali erano questi ostacoli repressivi? E quali erano invece le circostanze favorevoli o meglio necessarie per far affiorare all'esterno un'anima sepolta? Molte di esse, sarebbero sembrate opposte e negative, rispetto a uno scopo così elevato.

Cominciamo dalle condizioni delle famiglie dei bambini. Essi appartenevano alla più bassa condizione sociale, perché non erano dei veri operai, ma gente che cercava di giorno in giorno un'occupazione provvisoria, e quindi non potevano occuparsi dei loro bambini. Quasi tutti i genitori erano analfabeti.

Non essendo possibile di trovare una vera maestra per un posto senza avvenire, fu presa una persona che per quanto avesse cominciato gli studi di maestra nel passato, lavorava da operaia e quindi non aveva nessuna preparazione o pregiudizio che sarebbe stato indubbiamente attivo in qualsiasi insegnante. La condizione specialissima era data dal fatto che questa istituzione privata non era una vera opera sociale perché era fondata da una società edilizia, la quale doveva far ricavare il mantenimento della scuola come spesa indiretta di manutenzione di locale. I bambini erano raccolti affinché le mura della casa rimanessero intatte e il casamento non avesse bisogno di frequenti rinnovamenti. Non si poteva pensare a opere di beneficenza, come cure mediche ai bimbi malati e cibi gratuiti alla popolazione scolastica. Le sole spese possibili erano quelle ordinarie di un ufficio; cioè mobilio e oggetti supplementari. Per questa ragione si cominciò a fabbricare dei mobili anziché prendere dei banchi per le scuole. Senza queste circostanze singolarissime non sarebbe stato possibile di isolare il fattore puramente psicologico e dimostrare la sua influenza sulle trasformazioni dei bambini. La Casa dei Bambini non era dunque una vera scuola, ma una specie di macchina misuratrice che per l'inizio di un lavoro fosse stata messa a zero. Fu così che, non potendo figurare nell'ambiente dei bambini né banchi scolastici, né cattedra, né simili arredi in uso nelle scuole, fu fabbricato un mobilio apposito come se fosse un mobilio di un ufficio o di una casa. Insieme feci fabbricare un materiale scientifico esatto come quello che avevo già usato in un istituto di deficienti e di cui nessuno aveva pensato che se ne potesse fare un materiale scolastico.

Non è da credere che «l'ambiente» della prima Casa dei Bambini fosse grazioso e leggero come quello oggi conosciuto. I mobili più imponenti erano una robusta tavola per la maestra, troneggiante pressappoco come una cattedra, e una immensa credenza alta e massiccia dove poter collocare ogni specie di oggetti: i suoi solidi sportelloni erano chiusi da chiavi che rimanevano nelle mani della maestra. I tavoli destinati ai bambini poi erano stati costruiti col criterio della solidità e della durata, erano così lunghi che tre bambini sedevano in fila ed erano posti l'uno dietro l'altro come si usava fare coi banchi di una scuola. Sola cosa nuova erano piccole sedie e poltroncine molto semplici: una per ogni bambino. Mancavano là persino i fiori che sono poi diventati una caratteristica delle nostre scuole: perché nel cortile, coltivato a giardino, non c'erano altro che piccoli prati e alberi. Tale nell'insieme, la scuola non poteva darmi la lusinga di fare qualche esperimento di importanza: tuttavia mi impegnai a tentare una educazione dei sensi scientifica, per saggiare eventuali differenze di reazioni tra i bambini normali e i bambini deficienti; e soprattutto per cercare una corrispondenza che intravvedevo interessante, tra le reazioni di bambini normali più giovani e di bambini deficienti di maggiore età.

Non feci nessuna restrizione alla maestra e non le imposi degli obblighi speciali; soltanto le insegnai a usare qualcuno dei materiali sensoriali, perché potesse presentarli esattamente ai bambini. E questo le sembrò facile e interessante e non le impedì le sue proprie iniziative.

Infatti dopo poco tempo trovai che essa stessa si era fabbricati altri materiali: erano croci dorate con ornamenti di carta che secondo lei sarebbero servite a premiare i bambini più bravi. E infatti trovavo spesso qualcuno col petto adorno di quegli innocui pendagli. Essa aveva anche presa l'iniziativa di insegnare a tutti il saluto militare, con la mano sulla fronte, benché l'allievo maggiore avesse cinque anni di età: ma questo sembrava darle soddisfazione e io trovavo la cosa tanto buffa quanto innocua.

Così fu impostata la nostra vita di pace e di isolamento.

Per molto tempo nessuno si accorse di noi. Vorrei riassumere i principali avvenimenti di questa epoca, benché si tratti di cose minime, degne di quei raccontini da bambini che cominciano: «C'era una volta...» anziché fatti da esporre solennemente. E anche i miei interventi furono così semplici e veramente puerili che nessuno avrebbe potuto considerarli da un punto di vista scientifico. Tuttavia una descrizione regolare importerebbe un volume di osservazioni o meglio di scoperte psicologiche.

XIX - LA RIPETIZIONE DELL'ESERCIZIO

Il primo fenomeno che richiamò la mia attenzione fu quello di una bambina di forse tre anni, che si esercitava a infilare e sfilare i cilindretti degli incastri solidi, che si maneggiano analogamente ai turaccioli delle bottiglie, che però sono cilindri di grossezza graduata, a ciascuno dei quali spetta un determinato collocamento. Fui sorpresa di vedere una bambina così piccola ripetere più e più volte un esercizio con profondo interesse. Non si palesava nessun progresso di rapidità e di abilità nell'esecuzione: era una specie di moto perpetuo. E io, per abitudine all'esame, cominciai a contare gli esercizi, poi volli provare a qual punto poteva resistere la strana concentrazione che mi si rivelava: e dissi alla maestra di far cantare e muovere tutti gli altri bambini. Ciò che infatti avvenne, senza che la bambina si scomponesse affatto nel suo lavoro. Allora presi delicatamente la poltroncina ove la bimba era seduta e, con essa dentro, misi il tutto sopra un tavolino. Con mossa rapida la piccolina aveva afferrato il suo oggetto e mettendoselo sulle ginocchia, continuò il medesimo lavoro. Da quando avevo cominciato a contare, la bambina aveva ripetuto l'esercizio quarantadue volte. Si fermò come uscendo da un sogno e sorrise come una persona felice: i suoi occhi lucenti, brillavano, guardando tutto attorno. Sembrava che non si fosse accorta nemmeno di tutte quelle manovre che non erano riuscite a disturbarla. E adesso, senza nessuna causa esterna, ecco che quel lavoro era finito. Che cosa era finito, e perché?

Questo fu il primo pertugio che si aprì dal profondo inesplorato dell'anima infantile. Quella era pure una bimbetta piccolina: di quell'età ove l'attenzione è instabile, inafferrabile, e passa da cosa a cosa senza potersi fermare. Eppure era avvenuto un fatto di concentrazione dove l'*io* si era sottratto a tutti gli stimoli esterni. Quella concentrazione era accompagnata da un movimento ritmico della mano, attorno a un oggetto esatto, graduato scientificamente.

Simili fatti si ripeterono. E ogni volta i bambini ne uscivano come persone riposate, piene di vita, con l'aspetto di chi ha provato una grande gioia.

Benché questi fatti di concentrazione, tali da rendere quasi insensibili al mondo esterno, non fossero usuali, notai però una strana maniera di comportarsi, che era comune a tutti e pressoché costante in ogni azione, ed è quel carattere proprio del lavoro infantile, che chiamai più tardi la ripetizione dell'esercizio.

Vedevo lavorare quelle manine sudice e un giorno pensai di insegnare ai bambini una cosa utile: a lavarsi le mani. Osservai che i bambini dopo che già avevano ottenuto le mani pulite, ancora continuavano a lavarsi. Uscivano di scuola e andavano a lavarsi le mani. Alcune madri raccontarono che i bambini la mattina erano scomparsi da casa e li avevano ritrovati in lavanderia dove stavano a lavarsi le mani: erano superbi di mostrare a tutti le loro mani pulite, tanto che una volta furono scambiati per mendicanti che stendessero la mano. L'esercizio si ripeteva e si ripeteva senza più alcuno scopo esterno. Lo stesso avvenne in molte altre occasioni: e più un esercizio era insegnato con esattezza di particolari nell'esecuzione e più sembrava diventare stimolo a una ripetizione inesauribile.

Un'altra osservazione rivelò la prima volta un fatto molto semplice. I bambini usavano il materiale, ma era la maestra che lo distribuiva e poi lo rimetteva a posto. Essa mi raccontò che quando faceva questa distribuzione i bambini si alzavano e si avvicinavano a lei: per quante volte li rimandasse al posto essi le ritornavano vicino. La maestra aveva concluso che i bambini erano disubbidienti.

Osservandoli capii il loro desiderio di rimettere a posto gli oggetti e li lasciai liberi di farlo. In questo modo sorse una specie di vita nuova: mettere in ordine gli oggetti, riparare a ogni disordine eventuale era una attrattiva vivissima. Se un bicchiere d'acqua cadeva dalle mani di un bambino, altri accorrevano a raccogliere i vetri e ad asciugare il pavimento.

Ma un giorno cadde di mano alla maestra la scatola che conteneva circa 80 tavolette di diversi colori graduati: ricordo il suo imbarazzo perché era difficile riconoscere tante gradazioni di colori: ma ecco che i bambini accorsero e con nostro grande stupore misero a posto rapidamente tutte le gradazioni, mostrando una meravigliosa sensibilità ai colori, superiore alla nostra.

La maestra andò un giorno a scuola un po' in ritardo e aveva dimenticato di chiudere la credenza. Trovò che molti bambini l'avevano aperta e vi stavano aggruppati attorno. Qualcuno prendeva poi gli oggetti e li portava via. La maestra giudicò questo procedere come un istinto al furto. I bambini che rubano, che mancano di rispetto alla scuola e alla maestra, dimostravano, secondo lei, il bisogno di severità e di educazione morale. Io credetti di interpretare che i bambini ormai conoscevano così bene gli oggetti che potevano sceglierli da sé. E così fu.

Si iniziò così una attività vivace e interessante: i bambini avevano dei desideri particolari e sceglievano le loro occupazioni. Da allora vennero adottate le credenze basse dove il materiale è posto a disposizione dei bambini che lo scelgono secondo i loro bisogni interiori. E così il principio della libera scelta, accompagnò quello della ripetizione dell'esercizio.

È dalla libera scelta che si sono potute fare delle osservazioni sulle tendenze e sui bisogni psichici dei bambini.

Fu una delle prime conseguenze interessanti vedere che i bambini non sceglievano tutto quel materiale scientifico che avevo fatto preparare, ma soltanto alcuni oggetti di esso. Andavano a scegliere pressappoco le stesse cose: alcune poi, con prevalenza evidente. Altri oggetti invece rimanevano abbandonati e si coprivano di polvere.

Io li presentavo tutti, li facevo offrire dalla maestra che spiegava il loro uso; ma i bambini non li riprendevano spontaneamente.

Allora compresi che nell'ambiente del bambino *tutto deve essere misurato* oltreché ordinato, e che dall'eliminazione di confusione e di superfluità nascono appunto l'interesse e la concentrazione.

XXI - I GIOCATTOLI

Benché ci fossero nella scuola a disposizione dei bambini dei giocattoli veramente splendidi nessun bimbo se ne curava. Questo mi sorprese talmente che volli io stessa intervenire e usare i giocattoli con loro, insegnando a maneggiare il piccolo vasellame, accendendo il fuoco nella piccola cucina da bambola, collocando vicino una bella bambola. I bambini si interessavano un momento, ma poi si allontanavano e non ne facevano mai oggetto della loro scelta spontanea. Allora capii che il giuoco era forse qualche cosa di inferiore per la vita del bambino e che egli vi ricorreva in mancanza di meglio, ma v'era qualcosa di più elevato che nell'animo del bambino prevaleva senza dubbio su tutte le cose futili. Così si potrebbe pensare di noi: giocare a scacchi o a bridge è una cosa piacevole nei momenti di ozio, ma non lo sarebbe più se dovessimo essere obbligati a non fare altro nella vita. Quando si ha un'occupazione elevata e urgente, si dimentica il bridge; e il bambino ha sempre cose alte innanzi a sé, e urgenti.

Perché ogni minuto che trascorre è prezioso per lui, rappresentando un passaggio da un grado inferiore a uno superiore. Infatti il bambino cresce di continuo, e tutto quanto si riferisce ai mezzi di sviluppo è per lui affascinante e lo fa indifferente all'attività oziosa.

XXII - PREMI E CASTIGHI

Una volta entrai nella scuola e vidi un bambino seduto in una poltroncina in mezzo alla stanza, tutto solo e senza far niente. E portava sul petto la pomposa decorazione della maestra. Questa mi raccontò che il bambino era in castigo. Ma poco prima aveva premiato un altro bambino, mettendogli sul petto la decorazione. Questi però, passando accanto al castigato l'aveva passata a lui, quasi che fosse una cosa inutile e ingombrante per chi vuol lavorare.

Il castigato contemplava con indifferenza quel pendaglio, e si guardava intorno tranquillo, cioè senza affatto sentire il castigo. Questo primo fatto dissolveva già nel nulla i premi e i castighi; ma invece volemmo osservare più a lungo, e dopo una larghissima esperienza trovammo ripetuto il fatto in modo così costante, che la maestra finì per sentire una specie di vergogna tanto di premiare come di castigare quei bambini che rimanevano parimenti indifferenti al premio come al castigo.

E allora i premi e i castighi non furono più dati. Ciò che sorprese di più fu il frequente rifiuto del premio.

C'era un risveglio della coscienza, un senso della dignità che non esistevano prima.

XXIII - IL SILENZIO

Un giorno entrai in classe tenendo in braccio una bambina piccola di quattro mesi, che avevo preso dalle mani della mamma nel cortile. La piccina era tutta stretta dalle fasce secondo l'uso del popolo: il suo visetto era paffuto e roseo ed essa non piangeva. Mi fece una grande impressione il silenzio di questa creatura e volli partecipare ai bambini il mio sentimento. «Ella non fa nessun rumore – dissi, e per scherzare soggiunsi – nessuno di voi saprebbe fare altrettanto». Vidi con stupore una tensione intensa dei bambini che mi guardavano. Sembrava che pendessero dalle mie labbra e sentissero profondamente ciò che dicevo. «Ma il suo respiro, continuai, com'è delicato! Nessuno potrebbe respirare come lei senza far rumore». I bambini, sorpresi e immobili, trattenevano il respiro. In quel momento si sentì un silenzio impressionante: cominciò a diventare sensibile il tic tac dell'orologio che generalmente non si sentiva. Sembrava che la bambina avesse portato dentro un'atmosfera di silenzio che non esiste mai nella vita ordinaria.
Nessuno faceva il più impercettibile movimento. Di lì venne il desiderio di risentire quel silenzio e perciò di produrlo. I bambini vi si prestavano tutti: non si potrebbe dire con entusiasmo, perché l'entusiasmo ha in sé qualche cosa di impulsivo che si manifesta dal di fuori. Quella invece era la manifestazione di una corrispondenza che veniva da un desiderio profondo. Concordemente i bambini si mettevano immobili, controllando persino il respiro, e rimanevano così, con l'aspetto sereno e intento di chi fa una meditazione. A poco a poco in mezzo al silenzio impressionante si sentivano leggerissimi rumori: come quello di una goccia di acqua che cade a distanza e del pigolio lontano di un uccellino.
Nacque in questo modo il nostro esercizio del silenzio.
Un giorno sorse in me l'idea di approfittare del silenzio per fare delle prove sulla acutezza uditiva dei bambini: e così pensai di chiamarli per nome con voce afona, a una certa distanza. Chi si sentiva chiamare doveva venirmi vicino procurando di camminare senza far rumore. Con quaranta bambini questo esercizio di paziente aspettare comportava uno sforzo che credevo impossibile: perciò portai dei confetti e

dei cioccolatini per compensare ogni bambino che mi arrivava accanto. Però i bambini rifiutarono i dolci. Pareva che dicessero: «Non guastare la nostra bella impressione: siamo ancora dentro al diletto del nostro spirito, non divagarci!».

Compresi che i bambini erano sensibili non solo al silenzio, ma anche a una voce che nel silenzio li chiamava in modo impercettibile. Essi venivano lentamente, camminando in punta di piedi, con precauzione, per non urtare nulla e non si sentivano i loro passi.

In seguito fu chiaro che ogni esercizio di movimento, di cui ogni errore può essere controllato, come in questo caso il rumore nel silenzio, guida i bambini a perfezionarlo: la ripetizione dell'esercizio può condurre chiunque a un'educazione esteriore degli atti, così fine, che sarebbe impossibile ottenerla con un insegnamento esterno.

I nostri bambini impararono a muoversi tra le cose senza urtarle, a correre leggermente senza rumore, diventando accorti e agili. Ora essi godevano della loro perfezione. Ciò che li interessava era di scoprire sé stessi, le loro possibilità e di praticare in una specie di mondo occulto come è quello della vita che si svolge.

Molto tempo doveva passare prima che mi persuadessi che il rifiuto dei dolci aveva proprio una ragione in sé stessa. I dolci, dati come premio e come futilità, rappresentavano un alimento non necessario e non regolare. Mi sembrò una cosa tanto straordinaria, che volli ripetere questa prova con insistenza perché si sa che è proprio dei bambini di essere golosi di dolci. Portai dunque dei dolci, ma i bambini o li rifiutavano o li mettevano nella tasca del grembiule. Pensando che, essendo così poveri, desiderassero di portare quei dolci in famiglia, dissi: «Questi dolci sono per te, e questi altri per portarli a casa». Essi li prendevano, ma li mettevano tutti dentro il grembiulino e non li mangiavano. Apprezzavano però il dono, perché una volta uno di questi bambini che era a letto ammalato, ricevendo la visita della sua maestra, fu tanto riconoscente che aprì un piccolo cassetto e ne tolse un grande confetto che gli era stato regalato a scuola e glielo offrì. Il confetto era rimasto là come una tentazione per delle settimane intere e il bambino non l'aveva toccato. Questo fatto divenne così comune nei bambini, che, in scuole successive, non pochi visitatori vennero appositamente per constatare questo fenomeno del quale si scrisse in molti libri dell'epoca. Si tratta di un fatto psichico spontaneo e naturale: perché nessuno avrebbe mai voluto insegnare la penitenza e la rinuncia ai dolci e non poteva venire a nessuno l'idea, la strana fantasia di affermare: «I bambini non devono giocare, né mangiare dolci». I bambini rifiutavano spontaneamente delle dolcezze esteriori inutili mentre si elevavano nella vita spirituale. Un personaggio distribuì una volta dei biscotti di forma geometrica e i bambini invece di mangiarli li guardavano interessati, dicendo: «Questo è un circolo! Questo è un rettangolo!». È grazioso anche l'aneddoto di quel bambino del popolo che guardava la mamma a cucinare. Essa prende un pezzo di burro intiero e il bambino dice: «È un rettangolo!». La mamma ne toglie un angolo e il bambino dice: «Adesso hai preso un triangolo», e soggiunge, « e lì resta un trapezio». E mai disse la solita frase: «Dammi un poco di pane e burro».

XXIV - LA DIGNITÀ

Mi venne un giorno in mente di fare una lezione un po' umoristica sul modo di soffiarsi il naso. E dopo aver imitato varie maniere di usare a questo scopo il fazzoletto, finii indicando come si fa con discrezione, in modo di fare il minimo rumore possibile, e di far scivolare un poco il fazzoletto in modo che l'atto rimanga nascosto. I bambini ascoltavano e guardavano con una attenzione intensa e non ridevano: e io andavo chiedendo a me stessa la ragione di un tale successo. Ma appena ebbi finito, scoppiò un applauso come quando un artista strappa in teatro un'ovazione repressa a stento. Non avevo mai sentito dire che i bambini così piccoli potessero diventare una folla plaudente: e che quelle manine potessero manifestare una tale forza. Mi venne allora in mente che forse avevo toccato un punto sensibile del lato sociale di quel piccolo mondo. I bambini hanno, a proposito della questione trattata, una specie di umiliante condizione, una degradazione che è un segno di disprezzo permanente: i bambini si sentono sempre sgridare per questo, e, specialmente nel popolo, hanno un nomignolo che denomina questa inferiorità. Tutti gridano, tutti offendono: finiscono nelle scuole, specialmente, con l'appuntare sul grembiule un fazzoletto, visibilmente, affinché i bambini non lo perdano. Ma nessuno aveva mai loro insegnato come si deve fare. Bisogna capire che i bambini sono sensibili a quegli atti di disprezzo con cui gli adulti li umiliano. Quella lezione rendeva loro giustizia, permetteva loro di innalzarsi nella società.

Così dovetti interpretarlo, quando dopo una larghissima esperienza mi accorsi che i bambini hanno un profondo sentimento di dignità personale e l'animo loro può rimanere ferito e ulcerato, oppresso, come l'adulto non potrebbe mai immaginare.

Quel giorno non finì così: quando fui per andarmene, i bambini si misero a gridare: «Grazie, grazie della lezione». E quando uscii mi vennero dietro per la strada facendo una processione silenziosa lungo il marciapiede finché io dissi loro: «Quando tornerete indietro correte in punta di piedi e badate a non urtare all'angolo del muro». Essi fecero fronte indietro e sparirono dentro al portone come volando. Avevo proprio toccato nella loro dignità sociale quei poveri piccoli bambini.

Quando ricevevamo delle visite, i bambini si comportavano con dignità e amor proprio, sapevano dirigere il loro lavoro e ricevere con entusiasmo cordiale.

Una volta fu annunciata la visita di una persona importante che desiderava restar sola coi bambini per fare le sue osservazioni. Feci alla maestra la raccomandazione seguente: «Lasci che le cose vadano spontaneamente». E rivolta ai bambini, soggiunsi: «Domani avrete una visita. Vorrei che pensassero: questi bambini sono i più belli del mondo». Domandai poi quali risultati la visita avesse avuto. «Un gran successo», mi rispose la maestra. «Alcuni bambini presero una sedia e dissero gentilmente al visitatore: "S'accomodi". Altri gli dissero: "Buongiorno". E partito colui, si affacciarono alle finestre a gridargli: "Moltissime grazie per la visita, arrivederla!"». «Ma perché si è tanto preoccupata di prepararli?» dissi io. «Le avevo detto di non far nulla di straordinario e di lasciare che le cose andassero da sé». «Io non ho detto niente ai bambini», replicò la maestra. E mi spiegò anche che i bambini avevano lavorato col maggior impegno, occupandosi ciascuno d'un oggetto diverso, e che tutto era andato meravigliosamente bene, con grande stupore e commozione del visitatore.

Per molto tempo rimasi dubbiosa, incredula tormentando la maestra perché temevo facesse parate, preparativi. Ma infine rimasi illuminata. I bambini avevano la loro dignità, onoravano i loro visitatori ed erano orgogliosi di mostrare il meglio che potevano fare. Non avevo forse detto loro: «Vorrei che pensassero: questi bambini sono i più belli del mondo?». Ma non fu certo per mia esortazione che agirono così. Bastava dire: «Verrà una visita» come si annuncia un personaggio nel salone, ed ecco un piccolo popolo conscio e responsabile, pieno di dignità e di grazia, pronto alla situazione. Compresi che i bambini *non avevano timidezza*. Tra l'animo loro e l'ambiente non esistevano ostacoli: e vi era una espansione piena e naturale, come di un fiore di loto che apre le corolle bianche fino agli stami, e rimane schiuso a ricevere i raggi del sole, esalando un delicato profumo. *Nessun ostacolo*: ecco il punto. Niente da nascondere. Niente da chiudere, niente da temere. Semplicemente così. La disinvoltura era fatta, si può dire, di un immediato e perfetto adattamento all'ambiente.

Un'anima agile e attiva agiva in loro trovandosi sempre a suo agio, ed emanava una calda luce spirituale, che disciogliva i grovigli, opprimenti l'anima di quegli adulti che venivano in contatto con essa. Quei bambini accoglievano tutti con amore. Così si cominciò a render loro visita per averne una impressione nuova e vivificante.

Era curioso vedere come quegli incontri suscitassero nell'animo dei visitatori sensazioni diverse dalle solite. Ad esempio, signore vestite con molta eleganza, adorne di ricchi gioielli, quasi fossero andate a un ricevimento, assaporavano l'ingenua ammirazione, del tutto scevra da invidia, dei bambini, e si sentivano felici per il modo con cui i bambini esprimevano la loro meraviglia.

Essi accarezzavano le belle stoffe e le mani fini e profumate delle signore. Una volta un bimbo si avvicinò a una signora in lutto e appoggiò contro di lei la sua testina, poi le prese una mano e la tenne tra le sue. Questa signora disse poi commossa che nessuno le aveva dato tanto conforto come quei piccini.

Un giorno la figlia del nostro presidente del Consiglio dei ministri volle accompagnare l'ambasciatore della Repubblica Argentina in una visita alla Casa dei Bambini. L'ambasciatore si era raccomandato di non dare alcun preavviso della visita, per assistere a quella spontaneità di cui aveva sentito parlare. Ma, arrivato sul luogo, seppe che era giorno di vacanza e che la scuola era chiusa. Nel cortile stavano alcuni bambini che si avvicinarono: «Non fa niente se è vacanza – disse un bambino con tutta naturalezza – perché noi siamo tutti in casa e la chiave la tiene il portiere».

Poi cominciarono a muoversi, a chiamare i compagni per nome, fecero aprire la porta e si misero tutti a lavorare. La loro spontaneità meravigliosa fu dimostrata in modo indiscutibile.

Le madri dei bambini erano sensibili a questi fatti e vennero a farmi delle confidenze sulla loro intimità familiare.

«Questi piccoli di tre o quattro anni», mi raccontarono, «ci dicono delle cose che ci offenderebbero se non fossero i nostri figli. Dicono per esempio: avete le mani sporche, bisogna lavarsi; e anche: bisogna levare le macchie dai vestiti. Sentendo dire queste cose da loro non ci sentiamo offese. Essi ci avvertono come succede nei sogni.»

Accadde che quella gente del popolo diventava più ordinata e accurata: e andavano sparendo dai davanzali delle finestre le pentole rotte. A poco a poco i vetri delle finestre diventavano lucenti e le piante di geranio fiorito andavano affacciando dalle finestre del cortile.

XXV - LA DISCIPLINA

Malgrado questa scioltezza e disinvoltura di modi, i bambini nel loro insieme davano l'impressione di essere straordinariamente disciplinati. Lavoravano tranquilli, ciascuno intento alle proprie occupazioni: giravano avanti e indietro camminando leggermente, per cambiare il materiale, per mettere al posto i loro lavori. Uscivano dalla classe, davano un'occhiata al cortile, e tornavano indietro. Assecondavano i desideri espressi dalla maestra con una rapidità sorprendente. La maestra diceva: «Fanno a tal punto quello che dico, che comincio a sentirmi una responsabilità per ogni parola che pronuncio».
Infatti se essa chiedeva di fare l'esercizio del silenzio, non finiva di esprimersi, che già i bambini si mettevano immobili.
Questa apparente dipendenza, non impediva loro di agire da soli, disponendo del loro tempo e della loro giornata. Prendevano da sé gli oggetti, mettevano in ordine la scuola, e se la maestra veniva in ritardo, o usciva, lasciando soli i bambini, tutto procedeva ugualmente bene. Era questo il principale oggetto di attrattiva per chi li osservava: l'ordine e la disciplina uniti strettamente alla spontaneità.
Di dove si originava quella disciplina perfetta, vibrante anche quando si manifestava nel silenzio più profondo, quella obbedienza che indovinava per essere pronta a eseguire?
La calma nelle classi dei bambini al lavoro era impressionante e suscitava commozione. *Nessuno l'aveva provocata anzi mai nessuno avrebbe potuto ottenerla dall'esterno.*
Quei bambini erano forse penetrati nell'orbita del loro ciclo, come lo sono le stelle che girano senza stancarsi e senza allontanarsi dal loro ordine, continuando a brillare per tutta l'eternità? Di esse parla la Bibbia in un linguaggio che si adatta a coteste manifestazioni infantili: «Le stelle, chiamate, dissero: Eccoci; e brillarono gioiosamente». Una disciplina naturale di questo genere sembra andare al di là delle cose vicine e si manifesta come particolare di una disciplina universale che regge il mondo. Quella disciplina, di cui parlano gli antichi salmi biblici quando dicono che fu perduta tra gli uomini. E si ha l'impressione che su questa disciplina naturale dovrebbe essere costruita ogni altra

disciplina avente motivi esterni e immediati, come è la disciplina sociale. Era proprio questo il principale oggetto di meraviglia: ciò che più faceva riflettere, che sembrava contenere in sé qualche cosa di misterioso: l'ordine e la disciplina uniti così strettamente insieme, raggiungevano la libertà.

XXVI - L'INIZIO DELL'INSEGNAMENTO

La scrittura - La lettura

Una volta vennero da me due o tre madri in delegazione e mi chiesero di insegnare a leggere e scrivere ai loro bambini. Queste madri erano analfabete. E siccome io resistevo (troppo lontana da me una simile impresa), esse mi esortarono con insistenza.

Fu allora che avvennero i fatti più sorprendenti. Perché ciò che io insegnai ai bambini da quattro a cinque anni di età fu solo qualche lettera dell'alfabeto, che feci intagliare dalla maestra sul cartoncino. E anche ne feci intagliare su carta smerigliata, per farle toccare col polpastrello delle dita nel senso della scrittura; e le raccolsi poi in qualche tabella, dove raggruppai le lettere di forma più simile per rendere uniformi i movimenti delle manine che dovevano toccarli. La maestra soddisfatta si attenne a quell'inizio primordiale.

Non capivamo perché i bambini ne fossero tanto entusiasti: essi facevano processioni portando in alto come stendardi i cartelli dell'alfabeto, ed emettevano grida di gioia. Perché?...

Un giorno sorpresi un bambino che passeggiava solo ripetendosi: «Per fare Sofia ci vuole una S una O una F una I una A», e ripeteva con questo i suoni componenti la parola. Egli dunque stava facendo uno studio, analizzava la parola che aveva in mente e ne stava cercando i suoni componenti: con l'intimo interesse di chi fa una scoperta capiva che questi suoni rispondevano ciascuno a una lettera dell'alfabeto. Infatti, che cos'è la scrittura alfabetica se non il far corrispondere un segno a un suono? Il linguaggio in sé è quello parlato, e l'altro non ne è che la traduzione veramente letterale. Tutta l'importanza del progresso della scrittura alfabetica risiede nel punto d'incontro da cui due linguaggi si svolgono parallelamente. E nell'inizio l'uno, quello scritto, cade dall'altro come a gocciole sparse, staccate, che poi formano un corso d'acqua distinto, cioè le parole e il discorso.

È una chiave, un vero segreto che, scoperto, raddoppia una ricchezza: permette alla mano di impadronirsi di un lavoro vitale quasi inconscio, come è il linguaggio parlato, e di creare un altro linguaggio che lo riflette in tutti i particolari. Tanto avrà la mente e tanto avrà la mano.

Allora la mano può dare una spinta e di coteste gocce fare una seconda cateratta. Tutto il linguaggio può precipitare, perché un corso d'acqua, una cateratta non è altro che un insieme di gocce.
Stabilito un alfabeto, il linguaggio scritto dovrebbe derivarne logicamente, come una conseguenza naturale. Bisogna per questo che la mano sappia tracciare dei segni. Ma i segni alfabetici sono semplici simboli che non rappresentano nessuna figura e perciò sono facilissimi a disegnare. Tutte queste cose, però, io non le avevo riflettute, quando nella Casa dei Bambini si avverò il più grande dei suoi avvenimenti.
Cioè un giorno un bambino incominciò a scrivere. La sua meraviglia fu tale che si mise a gridare forte: «Ho scritto, ho scritto!». E dei bambini accorsero attorno a lui, interessati, guardando le parole che il compagno aveva tracciato in terra, servendosi di un pezzettino di gesso bianco. «Anch'io, anch'io!» gridarono altri e corsero via. Andavano a cercare dei mezzi di scrittura e alcuni si affollarono attorno a una lavagna, altri si misero distesi in terra, e così cominciò a svolgersi il linguaggio scritto come una esplosione.
Quell'attività inesauribile era veramente come una cateratta. I bambini scrivevano da per tutto, sulle porte, sui muri e perfino in casa sulle pagnotte di pane. Essi avevano circa quattro anni di età. Lo scoprirsi della scrittura era un fatto improvviso. La maestra mi diceva: «Questo bambino ha cominciato a scrivere ieri alle tre».
Noi eravamo veramente colpite come dinanzi a un miracolo. Ma quando presentavamo dei libri ai bambini (e molte persone che avevano saputo il successo ne portarono di illustrati e di bellissimi), i libri furono accolti con freddezza: come oggetti con belle figure, sì, ma che distraevano da quella cosa appassionante che concentrava tutto in sé: la scrittura. Forse quei bambini non avevano mai visto dei libri, e per lungo tempo cercammo di richiamare su di essi il loro interesse. Non era possibile nemmeno di far comprendere che cosa fosse la lettura. Così riponemmo tutti i libri, aspettando un tempo migliore. Neanche leggevano la scrittura a mano. Era raro che uno si interessasse a leggere ciò che un altro aveva scritto: anzi sembrava proprio che non sapessero leggere quelle parole. Molti bambini si voltavano meravigliati a guardarmi quando io leggevo forte le parole che essi avevano scritto, come se chiedessero: «Come lo sai?»
Fu circa sei mesi più tardi che incominciarono a capire che cosa era la lettura e fu soltanto collegandola con la scrittura. I bambini dovevano

seguire cogli occhi la mia mano che tracciava i segni sulla carta bianca e penetrarono nell'idea che io trasmettevo così i miei pensieri come se parlassi. Appena ebbero l'idea chiara, cominciarono ad afferrare quei pezzi di carta che avevo scritto per portarli in un angolo appartato, cercando di leggere: e lo facevano mentalmente, senza pronunciare un solo suono. Si vedeva che avevano capito dal sorriso che veniva improvvisamente a stendere il loro visino contratto nello sforzo: e da un piccolo salto che sembrava dovuto a una molla nascosta poi si mettevano in moto. Poiché ogni mia frase era «un comando» come avrei potuto dire a viva voce: «apri la finestra», «vieni vicino a me» ecc. E così si iniziò la lettura. Essa si svolse poi fino alla lettura di frasi lunghe, che comandavano azioni complesse. Ma sembrò che il linguaggio scritto fosse inteso dai bambini semplicemente come un altro modo di esprimersi, un'altra forma del linguaggio parlato che, come quello, si trasmette direttamente da persona a persona.

Infatti quando venivano le visite molti di quei bambini che prima erano quasi eccessivi in saluti a voce, adesso stavano zitti: si alzavano e andavano a scrivere sulla lavagna: «S'accomodi, grazie della visita» ecc.

Una volta si parlava di un grande disastro avvenuto in Sicilia, dove un terremoto aveva distrutto interamente la città di Messina, facendo centinaia di migliaia di vittime. Un bambino di forse cinque anni si alza e va a scrivere alla lavagna. Egli comincia così: «Mi dispiace...», noi lo seguiamo supponendo che volesse deplorare l'avvenimento. Invece scrive: «Mi dispiace perché sono piccolo». Che strana riflessione era questa, ma il piccino continuò a scrivere: «Se ero grande andavo ad aiutare». Aveva fatto una piccola composizione letteraria, dimostrando al tempo stesso il suo buon cuore. Egli era figlio di una donna che lo manteneva vendendo erbe in un cesto, per la strada.

Più tardi avvenne un fatto sorprendente. Mentre stavamo preparando del materiale per insegnare l'alfabeto stampato e ritentare la prova dei libri, i bambini cominciarono a leggere tutte le stampe che si trovavano nella scuola: e c'erano alcuni scritti veramente difficili a decifrare, come un certo calendario dove erano stampate parole scritte in lettere gotiche. Al tempo stesso i genitori vennero a dire che per la strada i bambini si fermavano a leggere le insegne delle botteghe e non si poteva più andare a spasso con loro. Era evidente che i bambini si interessavano a decifrare i segni alfabetici, non a sapere quelle parole. Vedevano una scrittura diversa, e si trattava di conoscerla, riuscendo a ricavarne il senso di una parola. Era uno sforzo di intuizione paragonabile a quello che induce gli adulti a rimanere lungamente studiando i segni di scritture preistoriche scolpite sulla pietra, fino a che il senso che ne deriva dà la prova di aver decifrato i segni sconosciuti. Questo era il movente della nuova passione che nasceva nei bambini.

Troppa fretta da parte nostra nello spiegare i caratteri stampati, avrebbe spento quell'interesse e quell'energia intuitiva. Anche una intempestiva insistenza a far leggere delle parole sui libri, sarebbe stato un aiuto negativo, che avrebbe, per una finalità senza importanza, abbassato l'energia di quelle menti dinamiche. E così i libri rimasero per lungo tempo nelle credenze. Fu solo più tardi che i bambini si misero in rapporto coi libri. Cominciò da un fatto proprio interessante. Un bambino tutto eccitato venne a scuola, nascondendo nella mano un pezzo di carta sgualcita e si confidò a un compagno: «Indovina che cosa c'è in questo pezzo di carta...». «Non c'è niente, è un pezzo di carta rotta.» «No, c'è un racconto...» «Un racconto lì dentro?» Questo attirò una folla di bimbi interessati: il bambino aveva raccolto il foglio in un mucchio di immondizie. E si mise a leggere: lesse il racconto. Allora fu compreso il significato di un libro: e dopo questo si può dire che i libri andarono a ruba. Ma molti bambini, trovata una lettura interessante, strappavano il foglio per portarselo via. Quei libri! La scoperta del loro valore fu davvero sconvolgente; il consueto ordine pacifico ne era turbato e occorreva disciplinare quelle manine frementi che distruggevano per amore. Ancora prima di leggere i libri e di rispettarli i bambini con qualche aiuto avevano corretto l'ortografia e talmente perfezionata la scrittura che furono comparati ai bambini di terza classe nelle scuole elementari.

XXVII - PARALLELI FISICI

Durante tutto il tempo trascorso non si era fatto nulla per migliorare le condizioni fisiche dei bambini. Ma ormai nessuno avrebbe riconosciuto nei loro visi coloriti, nel loro aspetto vivace, i piccoli denutriti e anemici, che sembravano bisognosi di cure urgenti, di alimenti e di medicine ricostituenti. Essi erano sani come se avessero fatto cure di sole e di aria.

Infatti: se cause psichiche deprimenti possono avere una influenza sul metabolismo abbassandone la vitalità può anche avvenire il contrario: cioè le cause psichiche esaltanti possono influire riattivando il metabolismo e tutte le funzioni fisiche. E quella ne era una prova. Oggi che le energie dinamiche sono studiate nella materia ciò non farebbe più impressione, ma in quel tempo destò una profonda sorpresa.

Si parlava di «miracoli» e la notizia dei meravigliosi bambini si sparse in un attimo, la stampa ne parlò con eloquenza. Su quei bambini si scrissero dei libri e si ispirarono dei romanzieri che, riportando la descrizione esatta di quanto avevano visto, sembravano illustrare un mondo sconosciuto. Si parlò della scoperta dell'anima umana, si parlò di miracoli, vennero citate le conversioni dei bambini; e l'ultimo libro inglese che parlò di loro s'intitolava *New Children* (Nuovi bambini). Vennero da paesi lontani, specialmente dall'America, molte persone per constatare questi fatti sorprendenti. I nostri bambini potevano ben ripetere le parole bibliche che si leggevano nelle chiese il 6 gennaio, la festa dei Re Magi, che fu il giorno della inaugurazione della scuola: «Alza all'intorno lo sguardo e mira: tutti costoro si sono radunati per venire a te. A te si rivolgerà la moltitudine, di là dal mare».

XXVIII - CONSEGUENZE

Questa breve narrazione di fatti e di impressioni lascia perplessi sulla questione del «metodo». Non si capisce con quale metodo si ottennero quei risultati.

È questo il punto.

Il metodo non si vede: *ciò che si vede è il bambino*. Si vede l'anima del bambino che, liberata dagli ostacoli, agisce secondo la propria natura. Le qualità infantili intraviste appartengono semplicemente *alla vita* come lo sono i colori degli uccelli e i profumi dei fiori: non sono affatto la conseguenza di un «metodo di educazione». È però evidente che quei fatti naturali possono essere influenzati dall'opera di educazione che abbia lo scopo di proteggerli, di coltivarli in modo di aiutarne lo sviluppo.

Anche sui fiori, che sono naturali nei colori e nei profumi, l'uomo può agire con la coltivazione: può assicurare la comparsa di certi caratteri o anche fare svolgere in forza e in bellezza i caratteri primitivi che la natura presenta.

Ora quei fenomeni presentati nella Casa dei Bambini sono caratteri psichici naturali. Essi però non sono apparenti come i fatti naturali della vita vegetativa, perché la vita psichica è così mobile, che i caratteri suoi possono addirittura sparire per condizioni inadatte dell'ambiente, e venire sostituiti da altri caratteri. È quindi necessario, prima di procedere a uno svolgimento educativo, di porre le condizioni di ambiente che favoriscono l'affioramento dei caratteri normali nascosti. A tale scopo basta solo «allontanare gli ostacoli» e questo deve essere il primo passo e il fondamento dell'educazione.

Dunque non si tratta di svolgere i caratteri esistenti, ma di scoprire prima la natura, e soltanto dopo aiutare lo svolgimento della normalità. Se si studia quella prima impostazione di condizioni, che si produssero casualmente, e che causarono l'affioramento dei caratteri normali, se ne possono riconoscere alcuni di speciale rilievo.

Uno è l'ambiente piacevole offerto ai bambini, dove essi non avevano costrizioni. Ed estremamente piacevole doveva essere per quei bambini cresciuti in luoghi miserabili, la casa bianca e pulita, con i tavolini nuovi, le piccole sedie e poltroncine costruite per loro e i piccoli prati del cortile soleggiato.

L'altro era quel carattere *negativo* dell'adulto; i genitori analfabeti, la maestra operaia, senza ambizioni né preconcetti. Questa situazione si potrebbe considerare come uno stato di «calma intellettuale».

Si è sempre riconosciuto che un educatore dovrebbe essere *calmo*. Ma questa calma era piuttosto considerata nel carattere, negli impulsi nervosi. Ma si tratta qui di una calma più profonda: uno stato di vuoto o meglio di *sgombero mentale* che produce limpidezza interiore. È «l'umiltà spirituale» che si avvicina alla purezza dell'intelletto, che prepara a comprendere il bambino e che dovrebbe essere perciò la preparazione essenziale della maestra.

Altra circostanza notevole è la offerta ai bambini di un materiale scientifico adatto e attraente, perfezionato per la educazione sensoriale, e di mezzi, come le allacciature, che permettono una analisi e un raffinamento dei movimenti e provocano il concentrarsi dell'attenzione, irrealizzabile quando l'insegnamento fatto a viva voce pretendesse destare le energie con richiami esterni.

Dunque: l'ambiente adatto, il maestro umile e il materiale scientifico. Questi sono i tre punti esterni.

Cerchiamo ora di rilevare alcune delle manifestazioni dei bambini.

La più rilevante, e quella che sembra con un tocco magico aprire le porte all'espansione dei caratteri normali, è l'attività determinata dal concentrarsi in un lavoro, in un esercizio su qualunque oggetto esterno con movimenti della mano guidati dall'intelligenza. Ed ecco allora dispiegarsi alcuni caratteri che hanno evidentemente un movente interiore, come la «ripetizione dell'esercizio» e «la libera scelta delle cose». Apparisce allora il bambino: illuminato di gioia, infaticabile perché l'attività è come il metabolismo psichico a cui è collegata la vita, e perciò lo sviluppo. È la sua scelta che ormai guida tutto: egli corrisponde con effusione a certe prove, come il silenzio; si entusiasma a certi insegnamenti che aprono a lui il cammino di giustizia e di dignità. Assorbe con intensità i mezzi che gli permettono di svolgere la mente. Rifiuta invece altre cose: i premi, i dolci, i giocattoli. Inoltre ci dimostra che l'ordine e la disciplina sono per lui bisogni e manifestazioni vitali. Ed è pure un bambino: fresco, sincero, lieto, saltellante, che grida quando si entusiasma, che applaude, corre, saluta ad alta voce, ringrazia con effusione, chiama e va dietro alle persone per dimostrare la sua gratitudine, avvicina tutti, tutto ammira, a tutto si adatta.

Scegliamo dunque le cose che egli ha scelto e teniamo conto delle sue manifestazioni spontanee per farne una specie d'elenco, e notiamo ciò che ha rifiutato per evitare perdita di tempo.

1° – *Lavoro individuale*:
Ripetizione dell'esercizio
Libera scelta
Controllo dell'errore
Analisi dei movimenti
Esercizi di silenzio
Buone maniere nei contatti sociali
Ordine nell'ambiente
Pulizia accurata della persona
Educazione dei sensi
Scrittura isolata dalla lettura
Scrittura precedente la lettura
Letture senza libri
Disciplina nella libera attività.

E poi:

2° – *Abolizione dei premi e dei castighi*:
Abolizione dei sillabari
Abolizione delle lezioni collettive[1]
Abolizione di programmi e di esami
Abolizione di giocattoli e golosità
Abolizione della cattedra della maestra insegnante.

Senza dubbio da un tale elenco appare delineato un metodo educativo. Insomma dal bambino sono venute delle direttive pratiche positive, anzi sperimentali, per costruire un metodo di educazione dove la scelta da lui fatta è guida alla costruzione, e la sua vivacità vitale agisce da controllo dell'errore.
È anzi meraviglioso constatare che nella successiva costruzione di un

---

[1] Ciò non significa che nelle Case dei Bambini non si diano lezioni collettive, ma queste non costituiscono l'unico, né il principale mezzo d'insegnamento: sono soltanto un'iniziativa riservata ad argomentazioni e attività speciali.

vero metodo educativo, elaborato lungamente sull'esperienza, si sono conservate intatte quelle primitive direttive venute dal nulla. Ciò fa pensare all'embrione di un vertebrato, dove apparisce una linea che si chiama linea primitiva; un vero disegno senza sostanza che diventerà poi la colonna vertebrale. E analizzando un poco più il paragone, si potrebbe distinguere il tutto diviso in tre parti: testa, sezione toracica, sezione addominale; e poi tanti punti particolari che si vanno ordinatamente determinando a poco a poco e che finiscono per solidificarsi: le vertebre. Così in quel primo disegno di un metodo educativo esiste un tutto, una linea fondamentale dove si pongono in rilievo tre grandi fattori: l'ambiente, il maestro, e il materiale e tante particolarità che si vanno determinando, come appunto le vertebre.

Sarebbe interessante seguire a passo a passo questa elaborazione che è, si può dire, la prima opera nella società umana, guidata dal bambino; e avere una idea della evoluzione di quei principî che si presentarono in un primo momento come insospettate rivelazioni. *Evoluzione* è il primo termine per indicare i successivi sviluppi di questo metodo singolare: perché i nuovi particolari sono dovuti a una vita che si svolge a spese dell'ambiente. Questo ambiente però è tutto particolare perché anch'esso, per opera dell'adulto, è una risposta attiva e vitale ai nuovi disegni che la vita infantile manifesta svolgendosi.

La rapidità prodigiosa con la quale si moltiplicarono i tentativi di applicazione di questo metodo nelle scuole di bambini di ogni condizione sociale e anche di ogni razza, ha ampliato l'esperienza in modo tale, da far rilevare indubbiamente dei punti costanti, delle tendenze universali; e, si può ben dire, le *leggi naturali* sulle quali deve avere suo primo fondamento l'educazione.

Le scuole che seguirono la prima Casa dei Bambini sono specialmente interessanti per il fatto che hanno costituito la continuazione della medesima attitudine di attesa dei fenomeni spontanei dei bambini, senza che si fosse ancora precisata una preparazione esteriore di metodi definiti.

Un esempio imponente si ebbe in una delle prime Case dei Bambini che furono fondate a Roma. Le circostanze erano ancora più eccezionali che per la prima scuola, perché qui si trattava di bambini orfani sopravvissuti a uno dei più grandi cataclismi: il terremoto di Messina; una sessantina di piccoli raccolti soli tra le macerie. Non si conoscevano né i loro nomi, né la loro condizione sociale. Uno *choc* tremendo li aveva resi pressoché tutti uniformi: abbattuti, muti, assenti; era difficile nutrirli e farli dormire. Nella notte si sentivano grida e pianti. Fu creato per loro un ambiente delizioso e la Regina d'Italia si occupò di loro generosamente. Vennero costruiti mobili piccoli e chiari, lucenti, con piccole credenzine con sportelli, e con tendine colorate, tavoli circolari estremamente bassi e di colore vivace, tra altri tavoli rettangolari più alti e chiari, sedie e poltroncine. E soprattutto si diedero ai bimbi attraenti stoviglie, piccoli piatti e posate piccoline, tovagliette minuscole e persino saponi e asciugamani adatti a mani di piccini. Ovunque ornamenti e segni di accuratezza. Quadri alle pareti e vasi di fiori dappertutto. Il locale era un convento di suore Francescane con grandi giardini, viali ampi e fiori ben coltivati. Vi erano vasche con pesci rossi, colombi... Questo era l'ambiente dove le suore con la loro veste quasi bianca, resa maestosa dal grande velo, si aggiravano silenziose e tranquille.

Esse insegnavano ai bambini le buone maniere con una accuratezza che si andò perfezionando di giorno in giorno. Nell'ordine religioso v'erano molte suore appartenenti alla società aristocratica e queste praticavano le più minuziose regole della vita mondana che avevano lasciata, richiamandole alla memoria dalle antiche loro abitudini: sembrava che i bambini fossero insaziabili di tali raffinatezze. Essi avevano imparato a tenersi a tavola come principi e anche avevano imparato a servire a tavola come camerieri di alto rango. Il pranzo che non attraeva più per l'alimento attrasse per lo spirito di esattezza, per l'esercizio dei movimenti controllati, per le conoscenze che elevano: e a poco a poco anche il bell'appetito infantile risorse insieme ai sonni tranquilli. Il cambiamento di questi bambini dava una profonda impressione: essi si vedevano saltellare trasportando oggetti nel giardino, spostare il mobilio di una stanza sulla piazzetta fuori sotto gli alberi, senza niente rompere, senza urtare, mostrando un viso animato e allegro.

Fu qui che uscì fuori per la prima volta il termine di *conversione*: «Questi bambini mi fanno l'impressione di convertiti», disse una delle più distinte scrittrici italiane del tempo. «Non c'è conversione più miracolosa di quella che fa superare la melanconia e l'oppressione, e trasporta in un piano di vita più alto».

Questo concetto, che dava una forma spirituale a un fenomeno inspiegabile e impressionante agli occhi di tutti, commosse molte persone, malgrado il significato contrastante del termine. Perché l'idea di conversione sembra opposto allo stato innocente dell'infanzia. Ma si trattava di un cambiamento spirituale che li rendeva liberi dal dolore e dall'abbandono in una rinascita verso la gioia.

Tristezza e colpa sono entrambe condizioni che indicano l'allontanamento dalla fonte delle energie vitali, e sotto questo aspetto ritrovare le energie vitali è essere convertiti. Allora scompaiono insieme tristezza e colpa nella gioia e nella purificazione.

Avveniva veramente così nei nostri bambini: v'era insieme la risurrezione dalla tristezza alla gioia, v'era lo sparire di tanti difetti temuti, perché generalmente incorreggibili; ma vi era un'altra cosa: lo sparire anche di caratteri che sono ritenuti comunemente come pregi. E questa veramente è stata una luce abbagliante data dai bambini. Tutto nell'uomo è sbagliato e tutto è da rifare. E per rifare c'è un modo solo: ritorno alle sorgenti uniche delle energie creative. Senza questa dimostrazione così complessa dei bambini, che nelle nostre scuole provenivano dalle condizioni più anormali della vita, non sarebbe stato possibile distinguere il bene e il male nei caratteri dei bambini, poiché ormai l'adulto ha formato un suo giudizio e ha sancito come buono nel bambino tutto quanto significa per lui adattamento del bambino alle condizioni di vita dell'adulto e viceversa. E in questi contrastanti giudizi i caratteri naturali del bambino andarono spenti. Il bambino era uno scomparso, uno sconosciuto, dinanzi al mondo dell'adulto: e il bene e il male lo seppellivano ugualmente.

XXIX - BAMBINI PRIVILEGIATI

Un altro genere di bambini che appartengono a condizioni sociali eccezionali sono i bambini dei ricchi. Sembrerebbe assai più facile educarli che i poverissimi bambini della prima scuola o gli orfani del terremoto di Messina. La loro conversione, poi, in che cosa dovrebbe consistere? I bambini ricchi sono appunto i privilegiati circondati dalle cure più elette di cui disponga la società. Ma per chiarire questo pregiudizio riporto alcune pagine di un mio libro, dove maestre che dirigevano scuole nostre in Europa e in America, danno semplicemente le loro prime impressioni sulle difficoltà incontrate.

La bellezza dell'ambiente infantile, la magnificenza dei fiori, non attraggono il bambino ricco: i viali di un giardino non lo invitano e la corrispondenza tra bambino e materiale non si produce.

La maestra rimane disorientata dal fatto che i bambini non si gettano, come sperava, sugli oggetti scegliendoli secondo il proprio bisogno.

Se nelle nostre scuole i bambini sono poveri, questo avviene quasi sempre dal primo momento, ma se si tratta di bambini ricchi, già sazi degli oggetti più rari, dei più splendidi giocattoli, è molto raro che esista un richiamo agli stimoli che vengono offerti. Una maestra americana, Miss G., scriveva da Washington: «I bambini si strappavano gli oggetti uno dalle mani dell'altro; se io cercavo di mostrare un oggetto a un alunno, gli altri lasciavano cadere ciò che avevano in mano e rumorosamente, senza scopo, si raccoglievano attorno a noi. Quando avevo finito di spiegare un oggetto tutti lo ghermivano e lottavano tra loro per possederlo. I bambini non mostravano nessun interesse al materiale: passavano da un oggetto all'altro senza fissarsi su nessuno. Un bambino era così incapace di star fermo che non poteva rimanere seduto il tempo necessario che occorreva a far girare le dita intorno a uno dei piccoli oggetti offerti. In molti casi il movimento dei bambini era senza scopo: essi correvano intorno alla stanza senza avere una meta prefissa. In questi movimenti non avevano nessuna cura di rispettare gli oggetti: infatti inciampavano contro la tavola, capovolgevano le sedie e camminavano sopra il materiale; qualche volta cominciavano un lavoro in un posto, poi correvano in un'altra direzione, prendevano un altro oggetto e lo lasciavano a capriccio».

M.lle D. scriveva da Parigi: «Devo confessare che le mie esperienze furono davvero scoraggianti. I bambini non potevano fissarsi su un lavoro più di qualche momento. Nessuna perseveranza, nessuna iniziativa da parte loro. Talvolta si seguivano l'un l'altro e agivano come un gregge di pecore. Quando un bambino prendeva un oggetto tutti gli altri lo volevano imitare. Qualche volta si rotolavano in terra e rovesciavano le seggiole».

Da una scuola di bambini ricchi in Roma ci pervenne la seguente laconica descrizione: «La preoccupazione più grande è la disciplina. I bambini si mostrano disorientati nel lavoro, e refrattari a ricevere direttive».

Ecco ora delle descrizioni sul nascere della disciplina.

Miss G. dava così le sue relazioni da Washington: «In pochi giorni quella massa nebulosa di vorticose particelle (di bambini disordinati) cominciò ad assumere definitiva forma. I bambini sembrava cominciassero a orientarsi: nei molti oggetti che avevano disprezzato in principio come giocattoli sciocchi, cominciarono a scoprire un originale interesse; e, come risultato di questo nuovo interesse, cominciavano ad agire come individui indipendenti, estremamente individualizzati. Allora accadeva che un oggetto il quale assorbiva tutta l'attenzione di un bambino non avesse la più piccola attrazione per un altro, i bambini si separavano gli uni dagli altri nelle loro manifestazioni di attenzione.

«La battaglia è definitivamente vinta, solo quando il bambino scopre qualche cosa, un particolare oggetto, che spontaneamente eccita in lui un grande interesse. Alcune volte questo entusiasmo arriva all'improvviso e con una strana rapidità. Una volta ho provato a interessare un bambino con quasi tutti gli oggetti del sistema, senza eccitare una sola favilla di attenzione: allora casualmente gli mostrai le due tavolette di colori rosso e blu e richiamai la sua attenzione sopra la differenza dei colori. Egli le afferrò subito con ansia e imparò i cinque colori in una sola lezione; nei giorni successivi prese tutti gli oggetti del sistema che aveva prima sdegnato, e poco a poco si interessò a tutti.

«Un bambino che in principio aveva un minimo potere di concentrare la sua attenzione, trovò un'uscita da questo stato di caos, interessandosi a uno dei più complessi oggetti del materiale: le cosiddette lunghezze. Giocò continuamente con esse per una settimana di seguito e imparò a contare e a fare semplici addizioni. Allora egli cominciò a ritornare agli oggetti più semplici: gli incastri, i cilindri, e si interessò a tutte le parti del sistema.

«Appena i bambini trovano un oggetto che li interessi il disordine scompare d'un tratto e finisce il vagabondaggio della mente».

La stessa maestra illustra il risveglio di una personalità.

«V'erano due sorelle, una di tre anni e l'altra di cinque. La bambina di tre anni, come individualità, non esisteva, in quanto seguiva la sorella maggiore in modo preciso: la sorella maggiore aveva un lapis blu, la piccola non era contenta finché non aveva a sua volta un lapis blu; la sorella maggiore mangiava pane e burro e la piccola non mangiava se non pane e burro, e così via. Questa bambina non si interessava a nessuna cosa nella scuola, ma solo seguiva materialmente sua sorella, imitando quello che essa faceva. Un giorno la piccolina si interessa ai cubi rosa: compone la sua torre, ha un interesse vivissimo, ripete molto questo esercizio e dimentica completamente la sorella. La sorella maggiore è tanto meravigliata di questo fatto, che la chiama e le dice: "Com'è che io sto empiendo un circolo e tu stai fabbricando la torre?". Da quel giorno la piccolina divenne una personalità e cominciò a svolgersi da sé e non fu più soltanto lo specchio della sorella.»

M.lle D. parla di una bambina di quattro anni che non era assolutamente capace di trasportare un bicchier d'acqua anche se riempito solo a metà, senza versarla; così che essa rifuggiva da questo lavoro, perché sapeva di non poterlo fare. Venne poi a interessarsi a un esercizio con un altro materiale, e dopo il successo raggiunto con questo esercizio cominciò a trasportare bicchieri d'acqua senza difficoltà. Poiché alcuni compagni dipingevano all'acquarello, la sua smania era di portare a tutti l'acqua senza versarne una goccia.

Un altro fatto veramente singolare ci fu riferito da una maestra australiana, Miss B. Essa aveva a scuola una piccola bambina, che non possedeva ancora il linguaggio e mandava soltanto suoni inarticolati, tanto che i genitori l'avevano fatta visitare da un medico, per sapere se fosse anormale. Questa piccola un giorno si interessò agli incastri solidi, trattenendosi molto tempo nel levare e mettere i cilindretti di legno nei loro incavi: e dopo aver ripetuto con intenso interesse il suo lavoro, corse dalla maestra, dicendo: «Vieni a vedere».

M.lle D. racconta: «Dopo le vacanze di Natale, al rientrare in scuola, si produsse nella classe un gran cambiamento. Sembrava che l'ordine si stabilisse da sé, senza che io ci avessi a che fare. I bambini apparivano troppo occupati dal loro lavoro, per lasciarsi andare come prima ad atti disordinati. Andavano da soli a scegliere nell'armadio quegli oggetti che prima sembrava li annoiassero. Un'atmosfera di lavoro si creò nella classe. I bambini che finora avevano preso gli oggetti solo per un capriccio del momento, provavano ormai il bisogno di una specie di regola, di una regola personale e interiore: concentravano i loro sforzi su lavori esatti e metodici, provando una vera soddisfazione a sormontare le difficoltà. Questo lavoro prezioso produsse un risultato immediato sul loro carattere. Essi diventarono padroni di sé stessi».

L'esempio che colpì M.lle D. fu quello di un bambino di quattro anni e mezzo che aveva sviluppato in modo straordinario la immaginazione: tanto che egli in un oggetto che gli fosse presentato non osservava la forma dell'oggetto stesso, ma lo personificava e personificava anche sé stesso, parlando continuamente; ed era anche impossibile fissare la sua attenzione sull'oggetto stesso. Mentre divagava con la sua mente, era incapace di fare qualsiasi azione precisa, per esempio di abbottonare un solo bottone. D'un tratto si cominciò a operare in lui una meraviglia: «Constatai con stupore un cambiamento che avveniva in lui: prese come occupazione favorita uno degli esercizi, e poi tutti gli altri. In questo modo si calmò».

Queste vecchie descrizioni esatte di maestre che aprivano scuole prima che un metodo sicuro si fosse determinato, potrebbero ripetersi quasi all'infinito, sempre uniformi. Fatti simili e simili difficoltà, sebbene attenuate, si trovano in pressoché tutti i bambini felici che hanno una famiglia intelligente e amorevole, che si occupa di loro. Vi sono difficoltà spirituali collegate con ciò che noi chiamiamo benessere: e che ci spiegano la risonanza in tutti i cuori delle famose parole di Cristo sulla montagna: «Beati gli umili, beati quelli che piangono».

Ma tutti sono chiamati, tutti riescono a venire, superando le proprie difficoltà: per cui il fenomeno che fu chiamato «conversione» è un carattere proprio all'infanzia. Si tratta di un cambiamento rapido, talvolta istantaneo e che avviene sempre per la medesima causa. Non si potrebbe citare un solo esempio di conversione, all'infuori di quel lavoro interessante che concentra l'attività. E sono le conversioni più diverse che avvengono così: sono gli esaltati che si calmano, gli oppressi che risorgono, e tutti s'incamminano insieme, sopra la stessa via di lavoro e di disciplina, continuando in un progresso che si svolge da solo, e che è mosso da qualche energia interiore che riesce a manifestarsi, avendo trovato una via d'uscita.

V'è un carattere esplosivo, nei fatti che si stabiliscono improvvisamente, fatti che sono annuncio sicuro di uno svolgimento che seguirà poi. Allo stesso modo da un giorno all'altro al bambino spunta un dente, e da un giorno all'altro muove il primo passo: e quando il primo dente è spuntato tutta la dentatura verrà; detta la prima parola, ecco che si sviluppa il linguaggio; mosso il primo passo, il camminare si stabilisce per sempre. Si era dunque arrestato lo sviluppo; o meglio aveva preso una via errata; e ciò in *tutti i bambini*, nei bambini di tutte le condizioni sociali.

E, in seguito, la diffusione delle nostre scuole in tutto il mondo, tra tutte le razze, dimostrò quella conversione infantile come un fatto generale di tutta l'umanità. Si poté fare uno studio minuzioso di una quantità innumerevole di caratteri che si dileguano per essere sostituiti sempre da quel medesimo quadro di vita. Dunque nell'origine della vita, nel piccolo bambino, avviene costantemente un errore che deforma il tipo psichico naturale dell'uomo, dando luogo a infinite *deviazioni*.

Il fatto singolare che si nota nella conversione infantile è una guarigione psichica, un ritorno alle *condizioni normali*. Quel bambino miracoloso per la precocità dell'intelligenza, quell'eroe che supera sé stesso e il proprio dolore trovando la forza di vivere e la serenità; quel ricco che preferisce il lavoro disciplinato alle forme futili della vita; tutti quelli sono *bambini normali*. Quello che quando era soltanto l'apparizione di un fatto sorprendente si chiamò conversione deve essere considerato, dopo la constatazione di così estesa esperienza, *una normalizzazione*. C'è una natura nascosta nell'uomo, una natura sepolta e perciò sconosciuta, che tuttavia è semplicemente la natura vera, la natura data dalla creazione: la salute.

Tale interpretazione tuttavia non cancella i caratteri della conversione, forse anche l'adulto può essere chiamato indietro: ma così difficilmente che tale cambiamento non si potrebbe riconoscere come un semplice ritorno alla natura umana.

Nel bambino invece i caratteri psichici normali possono affiorare con facilità: e allora tutte le condizioni che erano deviate dalla norma spariscono insieme, come al ritorno della salute scompaiono insieme tutti i sintomi delle malattie.

Osservando i bambini alla luce di questa comprensione, si potrebbero riconoscere più e più volte degli affioramenti spontanei di normalità,

anche tra le condizioni difficili dell'ambiente: e benché respinti, perché non sono riconosciuti, né aiutati, ritornano ancora, come energie
vitali che si fanno spazio tra gli ostacoli, e cercano di prevalere.
Si potrebbe dire che le energie normali dei bambini danno, come la
voce di Cristo, un insegnamento del perdono: «Non dovete perdonare
sette volte, ma sette volte sette».
Anche la natura profonda del bambino perdona e torna ad affiorare
dinanzi alla repressione dell'adulto. Non è dunque un episodio passeggero della vita infantile, che inabissa i caratteri della normalità: ma è
una lotta dovuta a un'opera di repressione continuata.

XXX - LA PREPARAZIONE SPIRITUALE DEL MAESTRO

Sbaglierebbe dunque il maestro che pensasse di potersi preparare alla sua missione soltanto per mezzo di nozioni e studio: prima di tutto si richiedono da lui precise disposizioni di ordine morale.

Il punto essenziale della questione dipende dal come si deve osservare il bambino e dal fatto che non ci si può limitare a un esame esteriore, come se si trattasse di una conoscenza teorica circa il modo d'istruire e di educare l'infanzia.

Insistiamo sull'affermazione che il maestro deve prepararsi interiormente studiando sé stesso con metodica costanza per giungere a sopprimere i propri difetti più radicati, quelli che costituiscono un ostacolo per le sue relazioni con i bambini. Per scoprire cotesti difetti nascosti nella coscienza abbiamo bisogno d'un aiuto esterno, d'una certa *istruzione*; è indispensabile cioè che qualcuno ci indichi quello che dobbiamo vedere in noi.

In quest'ordine d'idee diremo che il maestro deve essere *iniziato*. Egli si preoccupa eccessivamente delle «inclinazioni del bambino», del modo di «correggere le scorrettezze del bambino», della «eredità del peccato originale», mentre dovrebbe cominciare a studiare i propri difetti, le proprie tendenze cattive.

«Togli prima la trave dal tuo occhio e poi saprai togliere la pagliuzza che è negli occhi dei bambini.»

La preparazione interiore non è che una preparazione generica. È ben diversa dalla «ricerca della propria perfezione» qual è intesa dai religiosi. Per arrivare a essere educatore non è necessario pretendere di «essere perfetti, senza debolezze». Una persona che cerchi costantemente il modo di elevare la propria vita interiore può non rendersi conto dei difetti che le impediscono di comprendere i bambini. È necessario che qualcuno ci insegni e che noi ci lasciamo guidare. Dobbiamo essere educati, se desideriamo educare.

L'istruzione che noi diamo ai maestri consiste nell'indicar loro la condizione spirituale più conveniente alla loro missione, come il medico indica qual è il male che affligge l'organismo.

Ecco qui un ammonimento efficace:

«Il peccato mortale che ci domina e c'impedisce di comprendere il bambino è l'ira».

E siccome un peccato non viene mai solo, ma ne porta seco altri, all'ira si associa un altro peccato, in apparenza nobile, ma in realtà diabolico: l'orgoglio.

Le nostre cattive tendenze possono essere corrette in due modi: uno interiore, che consiste nella lotta dell'individuo contro i propri difetti, chiaramente visti, e uno esteriore, che è la resistenza esterna alle manifestazioni delle nostre tendenze cattive. La reazione delle forme esteriori ha molta importanza, poiché, rivelando la presenza dei difetti morali, è generatrice di riflessione. L'opinione del prossimo vince l'orgoglio dell'individuo; le circostanze della vita soggiogano l'avarizia; la reazione del forte piega la collera; la necessità di lavorare per vivere vince i pregiudizi; le convenzioni sociali vincono la lussuria; la difficoltà d'ottenere il superfluo mitiga la prodigalità; la necessità della propria dignità sconfigge l'invidia, e tutte coteste circostanze esteriori non cessano di agire come una continua e salutare avvertenza. Le relazioni sociali servono a mantenere il nostro equilibrio morale.

Tuttavia noi non cediamo alle resistenze sociali con la stessa purezza con cui obbediamo a Dio. Se il nostro spirito si rassegna docilmente alla necessità di correggere con buona volontà gli errori che noi riconosciamo, meno facilmente esso accetta l'umiliante lezione dagli altri: ci umilia di più il dover cedere che il commettere un errore. Quando ci diviene necessario rettificare la nostra condotta, una esigenza a difesa della nostra dignità mondana ci spinge a simulare che noi avevamo scelto l'inevitabile. La piccola simulazione che consiste nel dire «non mi piace» a proposito di cose che non possiamo ottenere è una delle più frequenti. Opponendo questa piccola simulazione alla resistenza, ci mettiamo nella lotta, anziché iniziare una vita di perfezione. E siccome in ogni lotta l'uomo prova il bisogno di organizzarsi, la causa individuale si rinforza in una lotta collettiva.

Coloro che hanno lo stesso difetto tendono istintivamente a sostenersi gli uni con gli altri, cercando nell'unione la forza.

Noi nascondiamo i nostri difetti sotto l'affermazione di alti e imprescindibili doveri, come in tempo di guerra le macchine e gli strumenti di distruzione si mimetizzano sotto aspetti inoffensivi della campagna. E quanto più deboli saranno le forze esterne reagenti contro i nostri difetti, tanto più agevolmente noi potremo organizzare le simulazioni difensive.

Quando qualcuno di noi è attaccato per i propri difetti, è evidente l'abilità con cui il male si sforza di dissimularsi ai nostri stessi occhi. Non è già la vita che difendiamo, ma sono i nostri errori: e siamo pronti a difenderli con le maschere che chiamiamo «necessità», «dovere» ecc. E lentamente ci andiamo convincendo d'una verità che la nostra coscienza riconosceva per falsa, e che ogni giorno diventa più difficile rettificare.

Il maestro e in generale tutti coloro che aspirano a educare i bambini devono liberarsi da cotesto insieme d'errori che insidiano la loro posizione nei riguardi dell'infanzia. Il difetto fondamentale, composto di orgoglio e di ira, tende a presentarsi nella coscienza del maestro totalmente scoperto. L'ira è il principale difetto e a essa l'orgoglio presta una maschera seducente, la toga della dignità, che arriva persino a esigere rispetto.

Ma l'ira è uno dei peccati che più facilmente trovano resistenza da parte del prossimo. Perciò bisogna frenarla, e chi soffre l'umiliazione di tenerla nascosta finisce col vergognarsi di essa.

Il cammino non è difficile, ma facile e chiaro: abbiamo di fronte delle creature come i bambini, incapaci di difendersi e di comprenderci e che accettano tutto quanto loro si dice. Non solo accettano le offese, ma persino si sentono colpevoli di tutto ciò di cui li accusiamo.

L'educatore deve riflettere profondamente sugli effetti di cotesta situazione nella vita del bambino. Questi non comprende l'ingiustizia con la ragione, ma la sente nello spirito, e si deprime e si deforma. Le reazioni infantili – timidezza bugie, capricci, pianti senza causa apparente, insonnie, timori eccessivi – rappresentano un inconscio stato di difesa del bambino stesso, la cui intelligenza non riesce a determinare la causa effettiva, nelle sue relazioni con l'adulto.

L'ira non significa violenza materiale. Dal rude impulso primitivo derivarono altre forme sotto le quali l'uomo, psicologicamente raffinato, dissimula e maschera il suo stato.

Nelle sue forme più semplici l'ira è una reazione alla resistenza del bambino, ma dinanzi alle oscure espressioni dell'anima infantile l'ira si fonde con l'orgoglio e costituisce insieme con esso uno stato complesso, assumendo quella forma esatta che si designa col nome di tirannia.

La tirannia non merita discussione: essa colloca l'individuo nella fortezza inespugnabile dell'autorità riconosciuta. L'adulto domina il bambino in virtù di un diritto naturale riconosciuto, ch'egli possiede per il semplice fatto di essere adulto. Discutere cotesto diritto significherebbe attaccare una forma di sovranità stabilita e consacrata. Se nella comunità primitiva il tiranno è un rappresentante di Dio, per il bambino l'adulto costituisce la Divinità stessa, intorno alla quale la discussione è impossibile. Chi potrebbe disobbedire, cioè il bambino, deve tacere e adattarsi a tutto.

Se egli arriva a manifestare qualche resistenza, difficilmente questa sarà una risposta, diretta e intenzionata, all'azione dell'adulto. Sarà piuttosto una difesa vitale della propria integrità psichica o una reazione inconscia del suo spirito oppresso.

Crescendo, egli imparerà poi a dirigere la propria reazione direttamente contro il tiranno; allora l'adulto saprà vincere il bambino con una liquidazione di conti, con giustificazioni ancora più complicate e tortuose, convincendolo che quella tirannia è diretta al suo bene.

Da una parte il rispetto, dall'altra il diritto legittimo all'*offesa*: l'adulto ha il diritto di giudicare il bambino e di offenderlo. L'adulto può dirigere o sopprimere, secondo la propria convenienza, le esigenze del bambino, e le sue proteste possono essere giudicate insubordinazione, atteggiamento pericoloso e inammissibile.

Ecco un modello di governo primitivo, nel quale il suddito paga il tributo senza alcun diritto ad appello. Ci sono stati popoli che hanno creduto che ogni cosa fosse un grazioso dono del sovrano; e così accade nel mondo dei bambini, che ritengono di dover tutto agli adulti. Non fu l'adulto che fece sorgere questa credenza? Egli si è assunto la parte di creatore, e il suo inaccessibile orgoglio gli fa ritenere di aver creato tutto ciò che esiste nel bambino. Egli lo rende intelligente, buono e pio, gli fornisce i mezzi per entrare in contatto con l'ambiente, con gli uomini e con Dio. Difficile impresa! E perché il quadro sia completo l'adulto nega ch'egli eserciti una tirannia. È mai esistito, del resto, un tiranno che confessasse di sacrificare i propri sudditi?

La preparazione che il nostro metodo esige nel maestro è l'autoesame, la rinuncia alla tirannia. Egli deve espellere dal proprio cuore l'ira e l'orgoglio, deve sapersi umiliare e rivestirsi di carità. Queste sono le disposizioni che il suo spirito deve acquisire, la base essenziale della bilancia, l'indispensabile punto d'appoggio per il suo equilibrio. In ciò consiste la preparazione interiore: il punto di partenza e la meta. D'altra parte ciò non significa che si debbano approvare tutti gli atti del bambino, né che ci si debba astenere del tutto dal giudicarlo, e

neppure che si debba tralasciare di sviluppare l'intelligenza e i sentimenti: al contrario, il maestro non deve mai dimenticare d'esser tale e
che la sua positiva missione è quella di educare.
Ma è necessario un atto di umiltà, è necessario cancellare un pregiudizio annidato nei nostri cuori.
Non si deve sopprimere in noi quello che ci può e ci deve dare aiuto per
l'educazione, bensì quel nostro stato interiore, quell'atteggiamento nostro
di adulti che ci impedisce di comprendere il bambino.

XXXI - LE DEVIAZIONI

Osservando quali sono i caratteri che spariscono nella normalizzazione, si trova con sorpresa che sono la quasi totalità dei caratteri infantili riconosciuti. Cioè non soltanto quelli che potrebbero ritenersi come difetti infantili, ma anche quelli giudicati come pregi. Non soltanto dunque il disordine, la disobbedienza, la svogliatezza, la golosità, l'egoismo, il litigio, il capriccio; ma anche la cosiddetta immaginazione creativa, il piacere ai racconti, l'attaccamento alle persone, la sottomissione, il gioco ecc. Perfino i caratteri scientificamente studiati e riconosciuti propri all'infanzia quali: l'imitazione, la curiosità, l'incostanza, la instabilità dell'attenzione. Vale a dire che la natura del bambino come era stata prima conosciuta è un'apparenza che copre un'altra natura primitiva e normale. È la constatazione di un fatto tanto più impressionante perché è universale: ma non di un fatto nuovo perché fu riconosciuto dalla più remota antichità la doppia natura dell'uomo: quella dell'uomo creato e quella dell'uomo decaduto; e il decadimento fu attribuito già a un errore di origine da cui è affetta tutta l'umanità e anche fu riconosciuto che questo peccato è futile in sé stesso, qualche cosa di sproporzionato all'immensità delle sue conseguenze; ma è un allontanamento dallo spirito creatore, dalle leggi segnate nella creazione. Dopo di che l'uomo diventa una navicella che va alla deriva, trasportato dal caso, senza difesa contro gli ostacoli dell'ambiente e contro le illusioni della sua intelligenza: e perciò è perduto.

Questo concetto che è la sintesi della filosofia della vita, trova un riscontro, singolare e illuminante, nei fatti illustrati dal bambino.

È ben piccola cosa quella che fa deviare la creatura. È una cosa nascosta e sottile che si insinua sotto le attrattive dell'amore e dell'aiuto: ma in fondo proviene da una cecità dell'anima adulta, da un egoismo mascherato e inconscio, che è veramente una potenza diabolica contro il bambino. Ma il bambino rinasce sempre fresco, portando dentro di sé intatto il disegno sul quale l'uomo dovrebbe svolgersi.

Se la normalizzazione è collegata con un fatto determinato e unico, cioè la concentrazione in un'attività motrice, che mette in rapporto con la realtà esteriore, si deve supporre che all'origine di tutte le deviazioni stia un fatto solo: cioè che il bambino non ha potuto realizzare il disegno primitivo del suo sviluppo, agendo su di lui l'ambiente nell'età formativa: quando la sua energia potenziale doveva svolgersi attraverso l'*incarnazione*.

Quel poter ridurre una moltitudine di conseguenze a un fatto solo, semplice e chiaro, dimostra già che il fatto da cui esse derivano appartiene a un periodo della vita primitiva: dove l'uomo è ancora un embrione spirituale; e l'unica, impercettibile causa, può deformare tutto l'essere che ne deriva.

XXXII - LE FUGHE

Come guida nella interpretazione dei caratteri deviativi si può dunque prendere il concetto dell'incarnazione: l'energia psichica deve incarnarsi nel movimento e comporre l'unità della personalità agente. Se l'unità non ha potuto essere raggiunta (per la sostituzione dell'adulto al bambino o per mancanza di motivi di attività nell'ambiente) le due cose, energia psichica e movimento, devono svolgersi separatamente, e ne deriva «l'uomo spezzato». Poiché nella natura nulla si crea e nulla si distrugge, e ciò avviene specialmente per le energie, queste, dovendo svolgersi fuori della finalità segnata dalla natura, si svolgono deviando. Deviano innanzi tutto perché hanno perduto il loro oggetto e vanno nel vuoto, nel vago, nel caos. L'intelligenza che avrebbe dovuto costruirsi attraverso le esperienze del movimento *fugge* verso la fantasia. Quell'intelligenza fuggevole ha cercato in principio, ma non ha trovato, ed ecco che ora sta vagando tra immagini e simboli. In quanto al movimento questi bambini vivaci, presentano una motilità continua, irreprimibile, disordinata e senza scopo; le loro azioni s'iniziano soltanto e restano incomplete, perché l'energia passa attraverso le cose, senza potersi fermare. L'adulto mentre castiga le azioni scomposte e sconvolgenti di questi bambini forti e disordinati, ovvero le tollera con virtù di pazienza, ammira però e incoraggia quella fantasia, interpretandola come immaginazione, come fecondità creativa dell'intelligenza infantile. È noto che Froebel svolge molti dei suoi giuochi allo scopo di favorire lo sviluppo di questo simbolismo. Egli aiuta il bambino a vedere nei cubetti e nei mattoncini variamente raggruppati, ora dei cavalli, ora dei castelli o dei treni. Infatti il simbolismo del bambino lo conduce a servirsi di qualunque oggetto, come di un bottone elettrico, che accende il miraggio fantastico della mente; un bottone è un cavallo, una sedia è un trono, un lapis è un aeroplano. Questa sola citazione fa comprendere perché siano stati offerti ai bambini i giocattoli, i quali permettono una attività reale, ma danno illusioni e sono soltanto immagini imperfette e improduttive della realtà.

Infatti i giocattoli sembrano essere la rappresentazione di un ambiente inutile, che non può condurre ad alcuna concentrazione dello spirito e non presenta uno scopo: è proprio un dono di oggetti a una mente vagante nell'illusione. La attività dei bambini si inizia subito attorno a questi oggetti, come se un soffio animatore facesse nascere una fiammella in un braciere che cova sotto la cenere, ma subito la fiammella si spegne e il giocattolo è buttato via. I giocattoli sono tuttavia le sole cose che l'adulto ha fatto per il bambino psichico, offrendogli così un materiale su cui può esercitare liberamente la sua attività. L'adulto infatti lascia libero il bambino soltanto nei giochi, o meglio soltanto coi suoi giocattoli: e ha la convinzione che essi costituiscano il mondo in cui il bambino trova la felicità.

Per questo convincimento, che non è mai decaduto nonostante che il bambino si stanchi così facilmente dei giocattoli e anzi spesso li rompa, l'adulto si è mantenuto generoso e liberale su questo capitolo, elevando il dono del giocattolo a un rito. È l'unica libertà che il mondo ha concesso all'uomo nella venerabile età dell'infanzia, nel tempo in cui dovrebbero fissarsi le radici della vita superiore. Questi bambini «spezzati» sono giudicati, specialmente nelle scuole, come intelligentissimi, ma indisciplinati e disordinati. Ma nei nostri ambienti li vediamo fissarsi a un tratto in un lavoro e allora spariscono insieme il fantasticare e il disordine motore, e un bambino calmo e sereno, attaccato alla realtà, comincia a operare la sua elevazione nel lavoro. La normalizzazione è avvenuta. Quegli organi del movimento sono usciti dal caos nell'istante in cui riuscirono ad attaccarsi interiormente alla loro guida: d'ora innanzi essi diventeranno l'istrumento di una intelligenza avida di conoscere e di penetrare la realtà dell'ambiente. Così la curiosità vagante diviene lo sforzo per conquistare la conoscenza. La psicoanalisi ha riconosciuto il lato anormale dell'immaginazione e del giuoco, e con luminosa interpretazione li ha collocati tra le «fughe psichiche».

«Fuga nel giuoco e nell'immaginazione»; fuga è il correre via, il rifugiarsi e spesso il nascondersi di una energia che è fuori del suo posto naturale; oppure rappresenta una difesa subconscia dell'*io* che fugge una sofferenza o un pericolo e si nasconde sotto una maschera.

XXXIII - LE BARRIERE

Nelle scuole le maestre constatano che i bambini pieni di immaginazione non riescono i migliori nel profitto degli studi come si sarebbe aspettato. Anzi essi riescono scarsamente o non riescono affatto. Tuttavia nessuno pensa che proprio l'intelligenza sia deviata: ma si giudica che una grande intelligenza creativa non può applicarsi a cose pratiche. Questa è la forma più evidente che il bambino deviato ha *una diminuzione dell'intelligenza*, perché egli non la possiede e nemmeno può condurla verso il suo svolgimento. Questo si può ripetere non solo nei casi ove l'intelligenza è fuggita verso il mondo delle illusioni, ma anche in tanti altri casi dove, al contrario, l'intelligenza è più o meno repressa e spenta nello scoraggiamento: dove cioè, invece di fuggire al di fuori, si è rinserrata al di dentro. Il livello dell'intelligenza media dei bambini comuni è basso rispetto all'intelligenza dei bambini *normalizzati*. E questo avviene per fatti di deviazione che si potrebbero paragonare, benché imperfettamente, a ossa lussate, uscite dalla loro vera posizione, e si comprende quali delicate cure occorrerebbero per riportare il bambino verso la normalizzazione. Invece è nell'uso l'aggressività diretta sia nell'insegnamento intellettuale come nella correzione del disordine. Una intelligenza deviata non si può costringere a un lavoro forzato: senza incontrare o meglio provocare un fenomeno psicologico di difesa molto interessante.

Non è quella difesa ormai conosciuta nella psicologia comune che viene collegata ad atti esterni come la disobbedienza o la svogliatezza. È invece una difesa psichica del tutto fuori dal dominio della volontà ed essa rappresenta un fatto inconscio che impedisce di ricevere idee che si vorrebbero imporre dal di fuori e perciò di comprenderle.

È quel fenomeno che i psicoanalisti hanno designato col nome così descrittivo di *barriere psichiche*. Le maestre dovrebbero conoscere questi gravi fatti. Sulla mente infantile discende una specie di velo, che rende psichicamente sempre più sordi e ciechi. Questa funzione difensiva intima si potrebbe esprimere come se l'anima nel subconscio dicesse: «Voi parlate, ma io non ascolto; voi ripetete, ma io non vi sento. Io non posso costruire il mio mondo, perché sto costruendo una muraglia di difesa affinché voi non possiate penetrare».

Questa lenta opera di difesa prolungata conduce ad agire come se le funzioni naturali fossero perdute, e qui non è più questione di buona o di cattiva volontà. Infatti i maestri in presenza di allievi che hanno delle barriere psichiche, li giudicano poco intelligenti o incapaci per natura di capire certe materie, come, per esempio, la matematica, o impossibilitati a correggere i loro errori di ortografia. Se le barriere si riferiscono a molte materie di studio, e forse a tutto lo studio, dei bambini intelligenti possono venir confusi coi deficienti, e dopo aver ripetuto molti anni la stessa classe, possono essere relegati definitivamente tra i bambini deficienti. Il più delle volte la barriera psichica non ha soltanto il carattere di impenetrabilità, ma essa si circonda di coefficienti che agiscono a distanza, e che in psicoanalisi si indicano col nome di «ripugnanze». Dunque: ripugnanza verso una speciale disciplina, e poi ripugnanza in genere agli studi, alla scuola, alla maestra, ai compagni. Non c'è più amore né cordialità, finché il bambino arriva ad aver paura della scuola; e allora ne è separato completamente.

Niente di più comune che portarsi tutta la vita una barriera psichica costruita nell'infanzia. Ne è esempio la caratteristica ripugnanza che molti conservano durante tutta la vita, verso la matematica: non è soltanto una incapacità di capire; il solo nominarla fa sorgere un ostacolo interiore che impedisce l'avvicinamento e produce stanchezza prima che possa iniziarsi l'attività. Avviene pure così per la grammatica. Ho conosciuto una giovinetta italiana, assai intelligente, che faceva degli errori di ortografia, veramente inconcepibili data l'età e la cultura. Ed era inutile ogni tentativo di correzione: gli errori sembravano aumentare con l'esercizio; anche la lettura dei classici rimaneva senza effetto. Ma un giorno con grande stupore, la vidi scrivere in un italiano corretto e purissimo. Fu un episodio che qui non potrei precisare: però è certo che il linguaggio perfettamente corretto esisteva, ma una forza occulta lo tratteneva dentro tirannicamente, e appariva solo una grandine di errori.

XXXIV - GUARIGIONI

Si potrebbe chiedere quale dei due fenomeni deviativi, le fughe e le barriere, sia di maggiore gravità. Nelle nostre scuole normalizzatrici, le fughe come quelle citate nell'immaginazione e nel gioco si sono mostrate le più facilmente rimovibili. Si può illustrare con dei paragoni. Se qualcuno fugge da un luogo perché non vi ha trovato le cose di cui aveva bisogno, si può sempre immaginare di richiamarlo, cambiando le condizioni dell'ambiente.

Infatti una fra le cose osservate più spesso nelle nostre scuole è la rapidità di trasformazione di quei bambini disordinati e violenti che sembrano a un tratto ritornare da un mondo lontano. Il loro cambiamento non è soltanto nell'apparenza esterna che trasforma il disordine in lavoro, ma è un cambiamento più profondo che si presenta sotto l'aspetto di serenità e di soddisfazione. Lo sparire delle deviazioni avviene come un fatto spontaneo; una trasformazione naturale; eppure era già una deviazione che non rimossa nell'infanzia poteva accompagnare l'uomo per tutta la vita. Molte persone adulte, giudicate ricche d'immaginazione hanno realmente solo dei sentimenti vaghi verso l'ambiente e toccano soltanto delle realtà sensoriali. Sono le persone dette a temperamento immaginativo: disordinate, facili ammiratrici delle luci del cielo, dei colori, dei fiori, dei paesaggi, della musica, e sensibili alle cose della vita, come a un romanzo.

Ma non amano la luce ammirata, sarebbero incapaci di soffermarsi a conoscerla; le stelle ispiranti non potrebbero trattenere la loro attenzione sulle minime conoscenze astronomiche. Esse hanno tendenze artistiche, ma nessuna produzione artistica viene da loro, perché nessun approfondimento tecnico è loro possibile. Non sanno generalmente che fare delle loro mani; non possono tenerle ferme, né farle agire; toccano le cose nervosamente e con facilità le rompono, strappano distrattamente il fiore tanto ammirato. Non possono creare nulla di bello, non possono fare la loro vita felice, non sanno trovare la poesia reale del mondo. Sono persone perdute, se qualcuno non le salva, poiché confondono la loro debolezza organica, la loro incapacità, con uno stato superiore. Ora questo stato, che predispone a vere malattie psichiche, ha avuto le sue origini alle radici della vita: là nell'età dove la via chiusa provoca delle deviazioni che in principio sono impercettibili.

Invece le barriere sono assai dure a vincere anche se si tratta di piccoli bambini. È una costruzione interiore che chiude lo spirito e lo nasconde per difenderlo dal mondo. Un dramma occulto si va svolgendo dentro quelle barriere multiple, che spesso separano da tutto ciò che è bello al di fuori e che sarebbe causa di felicità. Lo studio, i segreti della scienza e delle matematiche, le finezze affascinanti di un linguaggio immortale, la musica, tutto ciò è ormai il «nemico» da cui bisogna isolarsi. Da qualche singolare trasformazione d'energia emanano tenebre che coprono e nascondono ciò che potrebbe essere oggetto d'amore e di vita. Gli studi furono fatica e condussero a una avversione al mondo, anziché a una preparazione per prendervi parte.

Le barriere! Questa parola così suggestiva fa pensare per associazione d'idee alle difese in cui l'uomo aveva chiuso il suo corpo, prima che l'igiene fisica indicasse un modo più sano di vivere. Gli uomini si erano difesi dal sole, dall'aria, dall'acqua: mettendosi attorno barriere nelle mura loro impermeabili alla luce; chiudendo giorno e notte quelle finestre, che pure offrivano già un troppo piccolo passaggio all'aria; ricoprendosi di pesanti vestiti sovrapposti come le foglie di una cipolla, che trattenevano i pori della pelle chiusi agli scambi dell'ambiente purificatore. L'ambiente fisico era barricato contro la vita. Ma anche dal lato sociale esistono fenomeni che fanno pensare alle barriere. Perché gli uomini si isolano gli uni dagli altri, e ogni gruppo familiare si «chiude» con un senso di isolamento e di ripugnanza verso gli altri gruppi? La famiglia non si isola per godere di sé; ma per separarsi dagli altri. Non sono barriere per difendere l'amore. Le barriere della famiglia sono chiuse, insormontabili, più potenti che le mura delle case e così sono le barriere che separano le caste sociali e le nazioni. Le barriere nazionali non sono fatte per separare un gruppo unito e uniforme e farlo libero e difeso da pericoli. Un'ansia di isolamento e di difesa rinforza le barriere tra nazione e nazione, e ostacola la circolazione degli individui e delle cose che essi producono. Perché, se la civilizzazione avviene attraverso lo scambio? Le barriere sono forse anche per le nazioni un fenomeno psichico, che consegue a una grande sofferenza, a una grande violenza sopportata? Il dolore si è organizzato: ed era così immenso, che barriere sempre più dure e più fitte hanno rattrappito la vita delle nazioni.

XXXV - L'ATTACCAMENTO

Vi sono dei bambini remissivi le cui energie psichiche non essendo così potenti da fuggire all'influenza dell'adulto si legano invece a lui che tende a sostituirsi alle loro attività e ne diventano estremamente dipendenti. La mancanza di energia vitale, benché non ne abbiano coscienza, li rende facili al lamento. Sono bambini che si lagnano sempre di qualche cosa, sembrano piccoli sofferenti e vengono giudicati come esseri delicati di sentimento e sensibili agli affetti. Sono sempre annoiati senza saperlo e ricorrono agli altri, agli adulti, perché da soli non possono sfuggire alla noia che li opprime. Come se la loro vitalità dipendesse dagli altri si attaccano sempre a qualcuno. Domandano che l'adulto li aiuti, vogliono che giuochi con loro, che racconti storie, che canti, che non li lasci mai. Vicino a questi bambini l'adulto diventa loro schiavo: una oscura reciprocità li tiene in basso tutti e due; ma l'apparenza fa credere che profondamente si comprendano e si amino. Sono questi i bambini che domandano continuamente dei perché, senza tregua, come per un'ansia di conoscere: ma osservando bene ci si accorge che non hanno ascoltato la risposta mentre continuano a domandare. Quella che sembra una curiosità di sapere è veramente un mezzo per mantenere avvinta la persona di cui hanno bisogno per sostenersi.

Essi fanno volentieri dedizione dei loro movimenti e obbediscono a ogni comando d'inibizione che venga dall'adulto; il quale trova assai facile sostituire la propria volontà a quella del bambino che cede docilmente. Si crea così il gran pericolo che è il decadimento nell'inerzia: quell'inerzia che si chiama oziosità o accidia.

Tale stato di cose che l'adulto accoglie con favore, perché non intralcia la sua propria attività, è veramente l'estremo limite a cui la deviazione può giungere.

L'accidia, che cosa è? È la depressione avvenuta nell'organismo spirituale. Sarebbe come il decadimento delle forze fisiche, di chi ha una malattia grave: qui nel campo psichico è la depressione delle energie vitali e creative. La religione cristiana riconosce l'accidia tra i peccati mortali, cioè pericolosi di morte per l'anima. L'adulto ha spinto indietro l'anima del bambino, si è sostituito a lui, vi ha soffiato sopra i suoi aiuti inutili, le sue suggestioni e l'ha spenta: e non se ne è accorto.

XXXVI - IL POSSESSO

Nel piccolissimo bambino o nel bambino normalizzato esiste quello slancio che lo conduce verso le forze per agire con esse. Il movimento verso l'ambiente non è freddo: è un amore penetrante, un indice vitale, che si potrebbe paragonare alla fame. Chi ha fame ha in sé una spinta a cercare il nutrimento. Ciò non è collegato con la logica: non si dice, per esempio: «È molto tempo che non mangio; senza mangiare non si può essere forti e non si può vivere; è dunque necessario che cerchi delle cose nutritive e che le mangi!». No, la fame è una sofferenza che spinge in modo irresistibile verso l'alimento. E il bambino ha questa specie di fame che lo porta verso l'ambiente, per cercarvi cose capaci di nutrire il suo spirito, e se ne nutre con l'attività.

«Come fanciulli di fresco nati, amiamo il latte spirituale.» In questo slancio, cioè nell'amore dell'ambiente, sta la caratteristica dell'uomo. Non sarebbe esatto affermare che il bambino sente una passione verso di esso, poiché la passione indica qualcosa di impulsivo e di transitorio, indica un impulso verso un «episodio vitale».

Invece lo slancio che origina l'amore del bambino per l'ambiente lo sospinge a un'incessante attività, a un fuoco continuo, paragonabile alla combustione permanente degli elementi del corpo in contatto con l'ossigeno, causa della temperatura mite e naturale dei corpi viventi. Il bambino attivo ha l'espressione di una creatura che vive in ambiente adatto, cioè in quell'ambiente fuori del quale non potrebbe realizzare sé stessa. Se non ha questo ambiente di vita psichica, tutto rimane debole nel bambino; tutto deviato e chiuso; diventa quell'essere impenetrabile, enigmatico, l'essere vuoto, incapace, capriccioso, annoiato, fuori della società. Ora se è impossibile per il bambino di trovare quei motivi di attività che sarebbero destinati a svilupparlo, egli vede solo «*le cose*» e ne desidera il *possesso*. Prendere, possedere: ecco qualche cosa che è facile; e per cui la luce intellettuale e l'amore diventano inutili. L'energia divampa per altro cammino. «Io voglio» dice il bambino, vedendo un orologio d'oro nel quale non sa legger le ore; «No lo voglio io!» dice un altro bambino pronto a romperlo e perciò a inutilizzarlo, pur di possederlo. E così comincia la competizione tra le persone e la lotta distruttiva delle cose.

Quasi tutte le deviazioni morali sono conseguenze di questo primo passo che decide tra l'amore e il possesso: e che può portare su due cammini divergenti, avanti e avanti con tutta la forza della vita. La parte attiva del bambino si proietta fuori come i tentacoli di una piovra, a stringere e a distruggere gli oggetti a cui rimane afferrato con passione. I sentimenti di proprietà lo attaccano con veemenza alle cose e le difende, come difenderebbe la sua propria persona.

I fanciulli più forti e attivi difendono i loro oggetti anche con la lotta contro gli altri bambini che pure vorrebbero possederli; continuamente litigano tra di loro, perché vogliono il medesimo oggetto e perché uno desidera quello dell'altro ed ecco l'origine di reazioni che sono tutt'altro che amorevoli, sono l'esplosione di sentimenti non fraterni, veri inizi di lotta e di guerra *per un nulla*. Ma non è veramente per un nulla, ma per un fatto grave: si è prodotto uno spostamento, un oscuramento di ciò che avrebbe dovuto essere; è la conseguenza di una energia deviata. È dunque un male interiore e non l'oggetto la causa del possesso.

Come è noto, si cerca di dare una specie di educazione morale per mezzo di esortazioni, perché il bambino non si attacchi alle cose esterne: e la base di tale insegnamento è il rispetto della proprietà altrui. Ma quando il bambino è arrivato a quel punto, ha già passato il ponte attraverso cui l'uomo si è distaccato dalla grandiosità della sua vita interiore, ed è per questo che si è rivolto con desiderio alle cose esterne. Il germe si è così infiltrato nell'animo del bambino che si giudica quello un carattere proprio della natura umana.

Anche i bambini a caratteri remissivi riversano il loro interesse su cose esterne, materiali, di nessun valore. Questi bambini, però, hanno un modo diverso di «possedere» che non è litigioso e non comporta generalmente una lotta di competizione. Essi tendono piuttosto ad accumulare e a nascondere degli oggetti, ciò che li ha fatti credere dei collezionisti. Però è cosa diversa il collezionismo che classifica oggetti dietro la guida di una conoscenza. Qui si tratta invece di bambini che accumulano oggetti i più diversi, i quali non hanno a che fare l'uno con l'altro e che non sono di nessuna attrattiva. La patologia descrive un collezionismo vuoto e illogico, perché maniaco, cioè dettato da una anomalia psichica: e la riconosce non solo in uomini malati di mente, ma anche nei bambini delinquenti, che spesso hanno tasche piene di oggetti inutili e disparati. Simile a questo è il collezionismo dei bambini di carattere debole, remissivo, ma che si considera del tutto normale. Se qualcuno prende loro gli oggetti così accumulati, questi bambini si mettono sulla difensiva nel modo che possono.

È interessante l'interpretazione data dallo psicologo Adler a queste manifestazioni. Egli le ha paragonate all'avarizia, a quel fenomeno che si trova nell'uomo adulto e che può già riconoscersi in germe nell'infanzia. Quel fenomeno per cui l'uomo sta attaccato a molte cose e non vuol cederle anche se non gli servono a nulla: fiore mortifero spuntato fuori da uno squilibrio fondamentale. I genitori si compiacciono che i loro figli sappiano difendere la proprietà: essi vedono in questo la natura umana e vi riconoscono il legame con la vita sociale. Anche i bambini conservatori e accumulatori sono figure umane comprensibili nella società.

XXXVII - IL POTERE

Un altro carattere delle deviazioni che si associa al possesso è il desiderio del potere. C'è un potere che è l'istinto del dominatore dell'ambiente, il quale conduce attraverso l'amore all'ambiente a impossessarsi del mondo esterno. Ma è una deviazione quando il potere invece di essere frutto di conquista che edifica la personalità umana si riduce a prendere, a ghermire le cose.

Ora il bambino deviato si trova di fronte all'adulto che per lui è per eccellenza l'essere potente che dispone di tutte le cose. Egli comprende che grande sarebbe il proprio potere, se potesse agire attraverso l'adulto. Così il bambino comincia un'azione di sfruttamento per potere ottenere dall'adulto molto più di quanto gli sarebbe mai possibile entro i propri limiti. Questo processo è perfettamente comprensibile; e viene a poco a poco a insinuarsi fatalmente in tutti i bambini, tanto che è considerato come il fatto più comune e più difficilmente correggibile: questo il classico capriccio del bambino: tanto logico e naturale che una persona debole, incapace e prigioniera, avendo scoperto questa cosa meravigliosa, cioè che si può convincere un essere potente e libero che gli sta sempre vicino a procurargli dei vantaggi, egli cerchi di ottenerli. Il bambino prova e comincia a volere e a volere al di là dei limiti che l'adulto troverebbe logicamente giusti per il bambino. Infatti questo non ha limiti; il bambino fantastica e per lui l'adulto è l'onnipotente che potrebbe realizzare i desideri dei suoi sogni fluttuanti in un'atmosfera abbagliante. Un tale sentimento ha una piena realizzazione nei racconti delle fate, che è si può dire il romanzo dell'anima del bambino. In quei racconti i bambini sentono esaltato sotto forme attraenti il loro desiderio oscuro. Chi ricorre alle fate può ottenere favori, ricchezze che superano fantasticamente i poteri umani. Ci sono fate buone e fate cattive, belle e brutte, si possono trovare sotto le apparenze di persone cattive e di persone ricche: ce ne sono in mezzo ai boschi, come nei palazzi incantati. Sembra proprio la proiezione idealizzata del bambino che vive tra gli adulti: ci sono fate vecchie come le nonne e giovani e belle come la mamma; ci sono fate vestite di cenci e fate vestite d'oro, come ci sono mamme povere e mamme ricche cogli splendidi vestiti e tutte viziano i bambini.

L'adulto, miserabile o orgoglioso, accanto al bambino è sempre un essere potente; così il bambino comincia nella realtà della vita quell'azione di sfruttamento che finisce in una lotta, dolce in principio perché l'adulto si lascia vincere e cede per il piacere di vedere felice il suo bambino; sì, l'adulto impedirà al bambino di lavarsi le mani da solo, ma appagherà certamente la sua mania di possesso. Però il bambino dopo una prima vittoria ne cerca una seconda; e più l'adulto concede, più il bambino desidera; e l'amarezza ricopre l'illusione che l'adulto si era fatta di vedere soddisfatto il proprio bambino. E poiché il mondo materiale ha limiti severi, mentre l'immaginazione vaga nell'infinito, arriva il momento dello scontro, della lotta violenta. E il capriccio del bambino diviene il castigo dell'adulto. Infatti l'adulto subito si riconosce colpevole e dice: «Ho viziato il mio bambino».

Anche il bambino remissivo ha la sua maniera di vincere: con l'affettuosità, il pianto, la preghiera, la propria melanconia, le attrattive della sua grazia; per cui l'adulto cede anche qui, finché non può più dare, e allora viene quella infelicità che porta nella vita ogni sorta di deviazione dallo stato normale. L'adulto riflette: e si accorge infine di aver trattato il bambino in modo da svolgere in lui dei vizi e cerca la maniera di tornare indietro e di correggere.

Ma si sa che nulla può correggere il capriccio del bambino. E nessuna esortazione, nessun castigo saranno efficaci: poiché sarebbe come se a un uomo che ha la febbre e il delirio, si facesse un discorso per dimostrargli che sarebbe bene per lui di essere sano e si minacciasse di bastonarlo se non farà scendere la sua temperatura. No, l'adulto non ha viziato il suo bambino quando gli ha ceduto; ma quando gli ha impedito di vivere e lo ha spinto verso deviazioni del suo naturale sviluppo.

Verso il bambino l'adulto «manifesta un disprezzo» che egli consciamente non sente: perché crede il suo bambino bello e perfetto e mette in lui il proprio orgoglio e la speranza dell'avvenire; ma una spinta occulta lo fa agire secondo una tenebrosa disposizione, che non è soltanto la convinzione del «bambino vuoto» e del «bambino cattivo» a cui egli deve dare un contenuto o che deve correggere. È soltanto il «disprezzo del bambino». È che quel bambino debole che gli sta dinanzi è il proprio bambino: e innanzi a lui l'adulto può tutto: ha anche il diritto di mostrare sentimenti inferiori che avrebbe vergogna di mostrare nella società degli adulti. Tra queste tendenze oscure sono l'avarizia e il sentimento di tirannia e di assolutismo; e lì, tra le pareti domestiche, sotto la maschera della autorità paterna, avviene la continua e lenta demolizione dell'*io* infantile. Se per esempio un adulto vede il bambino che muove un bicchiere di vetro pensa e teme che quel bicchiere possa essere rotto: in quel momento l'avarizia lo porta a giudicare quel bicchiere un tesoro, e per conservarlo impedirà al bambino di muoversi. Forse quell'adulto è un uomo ricchissimo che pensa di volere aumentare dieci volte le sue ricchezze, per fare ancora più ricco di sé il figlio: ma in quel momento quest'uomo sente nel bicchiere l'enorme valore e cerca di salvarlo. D'altra parte egli pensa: «Perché questo bambino deve mettere questo bicchiere in un modo quando io l'ho messo in un altro? Non sono io l'autorità che può disporre le cose come vuole?». Eppure questo adulto dentro di sé sarebbe contento di compiere qualunque atto di abnegazione verso il suo bambino: sogna di vederlo un giorno trionfante; lo vorrebbe un uomo celebre e potente; ma in quel momento sorge in lui la tendenza tirannica, autoritaria, che si disperde nella semplice difesa di un oggetto senza valore. Difatti se un servitore facesse quel movimento il padre sorriderebbe, e se venisse un ospite che rompesse il bicchiere, il padre si affretterebbe a fargli rilevare che non importava, che il bicchiere non aveva nessun valore.

Il bambino perciò deve percepire con una continuità disperante che egli è l'unico ritenuto pericoloso verso gli oggetti e perciò l'unico ritenuto incapace di toccarli, che è un inferiore, che egli quasi vale meno delle cose.

V'è un altro complesso di concetti che è necessario di considerare in rapporto alla costruzione interiore del bambino. Egli non ha soltanto bisogno di toccare le cose e di lavorare con esse, ma di seguire la successione degli atti: ciò che ha una importanza grandissima sulla costruzione interiore della personalità. L'adulto non osserva più di proposito la successione degli atti consueti nella vita quotidiana, perché già li possiede come un fatto collegato colla stessa esistenza, come un modo di essere. Quando l'adulto si alza la mattina, sa che deve fare questo e quello e lo fa come la cosa più semplice della vita. La successione degli atti è quasi automatica e non si avverte più, appunto come si respira senza pensarci e il cuore batte dentro senza che ce ne accorgiamo. Il bambino invece ha bisogno di costruirsi questo fondamento. Ma non può mai farsi un piano di azione da seguire; se sta giocando, viene l'adulto che pensa sia ora di andare a passeggio, lo veste e lo porta via; oppure mentre il bambino sta compiendo un piccolo lavoro, come riempire di sassolini un secchiello, arriva un'amica della mamma, e la mamma va a prendere il bambino, togliendolo dal suo lavoro per mostrarlo alla nuova venuta. Nell'ambiente del bambino interviene sempre questo essere poderoso che dispone della sua vita senza mai consultarlo, senza considerarlo, dimostrando che le azioni del bambino non hanno alcun valore; mentre invece in presenza del bambino l'adulto quando si rivolge a un altro adulto, sia pure un servo, non lo interrompe senza dire: «Fate il piacere», ovvero: «Se potete». Il bambino sente dunque di essere diverso da tutti, di avere un'inferiorità speciale che lo pone al di sotto di tutti.
Ora, come abbiamo detto, la successione degli atti collegata con il piano prestabilito interiormente, è importantissima. Un giorno l'adulto spiegherà al bambino che bisogna essere responsabili delle proprie azioni: ma questa responsabilità ha come sua prima base un disegno completo di collegamento tra le azioni e un giudizio sopra il loro significato. Ma il bambino sente solo che tutte le azioni sono insignificanti. L'adulto, il padre, che si duole di non riuscire a suscitare nel figlio questo sentimento di responsabilità e di dominio sui propri atti, è stato lui che ha spezzato punto per punto la continuità nel concepire le azioni successive della vita e il sentimento della propria dignità. Il fanciullo porta in sé una convinzione oscura di inferiorità e di impotenza. Per assumere infatti una qualunque responsabilità bisogna avere la convinzione di essere padroni delle proprie azioni e avere fiducia in sé stessi.

Lo scoraggiamento più profondo è quello che viene dalla convinzione di «non potere». Supponiamo che un bambino paralizzato e uno sveltissimo dovessero mettersi in gara di corsa: il paralizzato non vorrà correre; se in una partita di boxe un gigante abilissimo si trovasse davanti a un piccolo uomo inesperto questi non vorrà battersi. La possibilità di fare degli sforzi, si spegne prima ancora di essere messa al cimento, e dà il senso di incapacità, prima della prova. Ora l'adulto spegne di continuo nel bambino il senso dello sforzo quando umilia in lui il sentimento della propria forza e lo convince di incapacità. L'adulto non si contenta di impedire al bambino le sue azioni, ma gli dice: «Tu non *puoi* far questo, è inutile che ti provi» o se non si tratta di persone raffinate dirà: «Stupido, perché vuoi far questo, non vedi che non sei capace?». E questo vale un'offesa contro il lavoro o contro la successione delle azioni, non solo, ma contro la personalità stessa del bambino.

Questo procedere radica nell'anima del bambino la persuasione che non solo le sue azioni non hanno alcun valore, ma che proprio la sua personalità è inetta e non può agire. Viene così lo scoraggiamento, la mancanza di fiducia in sé. Perché se qualcuno più forte di noi ci impedisce di fare una cosa che ci siamo proposta, possiamo pensare che forse verrà qualcuno più debole innanzi a cui potremo ricominciarla. Ma se l'adulto convince il bambino che l'impossibilità sta in lui, allora discende una nebbia nelle idee, una timidezza, una specie di apatia, e un timore che diventano poi costituzionali e tutte queste cose insieme, costruiscono «quell'ostacolo interiore» che la psicoanalisi indica come «complesso di inferiorità». È un ostacolo che può restare permanente, come il senso umiliante di sentirsi incapaci e inferiori agli altri: e ciò trattiene dal prendere parte ai cimenti sociali che si presentano a ogni passo nella vita.

A questo complesso appartengono la timidezza, la incertezza di decisione, il subito ritirarsi dinanzi alle difficoltà e alle critiche, lo sfogo esterno della disperazione nel facile pianto che accompagna queste penose situazioni.

Ora nella «natura normale» del bambino si mostra come uno dei più meravigliosi caratteri, la fiducia in sé stesso, la sicurezza delle proprie azioni.

Quando il piccolo di San Lorenzo dice ai visitatori, delusi per essere venuti in giorno di vacanza, che essi, i bambini, possono aprire l'aula e mettersi al lavoro anche se la maestra è assente, dimostra un'energia di carattere perfettamente equilibrata, che non presume affatto delle proprie forze, ma le conosce bene e le domina.

Il bambino conosce ciò che intraprende e domina talmente la successione delle azioni necessarie all'impresa, che riesce ad attuarle con semplicità, senza sentire di aver fatto nulla di eccezionale.

Il piccino che stava componendo parole con l'alfabeto mobile non si turbò minimamente quando la regina si fermò davanti a lui e gli ordinò di scrivere «Viva l'Italia», ma per prima cosa si mise a ricollocare al proprio posto le lettere dell'alfabeto che aveva adoperate, con la stessa serenità con cui l'avrebbe fatto se fosse stato solo: mentre ci si sarebbe aspettati che, in onore della regina, sospendesse subito il lavoro che stava compiendo per applicarsi a quello che gli era stato ordinato. Ma egli non poté trascurare il suo lavoro abituale: prima di comporre altre parole con le stesse lettere era necessario rimettere in ordine le lettere già adoperate. Infatti, compiuto il riordino, il piccino compose le parole «Viva l'Italia». Ecco un dominatore delle proprie emozioni e delle proprie azioni, un ometto di quattro anni che sa orientarsi con perfetta sicurezza fra gli episodi che si svolgono nel suo ambiente.

XXXIX - LA PAURA

Un'altra deviazione è la paura, che si ritiene come uno dei caratteri naturali del bambino. Quando si dice bambino pauroso, s'intende quella paura collegata a un perturbamento profondo, quasi indipendente dalle condizioni dell'ambiente, e che, come la timidezza, fa parte del carattere. Ci sono dei bambini remissivi che, si potrebbe dire, sono come rivestiti di un'aura angosciosa di paura. Altri invece, forti e attivi, possono presentare, benché spesso coraggiosi nel pericolo, delle paure misteriose, illogiche e invincibili. Queste attitudini possono essere spiegate come conseguenze di forti impressioni ricevute nel passato: come la paura di attraversare una strada, la paura che ci siano dei gatti sotto il letto, la paura di vedere una gallina, cioè come stati simili alle fobie che la psichiatria ha studiato nell'adulto. Tutte queste forme di paura esistono specialmente nei bambini che «dipendono dall'adulto» e l'adulto profitta dello stato nebuloso della coscienza del bambino, per imprimervi artificiosamente delle paure in enti vaghi che agiscono nelle tenebre, per ottenerne l'obbedienza: e questa è una delle più nefaste difese dell'adulto contro il bambino con cui si viene ad aggravare il naturale timore che dà la notte, la quale si popola di immagini terrificanti.

Tutto quanto mette in rapporto colla realtà e permette l'esperienza sulle cose dell'ambiente aiutando l'intelligenza delle cose, allontana lo stato perturbatore della paura. Nelle nostre scuole normalizzatrici, lo sparire delle paure subconscie o anche il non apparire di esse, è uno dei risultati più chiari.

Una famiglia spagnola aveva tre figliole già grandi, giovinette, e una bambina che frequentava una delle nostre scuole. Se durante la notte c'era un temporale la bambina era la sola tra le sorelle che non avesse paura, e conduceva attraverso la casa le grandi che si rifugiavano in camera dei genitori. La presenza della piccola inattaccabile da paure misteriose era un vero appoggio per le sorelle maggiori. Perciò se, come talvolta avveniva, durante la notte il buio agitava le grandicelle, esse ricorrevano alla piccola per vincere la loro tormentosa impressione.

«Lo stato pauroso» è diverso dalla paura collegata con l'istinto normale della conservazione, dinanzi a un pericolo. Ora questa specie di paura normale è meno frequente nei bambini che negli adulti e non soltanto perché i bambini hanno sperimentato meno degli adulti i pericoli esterni. Si direbbe proprio che nel bambino prevale il carattere di affrontare il pericolo e che questo carattere è più sviluppato in lui che nell'adulto. Infatti i bambini si espongono ai pericoli anche ripetutamente, come fanno i bambini nelle strade di città quando si attaccano ai veicoli e nelle campagne quando si arrampicano su alberi alti, o scendono nei precipizi; essi si slanciano anche nell'acqua del mare e dei fiumi e spesso imparano a nuotare a proprio rischio: non si contano i casi di eroismo di bambini che salvano e tentano di salvare i compagni. Voglio citare il caso di un incendio in un ospizio di California che conteneva un reparto di bambini ciechi: si ritrovarono fra le vittime vari corpi di bambini non ciechi, bimbi i quali benché vivessero in un'altra parte della casa, erano accorsi nel momento del pericolo per andare a salvare i ciechi. Nelle associazioni infantili sul tipo dei Boys Scouts si hanno ogni giorno esempi di eroismo infantile.

Si potrebbe chiedere se la normalizzazione svolge questa tendenza eroica che s'incontra abbastanza frequentemente nei bambini. Noi non abbiamo avuto nessun episodio eroico nelle nostre esperienze sulla normalizzazione; se si eccettua qualche espressione di nobile desiderio, che però è ben lungi da una vera azione eroica. Ma i fatti reali e comuni ai nostri bambini si riferiscono a una «prudenza» che permette loro di evitare i pericoli e perciò di viverci in mezzo. Come di poter maneggiare i coltelli a tavola, e anche in cucina, di maneggiare i fiammiferi, o oggetti di illuminazione, di accendere il fuoco, di restare non sorvegliati presso a vasche d'acqua, o di attraversare una strada in città. Insomma, i nostri bambini sono in grado di controllare gli atti e insieme la temerità, componendo una forma di vita serena e superiore. La normalizzazione dunque non corrisponde al gettarsi nei pericoli, ma allo sviluppo di una prudenza che permette di agire tra i pericoli, conoscendoli e dominandoli.

XL - LE BUGIE

Le deviazioni psichiche, benché abbiano infiniti caratteri particolari, simili ai rami visibili di una pianta rigogliosa, dipendono però sempre dalle stesse radici profonde: ed è in quelle che si trova il segreto unico della normalizzazione. Nella comune psicologia e nell'educazione corrente queste particolari ramificazioni sono invece considerate come difetti particolari, che devono essere studiati e affrontati separatamente, come fossero difetti indipendenti l'uno dall'altro.

Uno tra i principali di questi è la bugia. La menzogna è come un abbigliamento dell'anima che la nasconde e, quasi fosse un corredo, tanti sono i vestiti, tante e diverse le bugie che hanno ognuna importanza e significato diversissimi. Ci sono bugie normali e bugie patologiche. L'antica psichiatria si occupò ampiamente della bugia vesanica cioè irrefrenabile, collegata con l'isterismo, dove la bugia ricopre talmente tutta l'anima, che il linguaggio diventa un intreccio di bugie. Fu anche la psichiatria a richiamare l'attenzione sulla bugia dei bambini nelle cause di tribunali per minorenni, e in genere su la possibile bugia incosciente dei bambini chiamati a deporre come testimoni; fece una impressione grande la constatazione che il bambino il cui «animo innocente» è quasi sinonimo di verità (la verità parla per bocca dell'innocenza) potesse deporre delle falsità con impeto sincero. L'attenzione degli psicologi criminalisti fu richiamata su questi fatti sorprendenti, e si venne a riconoscere che quei bambini erano veramente sinceri, e la bugia era dovuta a una forma mentale di confusione, aggravata dal momento emotivo.

Queste sostituzioni del falso al vero, sia come stato permanente e come fatto episodico, sono certo assai lontane dalle bugie del bambino che cerca di nascondersi per difesa conscia. Ma si trovano anche nei bambini normali e nella vita consueta, delle bugie che non hanno alcun rapporto con la difesa. La bugia può essere una vera invenzione, il bisogno di dire cose fantastiche, le quali però abbiano sapore per essere potute credere vere dagli altri e non già per ingannare, né per un qualunque scopo di interesse personale. È una vera forma artistica, come quella dell'attore che incarna un personaggio. Citerò un esempio. Una volta dei bambini mi raccontarono che la loro madre, avendo a pranzo un personaggio, preparò dei succhi vegetali vitaminosi, colle sue proprie mani, per fare propaganda di crudivorismo, e che era riuscita a formare un liquido naturale così squisito, che quel signore disse che ne avrebbe usato e l'avrebbe fatto conoscere e propagandato. Il racconto era così particolareggiato e interessante che pregai la madre dei bambini di volermi dire come si preparava il suo composto vitaminoso. Ma la signora mi rispose che non aveva mai pensato a preparare simili succhi. Ecco un esempio di pura creazione della immaginazione del bambino tradotta in menzogna ufficiale usata nel commercio umano senz'altro scopo che di animare un romanzo.

Queste bugie sono quasi opposte ad altre, dette per pigrizia, per non dover pensare a quale sia la verità: «perché sì!».

Qualche volta però la bugia è conseguenza di un ragionamento astuto. Ebbi occasione di conoscere un bambino di cinque anni che era stato lasciato dalla madre temporaneamente in un collegio. La governante incaricata di un gruppo di bambini a cui questo apparteneva, era specialmente adatta al suo ufficio e piena di ammirazione per questo singolare bambino. Dopo qualche tempo questi prese a lagnarsi con la mamma della governante, descrivendola severa in modo veramente eccessivo. La madre ricorse alla direttrice per informazioni e si ebbe la dimostrazione la più luminosa dell'affetto di questa governante per il bambino che essa aveva colmato sempre di cure affettuose. La madre, affrontò allora il suo figliolo e gli chiese ragione delle sue bugie. «Non potevo dire che è la direttrice la persona cattiva.» Non sembrava che gli mancasse il coraggio di accusare la direttrice, ma piuttosto sentiva il dominio delle convenienze. Molto si potrebbe dire sulle forme di adattamento all'ambiente per mezzo di astuzia di cui sono capaci i bambini.

Sono proprie invece dei bambini deboli e remissivi, quelle bugie imbastite in fretta, quasi un riflesso difensivo, senza un contenuto elaborato dall'intelligenza. Sono le bugie ingenue, disorganizzate, improvvisate e perciò più apparenti, contro le quali combattono gli educatori, dimenticando che esse hanno appunto il più genuino e chiaro significato di difesa contro gli attacchi dell'adulto. Le accuse che l'adulto fa allora al bambino di debolezza, di inferiorità vergognosa, di indegnità sono la constatazione che queste bugie rivelano un essere inferiore.

La bugia è uno di quei fenomeni collegati con l'intelligenza, che nell'infanzia sono ancora in formazione, ma che vanno organizzandosi col crescere dell'età, e vengono a costituire una parte così importante nella società degli uomini da essere indispensabile, decente, e anche estetica come sono i vestiti per il corpo. Nelle nostre scuole normalizzatrici l'anima del bambino abbandona le deformazioni del convenzionalismo e si mostra naturale e sincera. Tuttavia la bugia non è tra quelle deviazioni che spariscono come per miracolo. È necessaria una ricostruzione più che una conversione: e la chiarezza delle idee, la unione colla realtà, la libertà dello spirito e l'interesse attivo a cose elevate formano l'ambiente atto a ricostruire un'anima sincera.

Ma se si analizza la vita sociale, si trova che essa è immersa nella bugia come in un'atmosfera, che non potrebbe essere risanata senza sconvolgere la società. Infatti molti dei nostri bambini che sono passati in scuole secondarie comuni, furono giudicati sfrontati e insubordinati, solo perché erano molto più sinceri degli altri, e non avevano sviluppato certi necessari adattamenti. I professori non si accorgevano di questo fatto: già la disciplina e i rapporti sociali si erano organizzati sulla menzogna e la sincerità sconosciuta sembrava sconvolgere la costruzione morale che si era ormai stabilita come fondamento dell'educazione.

Uno dei contributi più brillanti apportati dalla psicoanalisi alla storia dell'anima umana, è l'interpretazione dei travisamenti come adattamenti del subconscio. Sono le finzioni dell'adulto, e non le bugie del bambino, che rappresentano la terribile veste che si fa vita, e diventa simile alla pelliccia o al piumaggio degli animali; cioè un rivestimento che ricopre, abbellisce e difende la macchina vitale nascosta sotto. Lo schermirsi è la bugia del sentimento, bugia che l'uomo costruisce in sé medesimo per poter vivere, o meglio sopravvivere nel mondo col quale i suoi sentimenti puri e naturali sarebbero in conflitto. E poiché non è possibile vivere permanentemente in uno stato di conflitto, l'anima si adatta.

Un'ipocrisia singolare è quella usata dall'adulto verso il bambino. L'adulto sacrifica i bisogni del bambino ai propri, ma non viene, il che sarebbe intollerabile, a riconoscerlo. Egli si persuade di esercitare un diritto di natura, e di agire per il bene più lontano del bambino. Quando il piccolino si difende, l'anima dell'adulto non è richiamata allo stato vero delle cose, ma chiama disobbedienza, cattiva tendenza tutto quello che il bambino fa per salvare la propria vita. A poco a poco quella voce di verità o di giustizia che parlava già flebilmente, scompare, ed è sostituita dagli orpelli brillanti, solidi, permanenti del dovere, del diritto, dell'autorità, della prudenza ecc. «Il cuore si solidifica, si fa di ghiaccio e brilla come una cosa trasparente. Contro esso tutto si spezza.» «Il mio cuore è diventato pietra; lo colpisco ed è la mia mano che resta ferita.» La bella figura che Dante mette nell'abisso dell'inferno, là dove si rifugia l'odio sono due stati diversi dell'anima, come lo stato liquido e lo stato solido dell'acqua. Sì, il convenzionalismo che serve di schermo è la bugia dello spirito che aiuta l'uomo a adattarsi alle deviazioni organizzate nella società, che indurisce a poco a poco nelle forme dell'odio ciò che era amore. Questa è la bugia tremenda che sta nascosta nei recessi più occulti del subconscio.

XLI - RIFLESSI SULLA VITA FISICA

Quasi per coesione, accanto alle deviazioni psichiche si allineano molte specie di caratteri: tra questi alcuni sembrano divergenti, perché si riflettono sulle funzioni del corpo. È un capitolo della medicina oggi ben studiato, che molti disturbi fisici hanno una causa psichica. Anche taluni difetti, che sembrano per eccellenza collegati con il corpo, hanno le loro origini lontane nel campo psichico. Alcuni di essi riguardano in modo particolare i bambini e sono i disturbi nutritivi. I bambini forti, attivi, tendono a una specie di voracità che difficilmente si può trattenere con cure educative e igieniche. Questi bambini mangiano più del necessario, per una tendenza irresistibile che è spesso giudicata benevolmente come «buon appetito», mentre dà disturbi digestivi e stati tossici, che tengono sovente questi bambini sotto le cure di un medico.

Fin dall'antichità è riconosciuto come un vizio di ordine morale la tendenza folle del corpo che vuole appropriarsi l'alimento al di là del bisogno, inutilmente e anche dannosamente. In questa tendenza sembra sia la degenerazione di una sensibilità normale verso gli alimenti, che dovrebbe spingere alla loro ricerca, ma limitarla anche al necessario come accade per tutti gli animali, la cui salute è affidata all'istinto-guida della conservazione. Infatti la conservazione dell'individuo ha due lati: quello dell'ambiente che consiste nell'evitare i pericoli, e quello proprio dell'individuo che si riferisce all'alimentazione. Negli animali è prevalente l'istinto guida che conduce all'alimentazione non solo, ma alla determinazione della sua misura. Infatti esso rappresenta proprio uno dei caratteri più distintivi di tutte le specie animali. Sia che si nutrano molto o poco, ogni specie si attiene alla misura che la natura detta a ciascuno sotto forma di istinto.

Soltanto l'uomo presenta il «vizio della gola» che non solo fa accumulare insensatamente una quantità eccessiva di alimenti, ma anche dà la tendenza ad assorbire le sostanze che sono veleni. Si direbbe dunque che all'apparire delle deviazioni psichiche, si perdono le sensibilità protettive che guidano verso la salute. Eccone infatti la prova nel bambino deviato, dove subito cominciano degli squilibri nell'alimentazione. L'alimento invita dall'esterno con la sua apparenza, ed è accolto soltanto dal senso esterno del gusto, ma la sensibilità di conservazione, il fatto vitale interiore si è attenuato e si è smarrito. Fu una delle più impressionanti dimostrazioni avute nelle nostre scuole normalizzatrici: che i bambini, riportati dalle loro deviazioni psichiche a uno stato di normalità, perdevano il gusto della golosità e cessavano di essere voraci. Ciò che li interessava era di compiere esattamente i loro gesti, e mangiare con correttezza. Questa ripresa di sensibilità vitale, fu ammirata quasi con incredulità nei primi tempi, quando si parlò di conversione dei bambini. Furono descritte minuziosamente alcune scene infantili, per convincere della realtà di questo fenomeno. Dei piccolini, arrivati alla giusta ora del pasto, davanti a una pietanza invitante, occupavano il loro tempo a mettersi bene i tovaglioli, a guardare la posata per ricordare il modo preciso di tenerla e di usarla, o ad aiutare un compagno più piccolo, e qualche volta erano così minuziosi in queste cure, che la pietanza si raffreddava. Altri bambini si vedevano tristi perché avevano sperato di essere scelti a servire a tavola, e invece si vedevano condannati al più facile dei compiti: quello di mangiare.

Una controprova della corrispondenza tra fatti psichici e l'alimentazione è un fatto inverso. I bambini remissivi hanno una singolare e spesso invincibile ripugnanza ad assumere alimenti. Molti si rifiutano di prendere alimento, e qualche volta in un modo così impressionante che ne sorgono reali difficoltà in famiglia e negli istituti di educazione. La cosa soprattutto impressiona quando avviene in istituzioni ove si trovano bambini poveri e deboli, i quali dovrebbero logicamente cogliere ogni occasione favorevole offerta loro per nutrirsi abbondantemente. Simili stati possono talvolta portare il bambino a un decadimento fisico ribelle a ogni cura. Il rifiutarsi all'alimentazione non si deve confondere colle dispepsie, cioè con veri e propri stati anormali degli organi digestivi, che producono la mancanza di appetito. Il bambino non vuol mangiare per un fatto psichico. In alcuni casi è per un impulso difensivo; quando si vuole imboccare il bambino e lo si obbliga a mangiare in fretta, cioè col ritmo dell'adulto. Mentre il bambino ha un ritmo tutto diverso e particolare; e la cosa è ormai riconosciuta dai pediatri, i quali osservano che i bambini non mangiano tutto l'alimento necessario in una volta sola, ma interpongono lunghe pause al loro lento mangiare.

Già lo si riscontra nei poppanti, i quali non si distaccano dalla fonte del loro bene quando sono sazi, ma se ne staccano per riposare, essendo il loro un ritmo intermittente, oltreché lento. Si può perciò riconoscere la possibilità di una difesa, quasi di una barriera, contro la violenza con cui il bambino è costretto a nutrirsi, fuori delle sue leggi naturali. Ci sono però casi ove questa difesa non si può invocare. Il bambino non ha appetito quasi per sua costituzione: è pallido invincibilmente, e nessuna cura, nemmeno quella della vita all'aria aperta, del sole, delle cure marine, può vincere così persistente inappetenza. Ma vi è vicino un adulto opprimente, repressivo, a cui il bambino è estremamente attaccato. Solo una via per guarirlo: metterlo lontano dalla persona che lo reprime e portarlo in un ambiente psichicamente libero e attivo, in modo che esso perda quell'attaccamento che gli deforma lo spirito. Il rapporto tra vita psichica e quei fenomeni fisici considerati i più lontani dalla pura psiche, come sarebbero i fatti dell'alimentazione, fu sempre riconosciuto. Nella storia sacra si illustra il fatto di Esaù che, per il vizio della gola, cedette i suoi diritti di primogenitura, andò cioè contro il suo interesse, agì senza intelligenza. Infatti la gola è conosciuta tra i vizi che «offuscano la mente». Interessante è sentire la precisione con cui san Tommaso d'Aquino fa rilevare i legami tra gola e intelletto. Egli sostiene che la gola smussa il giudizio e per conseguenza affievolisce nell'uomo il conoscimento delle realtà intelligibili. Il bambino pone la questione in un modo inverso: è il perturbamento psichico quello che ingenera la gola.

La religione cristiana collega talmente questo vizio a perturbazioni di ordine spirituale, che lo mette tra i peccati mortali, cioè che conducono alla morte dello spirito, a una via chiusa come contravvenzione a qualcuna delle leggi misteriose che reggono l'universo. Da un altro lato tutto moderno e scientifico, la psicoanalisi indirettamente appoggia il nostro concetto di smarrimento dell'istinto guida, cioè della sensibilità di conservazione. Essa però l'interpreta differentemente, e parla di «istinto verso la morte». Riconosce cioè nell'uomo una tendenza naturale a coadiuvare l'avvento inevitabile della morte, a facilitarlo, ad abbreviarne il termine, e ad affrontarla nel suicidio. L'uomo si attacca ai veleni come l'alcool, l'oppio, la cocaina, con una tendenza irresistibile: cioè si attacca alla morte, e la chiama, la conduce a sé, anziché attaccarsi alla vita e alla salvazione. Ma tutto questo non indica appunto lo smarrimento di una sensibilità vitale interiore, che dovrebbe presiedere alla conservazione dell'individuo? Se una simile tendenza fosse collegata alla fatalità della morte, dovrebbe esistere in tutte le creature. Si potrà dire piuttosto che ogni deviazione psichica orienta l'uomo verso il cammino della morte e lo fa attivo nella distruzione della propria vita: questa terribile tendenza già appare in forma lieve e quasi impercettibile nella prima infanzia.

Le malattie possono sempre avere il loro coefficiente psichico, perché vita psichica e vita fisica sono collegate insieme: ma l'alimentazione anormale apre la porta all'avvento di tutte e le invita tutte. La malattia è talvolta una pura apparenza che ha cause esclusivamente psichiche, come fosse una immagine anziché una realtà. La psicoanalisi ha fatto una grande luce quando ha illustrato la fuga nella malattia. Le fughe nella malattia non sono simulazioni, ma rappresentano sintomi reali, alterazioni febbrili della temperatura, e veri disturbi funzionali che qualche volta hanno grave apparenza. Eppure sono malattie inesistenti, collegate nel subconscio a fatti psichici che riescono a dominare le leggi fisiologiche. L'*io* con la malattia, riesce a sottrarsi a situazioni o a obblighi spiacevoli; la malattia resistente a ogni trattamento, sparisce solo liberando l'*io* dalla situazione a cui volle sottrarsi. Come i difetti morali, così molte malattie e stati morbosi possono sparire nei bambini, ponendoli a vivere in un ambiente libero, di attività normalizzante. Oggi molti pediatri riconoscono le nostre scuole come Case della Salute, ove si inviano bambini che hanno malattie funzionali resistenti alle cure comuni e si ottengono sorprendenti risultati di guarigioni.

XLII - LA LOTTA FRA L'ADULTO E IL BAMBINO

Il conflitto fra l'adulto e il bambino ha conseguenze che si estendono nella vita umana quasi all'infinito, simili alle onde che si propagano fino a una lontananza remota quando si getti un sasso in uno specchio d'acqua tranquilla. Nell'un caso e nell'altro le vibrazioni si trasmettono e si sviluppano concentricamente in tutte le direzioni.

Allo stesso modo, la medicina e la psicoanalisi scoprono le origini di molti disturbi fisici e mentali. Gli psicoanalisti, in cerca delle più remote cause dei disturbi mentali, si avventurano per lontanissime vie; anche gli esploratori che cercavano le sorgenti del Nilo dovettero percorrere immense distanze, imbattendosi anche in fantastiche cateratte, prima di arrivare alla quiete ancestrale dei grandi laghi. La scienza, volendo sondare le origini della debolezza, dell'incapacità di resistenza, nei meandri della psiche umana, procedette oltre le cause immediate e, penetrando più a fondo nelle cause coscienti, giunse alle origini, incontrando quei laghi sereni che sono il corpo e l'anima del bambino.

Andando a ritroso, se ci interessa questa nuova storia dell'umanità scritta nel segreto della costruzione dei suoi elementi, possiamo dunque partire dai grandi laghi della prima infanzia e seguire il fiume drammatico della vita che si snoda e corre rapido fra montagne e ostacoli, serpeggiando e deviando nel difficile percorso, rimbalzando da un precipizio all'altro delle cateratte, libero di fare ogni cosa, eccetto una: fermarsi, cessare di dare sfogo alle acque tumultuose dell'esistenza.

In verità i mali più evidenti dell'uomo adulto – le malattie fisiche come i disturbi nervosi e mentali – si riflettono sull'infanzia, e la vita infantile può indicarcene i primi sintomi.

Inoltre è opportuno tener conto d'un'altra realtà: qualsiasi male grande e visibile è accompagnato da un'infinità di mali minori. I casi di morte per una malattia sono molto rari in confronto ai casi di guarigione dalla stessa malattia. E se la malattia rappresenta uno stato di prostrazione che non può resistere all'attacco, debbono esservi insieme anche molti

"

altri punti deboli che non sono stati direttamente attaccati dalla malattia.

Le condizioni anormali predisponenti sono come le onde che si ripercuotono all'infinito, come le vibrazioni dell'etere. Alla stessa maniera che, esaminando un po' d'acqua per sapere se sia o no pura e potabile, si può concludere che anche il resto della medesima acqua presenterà le stesse caratteristiche, così, quando numerose persone muoiono d'una malattia o si perdono per errori, sarà necessario concludere che tutta l'umanità vive nell'errore.

L'idea non è nuova. Già ai tempi di Mosè si riconosceva che c'è un errore all'origine dell'umanità, un peccato che la rende tutta perversa e perduta. Il peccato originale pare un concetto illogico e ingiusto poiché considera possibile la crudele condanna di innumerevoli innocenti destinati a formare l'umanità.

Ma noi nello stesso modo vediamo sotto i nostri occhi bambini innocenti, condannati a portare in sé le conseguenze fatali di uno sviluppo viziato da errori secolari.

Le cause a cui ci riferiamo si fondano sul conflitto fondamentale della vita umana, gravido di conseguenze e fino ad ora non sufficientemente indagato.

XLIII - L'ISTINTO DEL LAVORO

Prima di queste nuove rivelazioni intorno all'infanzia, le leggi della costruzione della vita psichica rimanevano un'incognita assoluta. Ma lo studio dei «periodi sensitivi» come determinanti nella formazione dell'uomo costituirà una delle scienze di maggior importanza per l'umanità.

Lo sviluppo e la crescita presentano successivi fondamenti e rapporti sempre più stretti fra l'individuo e l'ambiente, poiché lo sviluppo della personalità – ossia quel che si chiama libertà del bambino – non può essere che l'indipendenza progressiva dall'adulto, realizzata grazie a un ambiente adeguato, in cui il bambino possa trovare i mezzi necessari allo svolgersi delle proprie funzioni. Ciò è altrettanto chiaro e semplice come il dire che lo svezzamento si effettua preparando al bambino un'alimentazione basata sui cereali e il sugo di frutta, ossia utilizzando i prodotti dell'ambiente per sostituire il latte materno.

L'errore della libertà del bambino, nell'educazione, consistette nel considerare un'ipotetica indipendenza nei riguardi dell'adulto, senza la corrispondente preparazione dell'ambiente. Questa costituisce una scienza educativa, rispondente alla necessità, nell'alimentazione infantile, di determinate prescrizioni igieniche. Tuttavia la preparazione dell'ambiente psichico nelle sue basi essenziali come fondamento d'una nuova educazione è stata abbozzata dal bambino stesso in maniera abbastanza chiara per poter costituire una realtà pratica.

Fra le rivelazioni fatte dal bambino ce n'è una essenziale: il fenomeno della normalizzazione per mezzo del lavoro. Migliaia d'esperienze fatte su bambini di tutte le razze del mondo permettono di dimostrare il fenomeno che costituisce l'esperienza più sicura che mai si sia realizzata nel campo della psicologia e dell'educazione. È certo che per il bambino l'attitudine al lavoro rappresenta un istinto vitale, perché senza lavoro non si può organizzare la personalità, dato che questa uscirebbe dai limiti normali della propria costruzione: *l'uomo si costruisce lavorando*. Nulla può sostituire la mancanza di lavoro: né il benessere né l'affetto. D'altra parte non si riescono a vincere le deviazioni con castighi o con esempi. L'uomo si costruisce lavorando, effettuando lavori manuali in cui la mano è lo strumento della personalità, l'organo dell'intelligenza e della volontà individuale, che edifica la propria esistenza di fronte all'ambiente. L'istinto dei bambini conferma che il lavoro è una tendenza intrinseca della natura umana, l'istinto caratteristico della specie.

Per quale motivo il lavoro, che dovrebbe essere la suprema soddisfazione e la base principale della salute e della rigenerazione (come succede per i bambini), è respinto dall'adulto, che non giunge mai a credere nella sua dura necessità imposta dall'ambiente? Perché il lavoro sociale poggia su basi false, e l'istinto profondo – deviato dal possesso, dal potere, dall'ipocrisia e dal monopolio – rimane occulto nell'uomo, come un carattere recessivo. In queste condizioni il lavoro dipende soltanto da circostanze esterne o dalla lotta di uomini sviati, e si trasforma in lavoro forzato, che genera potenti barriere psichiche. Perciò il lavoro è duro e ripugnante.

Ma quando, in circostanze eccezionali, il lavoro si collega all'intimo impulso dell'istinto, allora acquista, persino nell'adulto, caratteri molto diversi. In tal caso il lavoro diventa incantevole e irresistibile, e porta l'uomo molto al di sopra di deviazioni e perturbazioni. Tale è il lavoro di chi realizza un'invenzione, di chi compie sforzi eroici nell'esplorazione della terra, di chi esegue opere d'arte; in tali casi l'uomo è posseduto da un potere straordinario, per cui egli ritrova nuovamente l'istinto della specie nei disegni della propria individualità. Questa allora è simile a un potente getto d'acqua, che spezza la dura superficie e s'innalza con impetuoso slancio, ricadendo poi come pioggia benefica e rinfrescante sull'umanità.

Tali impulsi generano il progresso della civiltà, grazie alla quale riaffiorano i caratteri fondamentali dell'istinto normale del lavoro, su cui si fonda l'ambiente della società umana.

Il lavoro è indubbiamente la caratteristica più singolare dell'uomo: il progresso della civiltà è legato alla multiforme abilità che tende alla creazione dell'ambiente per facilitare la vita dell'uomo.

È curioso però che in cotesto ambiente l'uomo trovi modo di vivere appartandosi così dalla vita naturale. Quest'ambiente non può tuttavia chiamarsi artificiale; piuttosto è una costruzione sovrapposta alla natura, cioè *super-naturale*, e l'uomo va progressivamente abituandosi finché essa diventa il suo elemento vitale. Si potrebbe paragonare la storia della civiltà a una di quelle evoluzioni lente che conducono a una specie nuova e definitiva, come potrebbe essere nella storia della natura animale il passaggio, attraverso gli anfibi, dalla vita marina a quella terrestre. L'uomo, anfibio, vivendo della natura, a poco a poco si creò la «super-natura», partecipando ampiamente di ambedue le vite, ma con la tendenza a realizzarne infine una sola. Oggi l'uomo non vive già più della natura, poiché l'utilizza tutta, quella visibile e quella invisibile, quella che si manifesta e quella che si occulta nei misteri della vita cosmica. L'uomo però non è passato semplicemente da un ambiente vitale a un altro: s'è costruito il proprio ambiente, e in esso vive tanto esclusivamente che non potrebbe ormai esistere fuori della sua meravigliosa creazione. L'uomo vive, dunque, dell'uomo. La natura non soccorre l'uomo, come fa con gli altri esseri vivi. L'uomo non trova in essa, come trova l'uccello, gli alimenti bell'e preparati e i mezzi per costruirsi il nido; l'uomo deve trovare nell'uomo tutto ciò di cui abbisogna. Perciò ciascun individuo si trova legato agli altri, e ciascuno contribuisce col proprio lavoro al complesso in cui vive l'umanità, l'*ambiente super-naturale*.

Ma se l'uomo vive dell'uomo, è padrone e signore della propria esistenza, e può dirigerla e disporne a suo agio. Non si trova direttamente sottomesso alle vicissitudini della natura, ma isolato da esse, e dipende esclusivamente dalle vicissitudini umane. Perciò se la personalità umana si svia, tutta la sua vita è in pericolo, esistendo il pericolo per l'uomo in sé.

È interessante controllare nell'infanzia il potere dell'istinto del lavoro e l'influenza dell'intima unione esistente fra normalità e lavoro sull'intera costruzione della personalità.

Questa è la miglior prova del fatto che l'uomo nasce con una finalità concentrata nel lavoro, perché è la natura che lo spinge a costruire qualcosa che dipende da lui e che deve essere unito all'esistenza e ai fini della creazione. È illogico infatti che l'uomo non partecipi dell'armonia universale a cui contribuiscono tutti gli esseri viventi, ciascuno secondo l'attività dell'istinto immesso nella specie. I coralli costruiscono isole e continenti ricostruendo le coste disgregate dall'incessante azione delle onde; gli insetti trasmettono il polline delle piante conservando gran parte della vita vegetale; il condor e la iena purificano l'ambiente dai cadaveri insepolti; altri animali eliminano i detriti, altri fabbricano miele e cera, altri la seta, e così di seguito. La missione della vita è così immensa ed essenziale che la terra si conserva grazie alla vita che abbraccia il globo terraqueo con uno strato equivalente all'atmosfera.

Infatti oggi la vita sopra la terra è ritenuta una *biosfera*. Gli esseri viventi non hanno come scopo ultimo quello di provvedere a sé stessi, ma, facendolo, prendono una parte così essenziale alla conservazione della terra, da costituire elementi necessari per l'armonia tellurica. Gli animali producono più di ciò che è richiesto dalle loro necessità; dalla loro attività risulta sempre un'eccedenza immensamente superiore alle necessità dirette della conservazione. Dunque sono tutti operai dell'universo e osservatori delle leggi universali. A queste non può sottrarsi l'uomo, lavoratore per eccellenza: esso costruisce la supernatura, che nella ricchezza della sua produzione non corrisponde evidentemente al semplice fatto dell'esistenza, ma ha in più una funzione di ordine cosmico.

Affinché questa produzione risulti perfetta, essa non deve essere ispirata dalle necessità dell'uomo stesso, ma dai misteriosi disegni dell'istinto del lavoro. Una fatale deviazione separa evidentemente l'uomo dal suo centro cosmico, dallo scopo della sua vita. Nel bambino, la costruzione dell'uomo, che è la sua missione, deve unirsi intimamente – se si svolge normalmente – agli istinti direttivi della costruzione individuale. E in essa risiede il grande segreto: la educazione normale dalla quale dipende la *super-natura*.

XLIV - LE CARATTERISTICHE DELLE DUE SPECIE DI LAVORO

L'adulto e il bambino, fatti per amarsi e convivere amorosamente, si trovano in lotta continua per l'incomprensione che corrode le radici della vita e si sviluppa in un groviglio di azioni e reazioni.

Diverse sono le questioni che si riferiscono a cotesto conflitto, e alcune di esse, chiare e tangibili, dipendono esteriormente dalle relazioni sociali. L'adulto ha una missione da compiere, così complicata e intensa che gli diventa sempre più difficile sospenderla, come esigerebbe la necessità di seguire il bambino adattandosi al suo ritmo e alle sue necessità psichiche di sviluppo. D'altra parte, l'ambiente sempre più complicato e dinamico dell'adulto è inadatto al bambino. Possiamo immaginare una vita primitiva semplice e pacifica, in cui il bambino poteva trovare un rifugio naturale, accanto all'adulto intento a lavori semplici e di calmo ritmo, circondato da animali domestici, dove il bambino veniva in libero contatto con gli oggetti e poteva lavorare anch'egli, senza timore di suscitare proteste. Quando avesse avuto sonno, si sarebbe addormentato sotto un albero frondoso.

Ma lentamente la civiltà ha sottratto l'ambiente sociale al bambino. Tutto è eccessivamente regolato, troppo serrato e rapido. Non solo il ritmo accelerato della vita dell'adulto è stato un ostacolo per il bambino, ma il sopraggiungere della macchina, che trascina lontano come un vento impetuoso, gli ha tolto perfino gli ultimi angoli di rifugio. Il bambino, quindi, non può vivere attivamente. Le cure che gli si prodigano consistono nel salvargli la vita dai pericoli che si moltiplicano e che lo tormentano esteriormente. Ma in realtà il bambino è nel mondo un profugo, un essere inerte, schiavo. Nessuno pensa alla necessità di creargli un ambiente di vita adatto; non si riflette che egli ha esigenze di azione e di lavoro.

Bisogna dunque convincersi che le questioni sociali sono due, perché due sono le forme di vita: la questione sociale dell'adulto e la questione sociale del bambino; e che vi sono due tipi essenziali di lavoro, il lavoro dell'adulto e quello del bambino, ambedue necessari per la vita dell'umanità.

Il lavoro dell'adulto

L'adulto, come attività sua propria, deve costruire l'ambiente *super-naturale*. È un lavoro esteriore, fatto d'attività e di sforzo intelligente, e costituisce il cosiddetto lavoro produttivo, che per sua natura è sociale, collettivo e organizzato.

Per conseguire i fini del suo lavoro, l'uomo deve per forza ordinarlo e regolarlo mediante le norme che formano le leggi sociali. Queste impongono una disciplina collettiva a cui gli uomini si sottopongono volontariamente, giacché essi stessi l'hanno riconosciuta indispensabile all'ordine effettivo della vita sociale. Ma oltre a quelle leggi che rappresentano necessità locali e generano differenze fra i diversi gruppi umani, nel corso dei secoli si affermano altre leggi fondamentali e radicate nella natura stessa, intorno al lavoro in sé: coteste leggi sono comuni a tutti gli uomini e a tutti i tempi. Una di esse è la legge della divisione del lavoro, di applicazione universale presso tutti gli esseri viventi, e indispensabile, giacché gli uomini si differenziano fra loro secondo la produzione. Un'altra legge naturale si riferisce allo stesso individuo che lavora: è la legge del minimo sforzo, secondo la quale l'uomo cerca di ottenere il massimo di produzione lavorando il meno possibile. Questa legge ha una importanza grandissima, non perché esista il desiderio di lavorare il meno possibile, ma perché, secondo essa si ottiene maggior produzione con minor consumo di energia: principio talmente utile da potere essere applicato anche alla macchina, che sostituisce e integra il lavoro umano.

Queste sono le «buone leggi» sociali e naturali di adattamento al lavoro.

Non tutto però si svolge secondo coteste «buone leggi», perché la materia che l'uomo lavora, quella che produce ricchezza, è limitata, il che causa il sorgere della competizione, della «lotta per la vita», analoga a quella che esiste fra gli animali.

Al di sopra di tutto ciò agiscono le «deviazioni» dell'individuo, generatrici di conflitti. La «brama di possesso» – senza relazione con alcun motivo di «conservazione» dell'individuo o della specie – nasce al di fuori delle leggi naturali, e perciò non ha limiti. Il «possesso» domina «l'amore» sostituendolo con l'odio, e penetrando in un ambiente «organizzato» ostacola lo sviluppo del lavoro, non solo nei limiti individuali, ma anche in quelli delle organizzazioni sociali. Così la divisione del lavoro è sostituita dallo sfruttamento del lavoro altrui, regolato dalle leggi di «convenienza», che impongono come principî sociali le conseguenze delle deviazioni umane mascherate con le norme del «diritto». In questo modo l'errore trionfa nella società umana e s'impone per «suggestione» di principî presentati sotto forma di ordini morali e di necessità vitali. Nella tragica e tenebrosa nube che il male impone sotto il manto del bene, tutto si deforma, e tutti accettano come una necessità le sofferenze che ne derivano.

Il bambino, che è un essere naturale per eccellenza, vive materialmente accanto all'adulto e si trova, in ogni famiglia, associato alle più diverse condizioni di vita. Egli tuttavia rimane sempre estraneo all'attività sociale dell'adulto: la sua attività non può applicarsi alla produzione sociale. Bisogna in verità far penetrare nella nostra coscienza il principio che il bambino è fuori della possibilità di partecipare alla attività sociale dell'adulto. Simboleggiando il lavoro umano in un fabbro che batte sull'incudine un pesante martello, ci appare chiaro che il bambino non potrebbe fare uno sforzo simile. Simboleggiando il lavoro intellettuale in uno scienziato che maneggia delicati strumenti per ricerche complicate e difficili, è altrettanto chiaro che nessun contributo può dare a queste ricerche il bambino. Pensiamo anche al legislatore che studia il miglioramento delle leggi: il bambino non potrebbe mai sostituirlo in cotesto compito.

Il bambino è interamente estraneo a questa società e potrebbe riassumere la propria posizione nella frase evangelica: «Il mio regno non è di questo mondo». Egli è dunque un essere totalmente appartato dall'organizzazione elaborata dagli uomini, estraneo al mondo artificiale che l'uomo ha costruito separatamente dalla natura. Nel mondo in cui entra nascendo, il bambino è un *extra-sociale* per eccellenza, intendendo come tale una persona che non può adattarsi alla società, che non può prender parte attiva all'opera produttiva di essa né alla regolarizzazione delle sue organizzazioni, e che pertanto costituisce una perturbazione dell'equilibrio stabilito. Il bambino, infatti, è un essere extra-sociale, che disturba sempre, là dove si trovano gli adulti, persino in casa dei suoi genitori. La sua mancanza di adattamento è aggravata dalla circostanza di essere attivo e incapace di rinunciare alla propria attività. Perciò si tende a combatterla, obbligando il bambino a non intervenire, a non dar fastidio, cercando di ridurlo alla passività. Si usa confinarlo perciò nelle *nurseries* o stanze dei giochi; oppure nelle scuole, luoghi di esilio a cui il bambino è condannato dall'adulto fino a quando non sia capace di vivere nel mondo senza dar fastidio. Solo allora potrà essere ammesso nella società, ma prima deve far atto di sottomissione all'adulto, come una persona priva dei diritti civili, perché in verità la sua esistenza civile è nulla. L'adulto è il suo padrone e signore, e il bambino deve stare sempre sottoposto agli ordini di lui, ordini che non tollerano appello e che pertanto sono giusti *a priori*.

Procedente dal nulla, il piccino penetra nella famiglia dell'adulto. Questi in suo confronto, è grande e potente come un dio, è l'unico che gli può fornire il necessario per vivere. L'adulto è il creatore, la provvidenza, il dominatore, l'esecutore. Mai nessuno è dipeso da un altro in maniera così totale e assoluta come il bambino dipende dall'adulto.

Il lavoro del bambino

Anche il bambino è un lavoratore e un produttore. Pur non potendo partecipare al lavoro dell'adulto, esso ha un suo lavoro da svolgere, un grande, importante e difficile compito: quello di produrre l'uomo. Se dal neonato inerte, muto, incosciente e incapace di muoversi si forma un adulto perfetto, con l'intelligenza arricchita dalle conquiste della vita psichica e risplendente della luce datagli dallo spirito, ciò si deve al bambino.

Da lui esclusivamente è costruito l'uomo. L'adulto non può intervenire in cotesto lavoro; l'esclusione dell'adulto dal «mondo» del bambino è più evidente e assoluta dell'esclusione del bambino dal lavoro produttore di *super-natura* sociale in cui regna l'adulto. Il lavoro infantile è di specie e potenzialità molto diverse, potremmo quasi dire opposte: è un lavoro incosciente, realizzato da un'energia spirituale che si sta sviluppando, un lavoro creatore che ricorda la simbolica descrizione della Bibbia, dove, parlando dell'uomo, la scrittura dice soltanto che «fu creato». Ma come fu creato? Come ricevette, cotesta creatura vivente, gli attributi dell'intelligenza e del potere su tutte le cose della creazione, benché procedesse dal nulla? Possiamo osservare e ammirare questo fatto, in tutti i suoi particolari, nel bambino, in tutti i bambini. Tutti i giorni i nostri occhi contemplano il meraviglioso spettacolo. Ciò che fu fatto, lo fu perché si riproducesse in tutte le creature umane quando giungono al mondo dei vivi: è la vita che procede dall'immortalità, dove tutto, morendo, si rinnova. Davanti alla semplice evidenza della realtà possiamo ripetere continuamente: «Il bambino è il progenitore dell'uomo». Tutto il potere dell'adulto deriva dalla possibilità che ebbe il «piccino progenitore» di realizzare appieno la segreta missione che gli era stata affidata. Ciò che colloca il bambino nella posizione di un vero operaio è il fatto ch'egli non realizza solo meditando o riposando la finalità dell'uomo che deve costruire. No, il suo lavoro è fatto di attività: egli crea col suo continuo lavoro. E bisogna rendersi conto che in cotesto lavoro egli utilizza anche l'ambiente esterno, cioè lo stesso ambiente che l'adulto utilizza e trasforma. Il bambino cresce con l'esercizio: la sua attività costruttiva consiste in un autentico lavoro che materialmente sorge dall'ambiente esterno. Il bambino si esercita e si muove facendo esperienze: così coordina i propri movimenti e va registrando le emozioni, provenienti dal mondo esterno, che plasmano la sua intelligenza, così va faticosamente conquistando il proprio linguaggio con miracoli d'attenzione e sforzi iniziali che a lui solo sono possibili, e con irrefrenabili tentativi riesce a reggersi in piedi e a correre. Così procedendo, egli obbedisce a un programma e a un orario, come lo studente più diligente, con la stessa invariabile costanza con cui si muovono le stelle lungo la loro invisibile traiettoria. Infatti in ogni età si può misurare la statura del bambino, ed essa avrà toccato i limiti previsti; sappiamo pure che a cinque anni egli toccherà un altro livello d'intelligenza, e un altro agli otto. Si potrà prevedere quali saranno la sua statura e le sue capacità intellettuali sui 10 anni, perché il bambino non disobbedirà al programma fissato dalla natura. Attraverso un'attività infaticabile, fatta di sforzi, esperienze, conquiste e dolori, di dure prove ed estenuanti lotte, il bambino sviluppa lentamente la sua difficile e mirabile attività, raggiungendo sempre nuove forme di perfezione. L'adulto perfeziona l'ambiente, ma il bambino perfeziona l'essere: i suoi sforzi sono simili a quelli di chi cammina sempre, senza riposo, per raggiungere la meta. Perciò la perfezione dell'uomo adulto dipende dal bambino.

Noi adulti *dipendiamo* da lui. Nel campo della sua attività noi siamo suoi figli e dipendenti, com'egli è nostro figlio e dipendente nel mondo del nostro lavoro. L'uomo è signore in un campo, ma il bambino è padrone e signore in un altro campo, e cioè ambedue dipendono l'uno dall'altro: sono due re in due regni diversi.
Tale è l'essenza dell'armonia di tutta l'umanità.

Confronto fra le due specie di lavoro

Essendo il lavoro del bambino costituito da azioni in relazione con oggetti reali del mondo esterno, noi potremo farne materia di studio per investigare le leggi e individuarne le origini, allo scopo di paragonarlo con il lavoro dell'adulto. L'adulto e il bambino svolgono ambedue, a spese dell'ambiente, un'attività immediata, cosciente e volontaria, che si deve considerare come «lavoro» propriamente detto; ma oltre a ciò ambedue hanno nel loro lavoro una finalità che non è direttamente cosciente e volontaria. Non c'è esistenza vitale, neppure tra gli esseri vegetali, che non si svolga a spese dell'ambiente. Cotesta frase non è rigorosamente esatta, in quanto si riferisce soltanto a un giudizio immediato. Ma la vita stessa costituisce un'energia che scaturisce dal mezzo che tende a mantenere la creazione, creando e perfezionando senza tregua l'ambiente, il quale, senza questa attività, si disgregherebbe. Per esempio i coralli svolgono il lavoro immediato di assorbire dall'acqua del mare il carbonato di calcio per costruire le loro dighe di protezione; in relazione all'ambiente, la loro finalità è quella di creare nuovi continenti. Ma siccome cotesta finalità è abbastanza lontana dall'attività immediata dei coralli, si possono studiare questi ultimi con rigore scientifico senza imbattersi mai nel continente. Altrettanto può dirsi di tutti gli esseri viventi e in modo speciale dell'uomo.
Una finalità non immediata, ma visibile e certa, si trova nel fatto che ciascun essere adulto è prodotto dal lavoro creatore di un essere infantile. Studiando in tutte le sue parti il bambino, o per dir meglio l'essere infantile, si può studiare e conoscere tutto, dall'atomo fondamento della materia al più piccolo particolare di tutte le funzioni: ciò che invece non si troverà in esso è proprio l'adulto.

Tuttavia le due remote finalità dell'atto immediato implicano un lavoro a spese dell'ambiente.

Forse la Natura svela nei suoi esseri più semplici qualche parte dei suoi segreti. Fra gli insetti, per esempio, possiamo registrare due autentici lavori produttivi: uno è rappresentato dalla seta, filo brillante con cui gli uomini fabbricano preziosi tessuti, l'altro dalla ragnatela, filo senza consistenza propria, che gli uomini si affrettano a distruggere. Ebbene, la seta è il prodotto d'un essere infantile e la ragnatela d'un essere adulto: senza dubbio si tratta di due lavoratori. Quando dunque si parla di lavoro del bambino e lo si confronta con quello d'un adulto, si allude a due specie distinte di attività, con diversi scopi, ma ambedue reali.

Ciò che importa conoscere è però il lavoro infantile. Quando un bambino lavora, non lo fa per raggiungere uno scopo esteriore. Il suo obbiettivo è lavorare, e quando, nella ripetizione d'un esercizio, egli pone termine alla propria attività, cotesta fine è indipendente dagli atti esterni. Quanto alla reazione individuale, la cessazione del lavoro non è in rapporto con la stanchezza, perché anzi una caratteristica del bambino è quella di uscire dal proprio lavoro completamente rafforzato e pieno di energia.

Con ciò è indicata una delle differenze fra le leggi naturali del lavoro nel bambino e nell'adulto: il bambino non segue la legge del minore sforzo, bensì una legge contraria, poiché egli consuma una quantità enorme d'energia in un lavoro senza scopo e impiega non solo energia propulsiva, ma anche energia potenziale nell'esecuzione di tutti i particolari. L'obiettivo e l'azione esteriore sono in tutti i casi mezzi d'importanza contingente. È impressionante cotesta relazione fra l'ambiente e il perfezionamento della vita interiore, essendo questo il concetto che informa, secondo l'adulto, la vita spirituale. L'uomo che si trova in una sfera di sublimazione non si preoccupa delle cose esterne, le usa soltanto nel momento opportuno per il perfezionamento interiore. Al contrario, chi si trova nella sfera ordinaria, o per dir meglio nella sua propria sfera, si preoccupa delle finalità esterne fino al sacrificio, fino a rimettervi l'anima e la salute.

Un'altra chiara e indubitabile differenza fra il lavoro dell'adulto e quello del bambino consiste nel fatto che quest'ultimo non ammette ricompense né concessioni; è necessario che il bambino compia da solo il lavoro di crescere, e lo compia fino alla fine. Nessuno può addossarsi le fatiche del bambino e crescere per lui. Nemmeno è possibile che per raggiungere i vent'anni un bambino cerchi il modo di perdere meno tempo; perciò una proprietà caratteristica dell'essere infantile in via di sviluppo è quella di seguire il suo programma e orario senza ritardi e senza negligenze. La Natura è una maestra severa, che castiga la più piccola disobbedienza con quello che si chiama «deficienza di sviluppo» o deviazione funzionale, cioè anormalità o malattia.

Il bambino possiede un *motore* diverso da quello che ha l'adulto, il quale agisce sempre per eccesso di motivi esterni che esigono da lui ardui sforzi, sacrificio e dura fatica. Per questa missione è necessario che il bambino lo abbia elaborato perfettamente, rendendolo uomo forte e robusto.

Il bambino invece non si stanca col lavoro; lavorando cresce, e perciò il lavoro aumenta la sua energia.

Il bambino non chiede mai di essere dispensato dalle sue fatiche, ma chiede di effettuare la sua missione totalmente e da solo. Il lavoro di crescere costituisce la sua vita stessa: «lavorare o morire».

Se non conosce cotesto segreto, l'adulto non capirà mai il lavoro del bambino. E non l'ha capito, infatti; perciò gli impedisce di lavorare supponendo che il riposo sia quel che più gli giova per crescere bene.

L'adulto esegue ogni cosa al posto del bambino perché si orienta secondo le proprie leggi naturali di lavoro: minimo sforzo ed economia di tempo. L'adulto, più abile e meglio formato, cerca di vestire e lavare il bambino, di trasportarlo in braccio o in carrozzino, di riordinare ciò che lo circonda, senza permettere che il bambino stesso partecipi a coteste operazioni.

Quando si concede al bambino un po' di agio «nel mondo e nel tempo», il piccolo, come prima manifestazione di difesa, esclama: «Io, voglio farlo io!». Nelle nostre scuole, ambiente adatto per i piccoli, è stata pronunciata dai bambini stessi questa frase, rivelatrice di una necessità interiore: «Aiutami a farlo da solo».

Quanta eloquenza in cotesta espressione contraddittoria! L'adulto deve aiutare il bambino, ma affinché questi possa agire ed effettuare il proprio lavoro nel mondo. Non solo, sono così espresse le necessità, ma anche le qualità dell'ambiente, che dev'essere vitale e non inerte. Non si tratta d'un ambiente da conquistare e godere, ma d'un mezzo che faciliti lo stabilirsi delle funzioni. Risulta evidente che l'ambiente dev'essere animato direttamente da un essere superiore, organizzato dall'adulto intelligente e preparato per cotesta missione. Questo concetto differisce non solo da quello secondo il quale tutto si deve fare sostituendosi al bambino, ma anche da quello di un ambiente passivo in cui l'adulto possa abbandonare il bambino.

Non basta quindi preparare per il bambino oggetti di forme e dimensioni a lui adatte: è necessario preparare l'adulto affinché lo aiuti.

XLV - GLI ISTINTI GUIDA

Anche nella natura ci sono due forme di vita: la vita dell'adulto e la vita infantile: assai diverse, anzi contrastanti. La vita dell'adulto è caratterizzata dalla lotta: sia quella dell'adattamento all'ambiente illustrata da Lamarck, sia la lotta di concorrenza e la selezione naturale illustrate da Darwin, le quali si svolgono non solo affinché la specie possa sopravvivere, ma anche per la selezione della conquista sessuale.

Quel che accade negli animali adulti si può paragonare allo sviluppo della vita sociale fra gli uomini: continui sforzi per conservare la vita e difendersi dai nemici, lotta e fatiche per adattarsi all'ambiente e infine l'amore e la conquista sessuale. In cotesti sforzi e nella concorrenza fra le specie Darwin vide la causa dell'evoluzione, cioè del perfezionamento degli esseri, e così spiegò la sopravvivenza dei corpi: come gli storici materialisti attribuirono l'evoluzione dell'umanità alle lotte e alla concorrenza fra gli uomini.

Ma mentre a spiegare la storia umana non vi sono altri argomenti possibili che le avventure degli adulti, non è così nella natura: anzi la vera chiave della vita che in essa resiste e si afferma, mostrando le innumerevoli e meravigliose varietà degli esseri, sta nel capitolo riservato alla parte infantile. Prima di essere forti per lottare, tutti gli esseri viventi furono deboli e tutti cominciarono da uno stadio dove gli organi non potevano adattarsi perché non esistevano. E non vi è essere vivo che si inizi dallo stato adulto.

Vi è dunque una parte occulta della vita, che deve avere altre forme, altri mezzi, altri motivi: tutti diversi da quelli appariscenti che appaiono nel giuoco tra l'individuo forte e l'ambiente.

Questo è il capitolo che si potrebbe chiamare «il capitolo infantile nella natura»; e in esso è nascosta la vera chiave della vita, perché ciò che avviene nell'adulto può spiegare solo le avventure della sopravvivenza.

Le osservazioni dei biologi sulla vita infantile degli esseri hanno messo in luce l'aspetto più meraviglioso e complesso della natura: quello che ha rivelato realtà stupefacenti, sublimi possibilità che riempiono di poesia e quasi di religione, l'intera natura vitale. La biologia, in questo campo, ha eseguito e messo in luce il lato creativo e conservativo della specie, illustrando istinti che guidano interiormente gli esseri viventi: istinti che per essere distinti dalla massa degli istinti impulsivi che si riferiscono a reazioni immediate tra l'essere e l'ambiente si possono chiamare: «istinti guida».

In biologia si sono sempre raggruppati tutti gli istinti che esistono in due classi fondamentali, secondo le loro finalità cioè gli istinti per la conservazione dell'individuo e quelli per la conservazione della specie. In tutti e due vi sono aspetti di lotta, collegati con episodi passeggeri, quasi degli scontri tra l'individuo e l'ambiente; e altri sono invece veramente guide vitali costanti, eminentemente conservativi.

Per esempio, fra gli istinti di conservazione dell'individuo corrisponde alla lotta episodica l'istinto di difesa contro le cause sfavorevoli o minacciose. Fra quelli della conservazione della specie, è episodico l'istinto a cui corrispondono gli incontri con altri esseri sotto le forme opposte di unione o di lotta sessuale. Tali episodi, i più violenti ed evidenti, furono per primi notati e studiati dalla biologia. Ma in seguito si studiarono meglio gli istinti di conservazione dell'individuo e della specie in ciò che si riferisce al loro aspetto conservatore e permanente.

Ma gli istinti guida ai quali è legata l'esistenza stessa della vita nella sua grande funzione cosmica anziché reazioni verso l'ambiente, sono sensibilità interiori delicate, così come il puro pensiero è qualità tutta interiore della mente. Si potrebbero considerare, continuando il paragone, come i pensieri divini che si elaborano nella intimità degli esseri viventi, e che poi portano questi all'azione sul mondo esterno per attuarli. Gli istinti guida, perciò, anziché il carattere impulsivo delle lotte episodiche, hanno quello di una intelligenza, di una sapienza, che conduce gli esseri attraverso il loro viaggio nel tempo (gli individui) e nella eternità (la specie).

Gli istinti guida sono specialmente meravigliosi, quando si rivolgono a guidare e a proteggere la vita infantile, iniziale: quando l'essere è ancora quasi inesistente o immaturo, ma pure incamminato a raggiungere il suo pieno sviluppo, quando non ha ancora i caratteri della specie, né la forza, né la resistenza, né le armi biologiche della lotta, né la speranza della vittoria finale, come premio stabile della sopravvivenza. Qui la guida agisce insieme come una forma di maternità e come una forma di educazione, misteriose, che sono intimamente nascoste, come il segreto della creazione. Essa porta a salvamento ciò che è inerme: che non ha materia né forza in sé stessa per salvarsi. Uno di questi istinti guida riguarda la maternità: quell'istinto meraviglioso illustrato da Fabre e dai biologi moderni come chiave della sopravvivenza degli esseri; e l'altro riguarda lo sviluppo dell'individuo e fu illustrato nei periodi sensitivi dal biologo olandese De Vries.

L'istinto di maternità non è collegato solo con la madre, per quanto, procreatrice diretta della specie, abbia la massima parte in questo compito protettivo: ma è nei due genitori e talvolta pervade tutta una società di esseri.

Studiando più profondamente ciò che si chiama istinto materno, si finisce col riconoscerlo come una misteriosa energia, che non è necessariamente collegata agli esseri viventi, ma che esiste come protezione della specie anche senza materia, come è espresso nei *Proverbi*: «Io ero con te nell'universo, prima che ogni cosa esistesse».

Con istinto materno, si designa perciò in genere, l'istinto-guida della conservazione della specie. Ci sono alcune caratteristiche che padroneggiano questo campo in tutte le specie: ed è un olocausto di tutti gli altri istinti esistenti nell'adulto, ai quali è collegata la sopravvivenza di questo. L'animale feroce può trarre da sé stesso una dolcezza e una tenerezza, che contrastano con la sua natura: l'uccello che vola tanto per cercare i mezzi di vita, come per fuggire al pericolo, si ferma e vigila il nido, trovando innanzi al pericolo altre difese, ma non mai quella di fuggire. Gli istinti che sono insiti nella specie cambiano cioè improvvisamente di carattere. Oltre a ciò, in moltissime specie, appare la tendenza alla costruttività, al lavoro: cosa che non si incontra mai negli animali per sé stessi, perché allo stato adulto essi si adattano alla natura, così come la trovano. Il nuovo istinto di protezione della specie dà dunque luogo a un lavoro costruttivo, che ha lo scopo di preparare il riparo e il rifugio ai nuovi nati: e ogni specie e varietà ha in quest'opera una guida determinata. Nessuno prende a caso la prima materia che incontra, o costruisce adattandosi ai luoghi, no: l'indicazione è stabilita e precisa. Per esempio, le maniere di costruire i nidi sono proprio tra i caratteri differenziali delle varietà degli uccelli. Negli insetti ci sono esempi stupendi di costruzione: infatti gli alveari delle api sono palazzi a perfetta architettura geometrica, che una società intiera contribuisce a costruire per albergarvi le nuove generazioni. Vi sono altri casi meno vistosi, ma estremamente interessanti, come quello dei ragni, gli eccezionali costruttori anche per sé stessi, che sanno tendere così larghe e rade reti ai loro nemici. Tutto a un tratto il ragno cambia radicalmente il suo lavoro: e, dimentico dei suoi nemici e delle sue proprie necessità, comincia a confezionare un sacco piccolino, con una sagoma di tessuto tutto nuovo, finissimo e fitto, del tutto impermeabile. Spesso è a doppia parete, ciò che lo rende un rifugio eccellente nei luoghi umidi e freddi, dove vivono alcune varietà di ragni. Dunque, una vera sapienza verso le esigenze del clima. Lì dentro il ragno depone al sicuro le sue uova. Ma la cosa strana è che il ragno ama con veemenza questo sacco. In alcune osservazioni di laboratorio, si è constatato che questo ragno dal corpo viscido e grigio, dove non si arriverebbe mai a trovare un cuore, può morire di dolore innanzi allo spettacolo straziante di trovare il suo sacco lacerato e distrutto. E infatti si trova che il ragno, là dove può, rimane così attaccato alla sua costruzione, che il sacco sembra quasi far parte del suo corpo. Dunque, ama il sacco: ma non affatto le uova, né i ragnetti vivi che finalmente escono da esse. Sembra anzi che non si accorga nemmeno della loro esistenza. L'istinto ha portato questa madre a fare un lavoro per la specie, senza che veramente l'essere vivo della specie ne sia oggetto diretto. Ci può dunque essere un «istinto senza oggetto», che agisce irrefrenabilmente, e rappresenta proprio una obbedienza al comando interiore di fare ciò che è necessario: e fa amare ciò che è stato comandato.

Esistono farfalle che durante tutta la loro vita hanno succhiato il nettare dei fiori, senza conoscere altra attrattiva né altro nutrimento. Ma venuto il momento di deporre le uova, non le mettono mai sopra i fiori. Esse hanno un'altra direttiva; cambiano quell'istinto della nutrizione che appartiene all'individuo e sono portate verso un ambiente diverso, l'ambiente adatto alla specie nuova, che ha bisogno di altri alimenti. Però questa farfalla non conosce tali alimenti come non conoscerà mai la specie che verrà da essa. Essa porta in sé un comando della natura, estraneo all'essere suo. La coccinella e anche altri insetti simili, non depongono mai le uova sopra le foglie, che serviranno di alimento alle piccole larve, ma sulla loro faccia inferiore, perché vi restino riparate. Una simile «riflessione intelligente» è fatta da una quantità d'insetti, che pure non si nutrono mai delle piante che scelgono per la loro prole. Essi dunque conoscono teoricamente il capitolo dell'alimentazione dei loro bambini, ed anche prevedono i pericoli delle piogge e del sole.

L'essere adulto che ha la missione di proteggere i nuovi esseri, cambia

dunque i propri caratteri e trasforma sé stesso, come se fosse venuto
un tempo in cui la legge consueta che regge la sua vita, si fermasse,
per un grande avvenimento della natura.

C'è il miracolo della creazione. E allora questi esseri fanno qualche
cosa che non è il vivere, ma è, si potrebbe dire, un rito che si compie
attorno a questo miracolo.

È infatti uno dei più splendidi miracoli della natura il potere che hanno
i neonati, privi del tutto d'esperienza, di orientarsi e proteggersi nel
mondo esterno, guidati nei «periodi sensitivi» da istinti parziali. Questi istinti sono guide che li conducono attraverso successive difficoltà
e che di tanto in tanto rianimano l'essere con il potere d'impulsi irre-
sistibili. È chiaro che la natura non ha concesso all'adulto la protezione
di cui gode il neonato: essa ha le sue guide e veglia severamente affinché siano obbedite. L'adulto deve soltanto collaborare, entro i limiti in
cui agiscono gli istinti-guida per la protezione della specie. E molte
volte, come dimostrano i pesci e gli insetti, i due istinti guida
dell'adulto e del nuovo essere agiscono in maniera separata e indipendente, senza cioè che genitori e figli s'incontrino nella vita. Negli animali superiori i due istinti svolgono una collaborazione armoniosa, e
nella confluenza degli istinti guida materni con i «periodi sensibili»
dei neonati nasce l'amore cosciente fra genitori e figli, o si producono
relazioni materne, estese a tutta la società organizzata, che esercitano
la loro attività nei confronti dei nuovi prodotti vivi della razza (come
succede per gli insetti viventi in forme associate, api, formiche, ecc.).
L'amore e il sacrificio non sono causa di protezione della specie, ma effetto dell'istinto-guida che ha le sue profonde radici nel grandioso laboratorio creatore di vita e al quale è legata la sopravvivenza di tutte le specie.

Il sentimento facilita la missione imposta alle creature e dà allo sforzo
quella speciale delizia che gli uomini trovano nella perfetta obbedienza
agli ordini della natura.

Se si volesse abbracciare in una visione unica il mondo degli adulti si
potrebbe dire che periodicamente vi si manifesta una deviazione dalle
leggi che gli sono proprie, dalle leggi più evidenti della natura, considerate perciò assolute e intangibili. Ebbene, coteste leggi intangibili
vengono violate, inutilizzate, come se lasciassero campo libero a *qualcosa* di superiore, e s'inchinassero davanti a fatti contrari alle stesse

leggi, cioè si sospendessero per assecondare le nuove leggi che appaiono nella vita infantile della specie. Così si mantiene la vita: le sospensioni la rinnovano e le permettono di continuare eternamente.

Ora ci potremmo chiedere: come partecipa l'uomo a queste leggi della natura? L'uomo, si dice, racchiude in sé come in una sintesi suprema, tutti i fenomeni naturali degli esseri a lui inferiori; li riassume e li supera. E di più, per il privilegio dell'intelligenza, li fa risaltare nel vivo splendore di quella veste psichica che è fatta di immaginazione, di sentimento e di arte.

Come dunque vi sono esposte e sotto quali sublimi apparenze si manifestano le due vite nell'umanità? Veramente non appariscono due vite. Se andiamo a cercare nel mondo umano, dobbiamo dire che in esso si trova la lotta, lo sforzo dell'adattamento, l'affanno della vita esteriore. I fatti che avvengono nel mondo umano, convergono tutti verso la conquista e la produzione come se non ci fosse altro da considerare. La forza umana urta e si spezza nella competizione. Se l'adulto considera il bambino, lo fa con quella logica che mette nella sua stessa vita: vede in lui un essere diverso e inutile e lo allontana da sé: ovvero, con ciò che si chiama educazione, fa uno sforzo per attirarlo direttamente nell'orbita della sua propria vita. E agisce come agirebbe (se mai fosse possibile) una farfalla che rompesse il bozzolo della sua ninfa, per invitarla a volare; o una rana che traesse il suo girino fuori dell'acqua affannandosi a farlo respirare coi polmoni e a cambiare in verde il color nero che non le garbasse.

Pressappoco così fa l'uomo coi suoi bambini: l'adulto esibisce innanzi a loro la propria perfezione, la propria maturità, il proprio esempio storico, chiedendo al bambino di imitarlo. Non pensa assolutamente che i caratteri diversi del bambino sono tali da rendere necessario di provvedere un ambiente diverso e dei mezzi di vita adatti a quest'altra esistenza infantile.

Come si può spiegare una così sbagliata comprensione proprio nell'essere il più alto, il più evoluto, quello che è dotato di intelligenza propria; il dominatore dell'ambiente, la creatura piena di potere, che può lavorare, rispetto agli altri viventi con una superiorità incommensurabile?

Egli, l'architetto, il costruttore, il produttore, il trasformatore dell'ambiente, fa per il suo bambino meno di un'ape, meno di un insetto, meno di qualunque creatura.

È mai possibile che l'istinto guida più elevato ed essenziale della vita, manchi all'umanità totalmente e che essa sia veramente inerte e cieca davanti al fenomeno più sconvolgente della vita universale, da cui dipende l'esistenza della specie?

L'uomo dovrebbe parallelamente sentire qualche cosa di simile a ciò che sentono gli altri esseri, poiché in natura tutto si trasforma, ma niente si distrugge, e sono specialmente indistruttibili le energie che dirigono l'universo: esse esistono anche quando sono deviate dal proprio oggetto.

L'uomo costruttore, dove costruisce il nido destinato al bambino? L'uomo in quest'opera di costruzione dovrebbe esprimersi con l'arte sua più elevata: quella che non si contamina e non si modella sopra nessuna esigenza esteriore. Dove un impulso di amore generoso può accumulare ricchezze che non si utilizzano nel mondo delle produzioni. Vi sono luoghi dove l'uomo sente il bisogno di abbandonare i suoi caratteri consueti, dove percepisce che la parte essenziale che mantiene la vita, non è la lotta dove sente come una verità che sorge dal profondo, che il sopraffare gli altri non è il segreto della sopravvivenza, e dove perciò l'abbandono di sé, sembra la vera cosa vivificante. Non vi è qualche luogo dove l'anima aspira a rompere le leggi ferree che la trattengono legata al mondo delle cose esterne? Non vi è la ricerca ansiosa del miracolo, il bisogno di ricorrere al miracolo per continuare la vita? E insieme l'aspirazione verso qualche cosa che stia al di fuori della vita individuale, che va più lontano, e si estende verso l'eternità? Ed è su questa via che sta la salvazione. L'uomo sente il bisogno della rinuncia al suo affaticante ragionare ed è pronto a credere.

Poiché tutti questi sono i sentimenti che dovrebbero sorgere nell'uomo, quando interviene con la nascita della sua creatura il fatto che porta gli altri esseri viventi alla sospensione di leggi, e all'olocausto di sé stessi, col fine di spingere la vita verso l'eternità.

Sì, esistono luoghi dove l'uomo non sente più il bisogno della conquista, ma il bisogno della purificazione e dell'innocenza e perciò aspira alla semplicità e alla pace. In quella pace innocente, l'uomo cerca un rinnovamento di vita, quasi una risurrezione dal mondo oppressore.

Sì, debbono esservi nell'umanità sentimenti grandiosi, diversi e opposti a quelli della vita consueta. Essi sono la voce divina che nessuna cosa può spegnere: e che chiama gli uomini, li chiama a raccolta perché sostino attorno al Bambino.

XLVI - IL BAMBINO MAESTRO

Scoprire gli istinti-guida dell'uomo costituisce una delle più importanti ricerche da svolgere nei tempi moderni. Abbiamo iniziato questo studio partendo inizialmente dal nulla, e questo è stato il nostro contributo. Un nuovo campo di ricerche è aperto, e i risultati finora ottenuti dimostrano l'esistenza di tali istinti e danno le prime indicazioni circa il modo di studiarli.

Il loro studio è possibile solo nei bambini normali, che vivono liberamente in un ambiente adatto alle loro necessità di sviluppo. Appare allora una nuova natura umana, con tanta chiarezza che i suoi caratteri normali si impongono come indiscutibile realtà.

Numerosissime esperienze dimostrano una verità che interessa allo stesso modo due diversi settori, quello dell'educazione e quello dell'organizzazione sociale dell'uomo. È chiaro che l'organizzazione sociale degli uomini che avessero una natura differente da quella conosciuta dovrebbe essere diversa, e l'educazione ci può indicare anche il modo di normalizzare la società dell'adulto. Una riforma sociale di questo tipo non può dipendere da un'idea o dall'energia di alcuni organizzatori; ma da essa uscirebbe lentamente e costantemente un mondo nuovo in mezzo al mondo vecchio: il mondo del bambino e dell'adolescente. Da questo mondo dovrebbero uscire lentamente le rivelazioni, le direttive naturali necessarie alla vita normale della società. È assurdo supporre e sperare che riforme ideali o energie individuali possano colmare un vuoto tanto grande come quello che esiste nel mondo per l'oppressione del bambino.

Nulla potrà rimediare al male derivante dal fatto che tutti gli uomini saranno sempre più «anormali», finché la loro infanzia non si sarà potuta svolgere secondo le direttive della natura, ma subirà invece irrimediabili deviazioni.

L'energia ignota che può aiutare l'umanità è quella che risiede nel bambino.

È tempo di rinnovare il *nosce te ipsum*, punto di partenza di tutte le scienze biologiche che hanno contribuito a migliorare la vita fisica dell'uomo attraverso la medicina moderna e l'igiene, realizzando una più elevata civiltà, quella dell'igiene fisica.

Nel campo psichico, però, l'uomo non si conosce ancora. Le prime ricerche del *nosce te ipsum* fisico si realizzarono per mezzo dello studio anatomico dei cadaveri umani; le prime ricerche del *nosce te ipsum* psichico, per mezzo dello studio del neonato umano. Vivo.

Senza coteste considerazioni fondamentali sembra che non vi sia alcuna via aperta al progresso, come alla sopravvivenza dell'umanità nella nostra civiltà, e che tutti i problemi sociali siano per rimanere insoluti, così come resteranno insolubili i problemi relativi alla pedagogia scientifica moderna, perché il perfezionamento dell'educazione può avere un'unica base, la normalizzazione del bambino.

Lo stesso procedimento dev'essere applicato all'umanità adulta, per la quale esiste un unico vero problema: *nosce te ipsum*, ossia la conoscenza delle leggi occulte che guidano lo sviluppo psichico dell'uomo. Ma tale problema è già stato risolto dal bambino seguendo una via pratica, e fuori di essa non si vede come possa esistere salvezza. Poiché di ogni cosa buona possono impossessarsi uomini deviati, che cercano di ottenere autorità e potenza, sicché essa viene distrutta prima di poter essere applicata, trasformandosi in oggetto pericoloso per la vita umana. Per questo tutto ciò ch'è buono, come i progressi e le scoperte, può aumentare il malessere che affligge il mondo, come dimostrano le macchine, che costituiscono il progresso sociale più tangibile per noi tutti. Qualsiasi invenzione che potrebbe generare elevazione e progresso è suscettibile d'essere adoperata anche per la distruzione, per la guerra, per l'industria che arricchisce. I progressi della fisica, della chimica e della biologia, i perfezionamenti dei mezzi di trasporto non fanno che aumentare i pericoli di distruzione, di miseria, di trionfo di una crudele barbarie. Perciò non dobbiamo sperare nulla dal mondo esterno, finché non si riconoscerà che la conquista fondamentale della vita sociale è la normalizzazione dell'uomo. Soltanto dopo di ciò il progresso esteriore potrà apportare benessere e una più perfetta civiltà. Dobbiamo pertanto considerare il bambino come il fato della nostra vita futura. Chiunque voglia conseguire qualche beneficio per la società deve necessariamente far leva sul bambino, non solo per salvarlo dalle deviazioni, ma anche per conoscere il segreto pratico della nostra vita. Da questo punto di vista la figura del bambino si presenta possente e misteriosa, e noi dobbiamo meditare su di essa perché il bambino, che chiude in sé il segreto della nostra natura, divenga il nostro maestro.

XLVII - LA MISSIONE DEI GENITORI

I genitori non sono i costruttori del bambino, ma i suoi custodi. Essi devono proteggerlo e curarlo in un senso profondo, come chi assume una missione sacra, che supera gli interessi e i concetti della vita esteriore. I genitori sono custodi super-naturali, come gli angeli custodi di cui parla la religione, che dipendono unicamente e direttamente dal cielo, più forti di qualsiasi autorità umana e uniti al bambino da legami indissolubili anche se invisibili. Per tale missione i genitori debbono purificare l'amore che la natura pose nei loro cuori e comprendere che cotesto amore è la parte cosciente di un sentimento più profondo, che non deve essere contaminato dall'egoismo o dall'inerzia. I genitori devono intendere e abbracciare la questione sociale che oggi s'impone: la lotta per far riconoscere nel mondo i diritti dell'infanzia.

Molto si è parlato in questi ultimi tempi dei diritti dell'uomo, e specialmente dei diritti del lavoratore, ma è giunto il momento di parlare dei diritti sociali del bambino. La questione sociale dei lavoratori è stata fondamentale per le trasformazioni sociali, poiché l'umanità vive unicamente del lavoro umano: da quel problema dipendeva quindi l'esistenza materiale dell'umanità intera. Ma se l'operaio produce ciò che l'uomo consuma e crea nel mondo esteriore, il bambino produce l'umanità stessa, e pertanto i suoi diritti ancora più palesemente esigono trasformazioni sociali. È evidente che la società dovrebbe prodigare ai bambini le cure più perfette e più sagge, per ricavarne maggior energia e maggiori possibilità per l'umanità futura.

Il fatto di aver trascurato e dimenticato i diritti del bambino, di averlo tormentato e distrutto, di continuare a ignorare il suo valore, il suo potere e la sua natura, dovrebbe suscitare la più veemente reazione dell'umanità.

XLVIII - I DIRITTI DEL BAMBINO

La società non si preoccupò affatto del bambino fino a poco tempo fa, o per essere più precisi fino alla soglia del secolo attuale. Lo ignorava lasciandolo esclusivamente alle cure della famiglia. Unica protezione e difesa del bambino era l'autorità paterna, residuo di norme del diritto romano risalenti a duemila anni addietro. In così lungo periodo di tempo la civiltà progredì considerevolmente dal punto di vista delle leggi a favore dell'adulto, ma lasciò totalmente privo di difesa sociale il bambino. Gli furono dati soltanto i mezzi materiali, morali e intellettuali della famiglia in cui nasceva. Se la famiglia non avesse posseduto alcun mezzo, il bambino avrebbe dovuto vivere nella miseria materiale, morale e intellettuale, senza che la società sentisse la più piccola responsabilità nei suoi riguardi. Finora la società non ha preteso alcuna preparazione o garanzia da parte della famiglia in cui può nascere un bambino. Lo Stato, tanto rigoroso in fatto di documenti ufficiali, tanto amante di minuziose formalità e avvezzo a regolamentare tutto ciò che può avere la più piccola parte di responsabilità sociale, non si preoccupa per nulla di informarsi circa le capacità dei futuri genitori, né si occupa di proteggere convenientemente i figli nel loro sviluppo. E nemmeno dà ai genitori istruzione e preparazione adeguate.
Chi vuole fondare una famiglia basta che si diriga allo Stato e compia l'unico dovere che gli viene imposto: quello di celebrare il rito del matrimonio. A parte ciò, si può affermare che la società, fin dai tempi più remoti, s'è disinteressata del tutto dei piccoli operai a cui la natura ha confidato la missione di costruire l'umanità. In contrasto con i costanti progressi a favore dell'adulto, i bambini rimasero dimenticati ed esiliati.
Potevano essere vittime, senza che la società se ne rendesse conto, vittime propiziatorie, come fu riconosciuto dalla scienza circa mezzo secolo fa, quando la medicina cominciò a interessarsi dell'infanzia. Questa allora si trovava ancor più abbandonata: non esistevano medici specialisti né ospedali per l'infanzia. Solo quando le statistiche rivelarono l'altissima media della mortalità infantile durante il primo anno di vita, si produsse una profonda impressione. Allora si scoperse che, anche

se nascevano molti figli nelle famiglie, pochi sopravvivevano. La morte di quei piccini pareva così naturale che le famiglie vi s'erano abituate, secondo l'idea diffusa che quei bambini in realtà non morivano ma salivano al cielo, e vi era una vera preparazione spirituale per accettare con rassegnazione quella specie di arruolamento di angioletti da parte di Dio che desiderava averli tutti vicino a sé. Erano tanti i piccoli che morivano per ignoranza e mancanza di cure che quel fenomeno fu chiamato «strage normale degli innocenti».

Scoperto il fatto, si organizzò rapidamente una vasta propaganda che fece sorgere un nuovo senso di responsabilità nella coscienza umana. Non bastava, si affermò, che i genitori dessero la vita ai figli: s'imponeva l'obbligo di salvare quelle vite, con i mezzi che la scienza indicava; i genitori dovevano procurare nuove condizioni e ricevere le istruzioni necessarie per l'igiene infantile.

Ma i bambini non soffrivano soltanto nel seno della famiglia; osservazioni scientifiche compiute nelle scuole diedero un'altra impressionante rivelazione delle loro sofferenze. Ciò avvenne nell'ultimo decennio del secolo scorso, nella stessa epoca in cui la medicina scopriva e studiava le malattie causate dal lavoro negli operai, gettando le prime luci di quella igiene sociale del lavoro che costituì la più positiva base di lotta a favore dei lavoratori. Si riconobbe allora che, oltre alle malattie infettive per mancanza d'igiene, i bambini soffrivano pure di malattie causate dal loro lavoro.

Questo si svolgeva nella scuola, dove i bambini sono esposti a un tormento obbligatorio per imposizione della società. Il petto stretto, che predispone alla tubercolosi, era causato dalla necessità di piegarsi per lunghe ore sui banchi a leggere e a scrivere; la colonna vertebrale si piegava per causa di quella posizione forzata, la miopia nasceva per il prolungato sforzo di usare la vista senza luce sufficiente, e infine tutto il corpo si deformava e soffriva per la lunga permanenza in locali stretti e affollati.

Ma il tormento non era soltanto fisico: si dimostrò che esso si estendeva al lavoro mentale. Gli studi erano pesanti e i bambini, costretti fra il tedio e il timore, avevano la mente stanca e il sistema nervoso esausto. Erano pieni di pregiudizi, disanimati, malinconici, viziati, senza fiducia in sé stessi e senza la luminosa gioia dell'infanzia.

La famiglia non si rendeva conto di cotesto stato di cose, si preoccupava soltanto che i bimbi superassero gli esami e s'istruissero il più rapidamente possibile, per economizzare tempo e denaro. Non era l'istruzione in sé, non l'elevazione culturale che preoccupava le famiglie, ma solo la risposta all'appello sociale, un obbligo esteriore che pesava e costava denaro. Ciò che importava era che il bambino giungesse a «possedere» il passaporto sociale nel minor tempo possibile. Le ricerche fatte in quell'epoca presso le scuole misero in luce altri fatti impressionanti: molti bambini entravano in scuola già stanchi per il lavoro compiuto. Alcuni, prima di andare a scuola, avevano percorso diversi chilometri per distribuire il latte ai clienti, altri avevano venduto giornali per le vie, oppure avevano lavorato in casa, sicché arrivavano a scuola affamati e assonnati, desiderosi solo di riposare. Questi infelici bimbi erano castigati, poiché non stavano attenti né capivano le spiegazioni dell'insegnante. Il maestro, preoccupato per le sue responsabilità e più ancora per la sua autorità, cercava di destare l'interesse di quei bambini stanchi per mezzo di rimproveri e si faceva obbedire con minacce. Li umiliava davanti ai compagni a causa della loro incapacità e debolezza di volontà. Così quei disgraziati passavano la vita fra lo sfruttamento familiare e i castighi scolastici.

Tanta ingiustizia rivelarono quelle prime investigazioni, che ne sorse una vera reazione sociale, e le scuole e i loro regolamenti andarono rapidamente modificandosi. Nacque un nuovo e importante ramo della medicina, l'*igiene scolastica*, che esercita un'azione protettrice e rigeneratrice in tutte le scuole pubbliche dei paesi civili. Il medico e l'insegnante oggi si trovano associati a beneficio del bambino, e fu questa la prima sanzione sociale d'un errore antico e incosciente di tutta l'umanità, e costituì il primo passo verso la redenzione sociale dell'infanzia.

Se si guarda indietro, di là da quel primo salutare risveglio, non si trova in tutto il cammino della storia nessun fatto evidente che riveli qualche riconoscimento dei diritti del bambino o qualche intuizione della sua importanza. Eppure Cristo, per indicare agli adulti la via del regno dei Cieli e scuoterli dalla loro cecità, aveva detto indicando i bambini: «Se non vi cambierete e non diventerete come i pargoli, non entrerete nel regno dei Cieli». Ma l'adulto continuò a preoccuparsi solo di convertire il bambino, proponendosi a lui come esempio di perfezione. E pare che cotesta tremenda cecità dell'adulto sia stata del tutto inguaribile. Misteri dell'anima umana. Questa cecità è un fenomeno universale, antico quanto l'umanità stessa.

Infatti in tutta l'aspirazione educativa, in tutta la pedagogia antica, fino ai nostri giorni, la parola educazione fu sempre sinonimo di castigo, e il suo scopo fu quello di sottomettere il bambino all'adulto che si sostituì alla natura mettendo i propri fini e volontà al posto delle leggi della vita. La Bibbia stessa, nei Proverbi di Salomone, indica agli uomini i loro doveri d'educatori: «Non risparmiate il bastone ai vostri figli», perché risparmiarlo significherebbe odiarli, cioè condannare i vostri figli all'inferno.

Migliaia d'anni trascorsero e la situazione non cambiò gran che. Nelle diverse nazioni esistevano differenti modi di castigare i bambini. Molte volte nei collegi si specificavano i castighi usati, come appendere cartelli infamanti sul petto, mettere orecchie d'asino in testa, o esporre il bambino a un'autentica berlina facendolo deridere e insultare da chiunque gli passasse davanti. Altri castighi erano veri tormenti fisici: stare in piedi per ore col viso rivolto verso un angolo dell'aula, così che il bambino non potendo fare né vedere nulla, si stancava e s'annoiava.

Un altro castigo consisteva nello stare in ginocchio sul pavimento con le ginocchia nude, o venir battuto e sferzato pubblicamente. C'è una raffinatezza moderna di crudeltà nel principio ideale di riunire la famiglia e la scuola in uno stesso simulacro d'educazione: principio che si risolse nell'organizzare la scuola e la famiglia per il castigo e il tormento del bambino. L'alunno castigato a scuola è obbligato ad annunciare la sentenza a casa, affinché il padre si unisca al maestro nei rimproveri e nel castigo; poi il bimbo è costretto a riportare a scuola la firma del padre, per provare che la denuncia ha avuto corso, che un altro esecutore ne è stato informato e che anch'egli si è, in linea di principio, associato ai persecutori del suo stesso figlio.

In questi casi non c'è difesa possibile. A quale tribunale potrà appellarsi il bambino, come possono fare i condannati per qualsiasi delitto? Non esiste un tribunale d'appello per lui.

E dov'è l'amore che potrebbe servire di rifugio consolatore per il bimbo? Non esiste. La scuola e la famiglia si trovano d'accordo nel castigare, perché, se così non fosse, il castigo non sarebbe abbastanza educativo.

Ma la famiglia non ha bisogno del richiamo della scuola per castigare i bambini. Recenti ricerche intorno ai castighi usati nelle famiglie (e una fu fatta per iniziativa dell'Istituto per l'Educazione, annesso alla Società delle Nazioni) hanno dimostrato che persino ai giorni nostri non c'è nazione in cui i bambini non vengano castigati dalla famiglia. Cotesti castighi consistono in grida violente, offese con parole insultanti, schiaffi e pugni, reclusione dei bambini in stanze buie per spaventarli, minacce di più tremendi castighi, privazione di piccoli svaghi e divertimenti, che costituiscono l'unico rifugio dei piccoli schiavi e l'unico compenso di tanti tormenti inconsciamente sopportati: come quello di andare a giocare con altri bambini o mangiare qualche dolce o frutto. Infine, come castigo familiare il digiuno imposto, soprattutto la sera: «A letto subito, senza cena!». E il sonno sarà poi agitato tutta la notte, per il dispiacere e la fame. Benché l'uso dei castighi vada rapidamente scomparendo nelle famiglie evolute e coscienti, tuttavia non è scomparso del tutto, e le maniere rozze, la voce dura e minacciosa costituiscono il trattamento più comune usato dall'adulto nei riguardi del bambino. Si crede che sia naturale diritto dell'adulto quello di castigare il bambino, e la madre si sforza di considerare un dovere l'applicazione di qualche schiaffo. Eppure si sono aboliti i castighi corporali per gli adulti, perché avviliscono la dignità umana e sono una vergogna sociale. Ma esiste villania maggiore dell'offendere e battere un bambino?

È evidente che la coscienza dell'umanità è sommersa in un sonno profondo.

Il progresso della civiltà non dipende attualmente dal progresso individuale, non procede dalla fiamma ardente dello spirito umano: è il procedere d'una macchina insensibile, spinta da una forza esteriore. La sua energia motrice, come un enorme potere impersonale, proviene dall'ambiente, deriva dalla società intera, la quale funziona inesorabilmente. Avanti e sempre diritto!

La società è come un immenso convoglio ferroviario che avanza a velocità vertiginosa verso un punto remoto, e gli individui che la compongono possono essere paragonati ai viaggiatori che dormono nell'interno degli scompartimenti. E quel sonno delle coscienze è il più poderoso ostacolo che impedisca di ricevere un aiuto vitale, una verità salvatrice. Se così non fosse, il mondo potrebbe progredire rapidamente: non esisterebbe il pericoloso contrasto fra la velocità sempre maggiore dei mezzi di trasporto della materia e la sempre più profonda rigidezza dello spirito umano. Il primo passo, il più difficile in ogni movimento sociale per il progresso collettivo, consiste nel tremendo compito di risvegliare l'umanità addormentata e insensibile, costringendola ad ascoltare la voce che chiama. Oggi è assolutamente necessario che l'intera società si ricordi del bambino e dell'importanza che esso ha, e che gli vada incontro con la massima urgenza per trarlo dal grande e pericoloso abisso in cui giace. Bisogna che cotesto abisso scompaia e che si costruisca un mondo adatto al bambino mediante il riconoscimento dei suoi diritti sociali. Il maggior delitto che la società commetta è quello di sciupare il denaro che dovrebbe usare a favore dei suoi figli e che invece dissipa per distruggerli e per distruggersi. La società è stata per il bambino come un tutore che abbia dilapidato il patrimonio appartenente non a lui ma ai suoi pupilli. L'adulto spende e costruisce per sé, mentre è evidente che buona parte della sua ricchezza dovrebbe essere destinata al bambino. Cotesta verità è innata nella vita stessa, e lo dimostrano gli animali e persino gli insetti più umili. Perché le formiche accumulano alimento? Perché gli uccelli cercano cibo e lo portano al nido? In natura non esiste nessun esempio di adulti che divorano ogni cosa e abbandonano la propria prole nella miseria.

Per il bambino non si fa nulla: si cerca appena di conservargli la vita vegetativa del corpo. Quando la società scialacquatrice ha necessità estrema di denaro, lo sottrae anche alle scuole, specialmente alle scuole per l'infanzia, rifugio dei germi della vita, lo sottrae di là dove non esistono d'altronde voci che lo difendono. Questo è uno dei più iniqui delitti dell'umanità e il più assurdo dei suoi errori. La società non si accorge nemmeno di commettere una duplice devastazione quando usa quel denaro per costruire strumenti di distruzione: distrugge uccidendo la vita e distrugge non permettendo di vivere. Le due cose costituiscono un unico errore, poiché appunto per non aver favorito lo sviluppo della vita, gli uomini cresceranno in modo anormale.

È poi necessario che gli adulti si organizzino nuovamente non per sé, questa volta, bensì per i loro figli; è necessario che alzino la voce in nome d'un diritto che l'abituale cecità rende invisibile, ma che, una volta affermato, s'imporrà indiscutibilmente. Se la società è stata un tutore infedele del bambino, deve restituirgli i suoi beni e rendergli giustizia.

Importantissima è la missione che spetta ai genitori: essi soli possono e debbono salvare i loro figli, perché possiedono i mezzi per organizzarsi socialmente, e quindi per agire praticamente nella vita sociale. La loro coscienza deve intendere la forza della missione che la natura ha loro affidato, missione che li colloca al primo posto nella società e che li rende i dominatori di tutte le situazioni materiali, dato che nelle loro mani sta il futuro dell'umanità: la vita. Se così non facessero, si comporterebbero come Pilato.

Pilato avrebbe potuto salvare Gesù, ma non lo fece.

La folla, eccitata per antichi preconcetti, aggrappata alle leggi e ai costumi vigenti, reclamava la vita del Redentore, e Pilato rimase indeciso, inerte.

«Che debbo farci», rifletteva, «se cotesti sono i costumi dominanti?...» E si lavò le mani.

Aveva facoltà di dire: «No, non voglio!», ma non disse nulla.

E come lui agiscono i genitori di oggi di fronte agli usi sociali, che sono poderosi e costituiscono una necessità.

Così nasce il dramma sociale del bambino. La società, insensibile a qualsiasi responsabilità, abbandona il bambino alle cure della famiglia, e questa a sua volta lo consegna alla società la quale lo confina in una scuola.

Si ripete così per il bambino la drammatica situazione di Cristo, mandato e rimandato da Erode a Pilato, palleggiato fra due poteri, ognuno dei quali vorrebbe abbandonarlo alla responsabilità dell'altro.

Nessuna voce si alza in sua difesa, anche se c'è una voce che dovrebbe difenderlo, quella del sangue, quella che rappresenta il potere della vita: l'autorità umana dei genitori.

Quando la coscienza dei genitori si risveglierà, essi non faranno come Pilato, che per difendere il Messia ne negò la divinità, lo fece flagellare e lo umiliò per primo dicendo: *«Ecce homo»*.

Questo fatto è stato registrato dalla storia come il primo episodio della passione di Cristo, non certamente come difesa in Suo favore.

Ecce homo!

Il bambino passerà attraverso la Passione di Cristo.

Ma l'inizio di tutto sta in quell'*ecce homo*. Qui l'uomo non porta Dio in sé, è come svuotato, ed è stato già umiliato e flagellato dall'autorità superiore che l'avrebbe potuto difendere.

Poi fu trascinato dalla moltitudine, dall'autorità sociale.

La scuola è stata luogo di profonda desolazione per il bambino. Quegli enormi edifici sembrano essere stati edificati per una moltitudine di persone adulte. Ivi tutto è proporzionato all'adulto: finestre, porte, lunghi corridoi, aule nude e uniformi. E lì dentro, nel succedersi di molte generazioni, il bambino ha vestito l'uniforme nera, di lutto, durante tutta l'infanzia. La famiglia lo lasciava solo, abbandonato, sulla soglia di quell'edificio: quella porta infatti era una difesa, una separazione netta di due campi e di due responsabilità. E il bambino, piangente e privo di speranza, col cuore oppresso dal timore, pareva leggesse sopra quella porta l'iscrizione dantesca: «Per me si va nella città dolente...», nella città abitata da gente perduta, abbandonata dalla Grazia!

Una voce severa e minacciosa li invitava a entrare insieme con molti sconosciuti compagni, considerati tutt'insieme come esseri cattivi che debbono essere castigati:

«Guai a voi, anime prave!...»

E dove dovrà andare?

Andrà dove vorrà colui che ordina e comanda. È già stato classificato, e qualcuno farà da Minosse che, attorcigliandosi la coda attorno al corpo, indicava all'anima maledetta il luogo a cui essa era destinata: in Prima, in Seconda, in Terza o in Quarta, dove si soffrono pene eterne e non c'è possibilità di sfuggire.

E, una volta entrato nel locale a cui è stato destinato, una maestra *chiude la porta*. Da quell'istante essa è padrona e signora, e comanderà a quel gruppo di anime, senza testimoni e senza appello.

La famiglia e la società hanno consegnato il bambino alla sua autorità. Gli uomini hanno lanciato al vento quel seme degno di compassione, e il vento l'ha fatto cadere lì. Le tremule e delicate membra dovranno stare inchiodate su un banco per più di tre ore d'agonia, per tre e altre tre, e per molti giorni, mesi e anni.

Eccolo, il bambino nel banco, sotto gli sguardi severi che obbligano i due piedini e le due manine a star ferme immobili, appoggiate sul banco, come i chiodi di Cristo costringevano il corpo di lui all'immobilità della croce. E quando in quella mente assetata di sapere e di verità si saranno introdotte le idee dell'insegnante, che le fa penetrare a forza o nel modo che meglio crede, la piccola testa umiliata dalla sottomissione sembrerà sanguinare come per una corona di spine.

Quel cuore pieno d'amore sarà trafitto dall'incomprensione del mondo come da una spada, e amaro gli sembrerà quel che la cultura gli offre per spegnere la sua sete.

È preparato il sepolcro per l'anima sua che non può vivere fra tanti artifici, e quando sarà seppellita, numerose guardie veglieranno affinché non risusciti.

Ma il bambino risuscita sempre e torna, fresco e sorridente, a vivere in mezzo agli uomini.

Come ha detto Emerson, il bambino è l'eterno Messia, che sempre ritorna fra gli uomini decaduti, per condurli nel regno dei Cieli.

SOMMARIO